KB201444

고려대 글로벌일본연구원 디지털과일본문화총서 01

디지털 인문학과 일본문화

디지털, 데이터, 문화콘텐츠

정병호 편

보고사
BOGOSA

서문

고려대 글로벌일본연구원의 디지털과 일본문화 총서 제1권으로 간행하는 본서 『디지털 인문학과 일본문화』는 디지털 기술을 활용하여 주로 일본문학이나 문화를 탐색한 논문을 하나로 엮은 것이다.

최근 디지털사회의 진전과 인공지능(AI) 기술의 비약적 발전에 조응하여 인문학의 각 학문 분야에서도 디지털 기술과 인문학 연구를 접목하여 인문학적 지식을 확장하려는 다양한 시도들이 등장하고 있다. 이른바 '디지털 인문학(Digital Humanities, DH)'이라고 지칭되는 새로운 연구경향이 각 분과학분의 틀 속에서 또는 그 경계를 뛰어넘어 다양한 연구성과가 급증하고 있는 것도 그러한 시도의 대표적인 사례라 할 수 있다. 고려대 글로벌일본연구원도 문자를 중심으로 하는 종래의 문헌학적 연구의 틀을 뛰어넘어 이러한 디지털기술과 일본문화 연구를 적극적으로 접목하여 일본문화 연구의 범주를 확장·심화시키고자 하였다.

예를 들면, 본 글로벌일본연구원이 2023년 8월에 간행한 연구원 기관지인 『일본연구』 40에 '디지털 인문학과 일본문학·문화'특집호를 마련하고 6편의 논문을 게재하여 이 분야 연구의 단초를 마련하고자 하였다. 한편, 2024년 8월에는 한국과 중국, 일본, 대만의 연구자들로 구성한 상기 테마의 국제심포지엄을 개최하여 총계 12편의 연구 발표가 있었는데, 이 심포지엄은 일본문학과 문화를 주제로 디지털 인문학을 논의한 세계 최초의 국제심포지엄이라 할 수 있다. 이들 발표 성과는 본 연구원과 '동아시아와 동시대 일본어문학 포럼'이 공동 간행하는 SCOPUS 등재 국제학술지인 『과경 일본어문학연구(跨境 日本語文學硏究)』(2024년 12월)의 특집호에 수록하였다. 이 학술대회와 특집호에는 박사학위를 취득한 일본문학·문화 전문연구자뿐만 아니라 학부생, 대학원생을 포함한 공동연구팀이 다수 참여하였는데, 이 책의 필자로 참여한 학부생과 대학원생 등 차세대 연구자는 이미 2024년 2월에도 한국일본학회의 정기학술대회에서 이러한 문제의식을 담은 학술발표를 수행한 적이 있다.

본서 『디지털 인문학과 일본문화』는 이상과 같은 연구활동의 결과로서 전문연구자뿐만 아니라 대학원생, 학부생을 포함하여 총 8편의 글을 하나로 엮었다. 먼저 1장 「텍스트 마이닝과 담론분석으로 보는 한국인의 재난 인식과 기억」(정병호)은 한국인들이 블로그에 쓴 데이터를 수집하여 2011년의 동일본대지진에 대한 기억과 재난인식을 분석하였다. 2011년, 2016년, 2022년 등 세 시기에 걸쳐 각각 1년간의 데이터를 수집하여 이를 텍스트 마이닝 기법으로 처리하여 이 시기에 한국인의 재난인식에 대한 변화과정을 추적하였다. 2장 「빅 데이터를 통해 본 일본 콘텐츠 수용 양상의 변화」(하성호)는 한국 내에서 장기간 방영된 일본의 특촬 드라마 〈가면라이더〉 시리즈에 대한 한국 시청자의 인식을 탐구한 글이다. 2004년 일본 대중문화 전면 개방 이후 약 10년간 〈가면라이더〉를 중심으로 일본 드라마에 대한 한국 시청자의 수용 양태가 어떻게 변모해 왔는지를 온라인 커뮤니티와 블로그에서 수집한 데이터를 중심으로 텍스트 마이닝 기법과 원문 데이터 체크를 통해 분석하였다. 3장 「텍스트 마이닝을 통한 신카이 마코토 애니메이션의 국내 관람객 감상 경험 분석」(김지우, 김강은, 신민경, 박윤미, 권민혁, 이상혁)은 신카이 마코토 감독의 애니메이션 〈너의 이름은〉, 〈날씨의 아이〉, 〈스즈메의 문단속〉에 대한 국내 관람객의 감상 경험을 분석한 글이다. 기존 연구가 작품의 주제나 감독의 의도를 질적 연구 방식으로 분석한 데 반해, 이 연구는 관람객의 수용 양상을 빅데이터 기반 텍스트 마이닝 기법을 활용하여 정량적으로 분석하였다.

4장 「미야자키 하야오(宮崎駿)의 「바람이 분다(風立ちぬ)」에 대한 청중반응과 스토리텔링 전략」(김효순)은 미야자키 하야오(宮崎駿)가 40년 작가 활동의 총결산으로 발표한 애니메이션 〈바람이 분다〉에 대한 청중반응과 감독의 스토리텔링 전략을 검토함으로써 예술성이나 흥행성 면에서는 성공을 거두었음에도 불구하고 왜 사상성을 둘러싼 논쟁은 끊이지 않는가라는 문제에 대한 실마리를 제시하고 있다. 5장 「텍스트 마이닝을 통해 본 한일 콘텐츠 투어리즘 양상」(엄인경)은 코로나 펜데믹 이후 빠르게 증가한 한일 간 콘텐츠 투어리즘의 동향을 텍스트 마이닝 기법으로 분석한 글이다. 최근 '성지순례'로 부상하는 한국과 일본의 콘텐츠 투어리즘 역사와 현황을 정리하고 텍스트 마이닝이라는 데이터 기반 방법론을 통해 양국 관광객의 특성에서 나타나는 콘텐츠 투어리즘의 차이를 객관적으로 도출하고자 하였다.

6장 「텍스트 마이닝으로 보는 한국인의 〈슬램덩크〉 콘텐츠 투어리즘 소비 양상」(류정훈, 이연우, 유하영, 허은지)은 텍스트 마이닝 프로그램을 활용하여 일본 애니메이션 〈슬램덩크〉 관련 콘텐츠 투어리즘의 양상을 파악하고자 한 글이다. 네이버 블로그를 분석대상으로 한정하여 데이터를 수집하고 워드클라우드, N-gram, CONCOR 분석을 실시하여 각 시기별 콘텐츠 투어리즘 양상을 살펴보고 콘텐츠 투어리즘 경향의 변화와 그 원인을 분석하고자 하였다. 7장 「텍스트 마이닝을 활용한 일본 웹소설 플랫폼 비교연구」(남유민)는 텍스트 마이닝을 활용해 일본 웹소설 플랫폼 '소설가가 되자'와 '가쿠요무'의 장르, 키워드, 투고 경향을 비교 분석한 글이다. '소설가가 되자'는 이세계 판타지가 중심인 반면 '가쿠요무'는 다양한 장르와 독점 콘텐츠를 활용해 차별화를 시도하고 있다. 또한, 두 플랫폼은 연령 제한과 콘텐츠 관리 방식에서도 차이를 보이고 있는데 이러한 전략은 일본 웹소설 시장의 장르적 다양성과 독자층 세분화에 기여하고 있음을 분석하였다. 8장 「텍스트 마이닝으로 보는 일본 문학관의 관광적 활용 양상 분석」(권민혁)은 일본 내 문학관의 관광적 활용 양상을 분석하여 문학관을 지역의 관광시설로 활용할 수 있는 방안을 모색하고자 한 글이다. 이를 위해 여행 리뷰의 본문을 기반으로 공기어 네트워크를 작성하여 지역별로 나타나는 패턴을 검토하고 LDA Topic Modeling 기법을 통해 일본 내에서 문학관이 소비되는 양상을 파악하고자 하였다.

본서는 무엇보다도 디지털시대와 인공지능(AI) 기술의 비약적 발전에 대응하여 최근 활발하게 논의되고 있는 디지털 인문학과 관련하여 일본문화 분야에서 처음으로 시도되었다는 면에서 그 의의가 결코 적지 않을 것이다. 본서의 내용이 다소 미흡한 면이 있더라도, 이 책을 통해 향후 일본학 분야에서도 시대적 환경의 변화에 적극적으로 대응하여 디지털기술을 활용하여 인문학 연구가 활발해지는 계기가 된다면 본서는 나름의 역할을 어느 정도 완수한 것으로 생각한다.

이 책이 나오기까지 무엇보다도 일본문화와 관련한 프로젝트를 진지하게 수행한 학부생 필자들, 그리고 디지털과 관련하여 전문가가 아님에도 불구하고 새로운 연구를 시도해 주신 여러 선생님들, 특히 여러 팀을 횡단하면서 먼저 습득한 디지털 활용 기술을 아낌없이 전파하고 성실하게 도움을 준 박사과정 권민혁 군, 이 책의 편집과정에서 다양한 업무를 도와준 김지우 군에게는 이 자리를 빌려 고마운 마음을 전하고 싶다. 마지막으로 이 책을 기꺼이 출판해 주신 도서출판 보고사에 감사의 인사를 전해드리는 바이다.

2025년 2월

고려대 글로벌일본연구원

원장 정병호

목차

제1장

텍스트 마이닝과 담론분석으로 보는 한국인의 재난 인식과 기억

복합 재난 '동일본대지진'을 중심으로

정병호

1. 서론

일본에서 전후 최대의 자연재해인 동일본대지진(東日本大地震)이 2011년 3월 11일 오후 2시 46분 일본의 동북부 지역을 중심으로 발생하였다. 이 지진은 규모 9.0의 강도로 진원(震源)이 이와테현(岩手県)에서 이바라키현(茨城県) 먼바다에 이르는 500여 킬로미터에 걸친 거대한 지진이었다. 이 지진의 강도나 범위도 문제였지만, 재난 상황을 악화시킨 것은 무엇보다도 이 지진으로 인한 거대 쓰나미였다. 최대 파도 높이가 40미터에 달하는 거대 쓰나미가 태평양 연안에 면한 일본의 간토(関東) 지역에서 동북부 지방에 이르기까지 광범위한 지역에 밀려와 엄청난 피해가 발생하였다. 더구나 15미터에 이르는 거대 쓰나미가 후쿠시마(福島) 원자력발전소까지 밀려와 전원(電源) 장치가 작동하지 못하면서 3월 12일 원자력발전소 1호기의 수소 폭발과 더불어 방사능의 대량 누출사고가 발생하였다. 일본 내에서 일어난 전대미문의 이 방사능 누출사고는 구소련의 체르노빌 원자력 발전사고와 같은 정도로 인류역사상 최악의 사고로 기록되었다. 이 원전 사고로 인해 후쿠시마 주변 지역에 즉각적으로 피난 명령이 내려졌으며, 현재까지도 피난민들이 완전히 복귀하지 못한 채[1] 원자력발전소 방사능 누출사고는 여전히 진행형의 재난이 되고 있다.[2]

널리 알려진 바와 같이 이 2011년의 '동일본대지진(東日本大震災)'은 거대지진과 쓰나미에 의한 자연재해와 '후쿠시마원자력발전소(福島原子力発電所)'의 방사능 누출사고라는 인재가 겹친 이른바 거대 복합재난[3]이었으며, 그 결과 일본의 시각에서 본다면 '복합연쇄위기'[4]라고도 할 수 있다. 일본 내에서 일어난 전후 최대의 지진 강도와 광범위한 피해지역, 일본 동북지방 해안가를 삼켜버린 거대한 쓰나미, 쓰나미에 의한 전원 상실로 인한 후쿠시마 원전의 폭발과 방사능 누출사

1) 후쿠시마현 전체 피난자 수는 2012년에 16만 4천이었고 2022년 9월에는 약 3만 명인데, 이러한 "통계에 포함되어 있지 않은 사람들이 존재"하고 있다.(사쿠가와 에미, 심정명 역, 「후쿠시마(福島) 원전 사고와 관련된 선 긋기를 묻는다」, 『'경계'에서 본 재난의 경험』, 역락, 2023, p.44.)

2) 정병호·최가형 편저, 『일본의 재난문학과 문화』, 고려대출판문화원, 2018, pp.15~16 참조.

3) 동일본대지진이 일어나고 9개월 정도 지난 시점에서 『세계(世界)』 별책에서 "지진과 쓰나미에 의해 파괴된 후쿠시마 원전은 녹아내린 3개의 노심(爐心)이 어떻게 되어 있는지, 지금 무엇이 일어나고 있는지 아무도 알지 못한다. 사고는 수습되지 않았고 수습될 전망도 서지 않았다. 광대한 토지와 바다가 방사능으로 오염되었다. 특히 고농도의 방사능으로 오염된 지역은 이제부터 인간의 시간으로는 잴 수 없는 기간, 되돌아가는 것이 불가능해졌다."(「読者へ」, 『東日本大震災·原発災害 特集破局の後を生きる』, 岩波書店, 2012)라며 이 재난이 자연재해와 원전사고의 복합재난임을 강조하고 있다.

4) 『일본 대재해의 교훈: 복합위기와 리스크 관리』(다케나카 헤이조 외, 김영근 역)에서는 동일본대지진으로 인해 "지진과 쓰나미로 인해 피해를 입어 방사능 유출" 문제로 인해 "피난 생활의 장기화 문제, 농산물의 오염, 그리고 전력부족 등 도호쿠·간토(関東)뿐만 아니라 일본 전체 사람들의 생활과 기업활동이 위협받고 있"다면서 동일본대지진을 '복합연쇄위기'로 파악하고 있다.(도서출판 문, 2012, p.19.)

고는 다음 문장에서 보듯이 전 세계에 그대로 전파되어 강한 충격[5)]을 남겼다.

> 나무들과 집들을 차례로 쓰러뜨리고 모든 것을 휩쓸리게 하여 밀어닥치는 거대한 소용돌이는 인터넷을 통해 리얼타임으로 전 세계에 확산하였다. 원전의 건물이 깨끗이 사라지고 헬리콥터가 원자로에 냉각수를 주입하는 모습과 오염지역으로부터 피난하는 사람들의 움직임이 미디어에 의해 시시각각 보도되어 국경을 넘어 커다란 충격을 주었다.[6)]

동일본대지진이라는 거대재난은 바로 이웃에 위치한 한국에도 강한 충격과 더불어 '재난'에 대한 경각심을 높였으며 이는 결국 원자력발전소의 존폐 논쟁으로 나아가게 된다. 한편 학술적으로도 "'포스트 3.11'이라는 표제로 일본의 사회, 사상, 문학, 예술 등의 다양한 사정을 살피는 작업이 국내에서도 활발히 제기되"[7)]어 다양한 학문 분야에서 동일본대지진에 관한 연구가 활발하게 이루어졌다. 그럼에도 불구하고 동일본대지진을 둘러싼 한국인의 재난 인식이나 기억에 관한 연구는 크게 이루어지지 못하였고 "동일본대지진 발생 이후 국내 언론의 일본 관련 기사 분석을 통해 과연 언론이 일본 사회를 어떻게 표상

5) 마키노 에이지는 「아시아문화연구와 후쿠시마(福島) 원전사고 이야기: 동아시아의 안정과 평화를 위하여」에서 "대지진이나 원전 사고는 그 피해를 입은 장소라면 국경을 넘어서 어디에서도 일어날 수 있는 현상"이라는 점을 강조하고 있다.(『아시아문화연구』 25, 가천대아시아문화연구소, 2012, p.39.)

6) 佐藤弘夫, 「死者と神の行方: 文明史のなかでみる〈ポスト3·11〉」, 坪井秀人·S.リヒター·M.ロート 編, 『世界のなかの〈ポスト3.11〉』, 新曜社, 2019, p.46.

7) 최재혁, 「3.11 이후, 무라카미 다카시의 변화하는 슈퍼플랫」, 『일본문화연구』 67, 동아시아일본학회, 2018, p.346.

하고 어떤 이미지를 구성했는지를 살펴보고자 한"[8] 문연주의 연구 외에는 이러한 방향의 연구는 그다지 진척되지 않았다. 따라서 본 연구는 동일본대지진을 대상으로 하여 한국인의 재난 인식을 고찰하기 위해 웹데이터에 기반하여 텍스트 마이닝과 네트워크 분석을 통해 한국의 블로그 글에 대한 양적 분석을 시도하기로 한다.

본 논문은 한국인들이 '동일본대지진'이라는 복합재난에 대해 어떠한 관심을 가지고 있는지, 나아가 동일본대지진이라는 재난을 어떻게 인식하고 기억하고 있는지를 파악하고자 한다. 이를 위해 빅데이터의 텍스트 마이닝[9]과 네트워크 분석을 통해 2011년, 2016년, 2022년을 대상으로 하여 네이버 블로그의 동일본대지진 관련 데이터를 '텍스톰(textom)' 플랫폼에서 수집하고, 이들 데이터를 Notepad++에서 재차 정제해 디지털 기법으로 처리하여 각 시기별로 재난에 대한 인식과 기억이 어떻게 변화하였는지를 파악하도록 한다. 나아가 한국인들은 각 시기별로 동일본대지진을 연상할 때 무엇과 연계하여 사고하는지도 아울러 파악하여 동일본대지진 이후 활발하게 이루어져 온 재난연구의 외연을 확장하고자 한다.

8) 문연주, 「동일본대지진 보도와 대일이미지의 구성: 조선일보와 한겨레신문의 대일보도 비교분석」, 『일본학보』 92, 한국일본학회, 2012, p.274.

9) 동일본대지진을 대상으로 한 텍스트 마이닝 분석은 소비자의 안전 민감도의 변화에 따른 일본 수산물 수입 수요를 "동일본대지진 사건을 중심으로"하여 "웹 데이터를 바탕으로 텍스트 마이닝과 네트워크 분석을 결합해 소비자의 민감도"를 살펴본 한보현, 안병일의 연구가 있다.(한보현·안병일, 「동일본대지진 전·후 소비자 안전 민감도 변화에 따른 일본 수산물 수입수요함수 추정: 인터넷 키워드 네트워크 분석을 중심으로」, 『한국농식품정책학회 학술대회 논문집』 2017(2), 한국농식품정책학회, 2017, p.1079.)

2. 연구 방법

1) 연구 대상과 범주

본 논문은 2011년 3월 11일에 지진뿐만 아니라 거대 쓰나미와 후쿠시마원자력발전소의 방사능 누출사고를 수반하였던 '동일본대지진'에 대해 한국인들은 이를 어떻게 받아들이고 인식하고 있는지, 나아가 동일본대지진과 연계하여 무엇을 연상하고 있는지를 분석하고자 한다. 이를 고찰하기 위해 본 논문에서는 한국 내에서 가장 광범위하게 이용되는 포털 사이트 '네이버(Naver)'의 블로그(blog) 게시물을 웹기반 빅데이터 분석 플랫폼인 '텍스톰(Textom) SV'[10]을 통해 데이터를 수집하였다. 네이버의 블로그 게시물을 연구 대상의 데이터로 삼은 이유는 블로그가 손쉽게 접근할 수 있는 커뮤니케이션 미디어로 인정받은 지 오래되었으며, 블로그의 이용자가 메시지 생산자이자 수용자의 역할을 하고 다면적인 소통과 더불어 다양한 메시지들이 고르게 배포되고 수용될 수 있는 기회를 제공하여 사회적 연결성을 가지고 실시간으로 메시지 생산과 소비가 이루어지기[11] 때문이다. 따라서 이러한 포털 매체의 블로그를 통해 한국인의 '동일본대지진'에 관한 인식의 변화과정을 파악하기 위해서, 동일본대지진이 일어나고 시간적으로 12년이 넘는 시간적 경과를 고려하여 다음 세 시기의 데이터를 수집하여 '동일본대지진'을 둘러싼 데이터의 변화를 추적하였다.

먼저 첫 번째로 동일본대지진이 일어난 2011년 4월 1일부터 2012

---

10) TEXTOM, https://console.textom.co.kr/collect/

11) 손상희, 「블로그에 나타난 커뮤니케이션 방법에 관한 탐색적 연구」, 『디지털디자인학연구』 13(3), 한국디지털디자인협의회, 2013, p.148 참조.

[표 1] 연구대상 및 분석데이터 정보

구분	해당 내용
수집범위	네이버의 블로그(blog)
수집 도구	TEXTOM SV
수집 기간 및 검색어	① 2011.4.1.~2012.3.31, 동일본대지진 ② 2016.4.1.~2017.3.31, 동일본대지진 ③ 2022.6.1.~2023.5.31, 동일본대지진－스즈메－문단속－튀르키예
데이터 수집 건수	① 2011.4.1.~2012.3.31. : 2415건 ② 2016.4.1.~2017.3.31. : 890건 ③ 2022.6.1.~2023.5.31. : 2978건
분석 도구	TEXTOM SV, Notepad++, Ucinet 6.0

년 3월 31일까지, 두 번째로는 재난 이후 5년 정도가 경과한 2016년 4월 1일부터 2017년 3월 31일까지 생산된 블로그를 '동일본대지진'이라는 키워드로 데이터를 수집하였다. 다음으로는, 가장 최근의 시기인 2022년 6월 1일부터 2023년 5월 31일까지 '동일본대지진-스즈메-문단속-튀르키예'라는 키워드로 데이터를 수집하였는데 스즈메와 문단속, 튀르키예라는 키워드를 제외한 이유는 다음과 같다. 먼저 '동일본대지진'이라는 키워드가 들어간 블로그 중 '스즈메'와 '문단속'의 키워드가 들어간 글을 배제한 것은 한국에서도 크게 히트한 애니메이션 '스즈메의 문단속'이 동일본대지진을 테마로 만들어진 것이기 때문에 동일본대지진 그 자체보다도 '스즈메의 문단속'에 관심이 있어서 동일본대지진을 언급하는 데이터를 배제하기 위함이었다. 한편 2023년 2월 21일에 발생한 '튀르키예지진'도 거대지진이자 막대한 희생자를 낸 재난이기 때문에 이 거대지진을 통해 '동일본대지진'을 연상하거나 언급하는 글들이 많다고 판단하여 역시 키워드에서 제외하였다.[12)]

2) 연구방법과 분석도구

본 연구에서 상기의 키워드로 '텍스톰 SV'의 데이터 수집 기능을 통해 수집한 데이터는 2011년 4월 1일부터 2012년 3월 31일까지가 2415건, 2016년 4월 1일부터 2017년 3월 31일까지가 890건이며 2022년 6월 1일부터 2023년 5월 31일까지가 '스즈메의 문단속'과 '튀르키예 지진'을 배제했음에도 불구하고 2,978건으로 가장 많았다. 이들 데이터들은 '텍스톰 SV'의 '데이터전처리' 과정을 거쳤는데 '분리 정제' 도구에서는 '전체(제목+본문)'를 정제하였고, '중복 제거' 도구에서는 URL이 중복되는 데이터를 제거하였다. 한편 '형태소 분석 선택'에서 분석기는 띄어쓰기와 상관없이 사전을 참조하여 어휘를 구분하는 'MeCab'을 사용하였으며, 분석 품사는 일반명사, 고유명사, 의존명사, 단위명사, 수사, 대명사 등 체언만을 대상으로 하여 데이터 전처리를 실시하였다. 데이터전처리를 마친 후 텍스톰의 '데이터분석' 기능을 통해 1차적인 키워드 정제를 실시하였다. 한편 이를 정제한 데이터 정보를 다운로드 받아 자료를 최신 메모장 프로그램인 'Notepad++'에서 추가 데이터 정제를 수행하였다. 정제를 마친 데이터들은 다시 '텍스톰'에서 '단어빈도(Term Frequency)'와 'N-gram' 분석[13]을 하여 분석데이터를 얻었으며 이와 더불어 '단어빈도' 분석

12) 별도로 '텍스톰 SV'에서 데이터 수집을 한 결과 '동일본대지진'에 대한 블로그 중 '튀르키예'를 포함한 데이터는 384건이며, '동일본대지진'에 대한 블로그 중 '스즈메'를 포함한 데이터는 710건이다.

13) N-gram은 "문자열에서 N개의 연속된 요소를 추출하는 통계 기반 언어 분석모델로, 문장 내 연속하여 동시 출현하는 단어와 그 빈도를 계산"하며, "문장을 몇 개의 단어 개수에 따라 나눌지에 따라 종류가 결정되는데, 텍스톰은 N=2인 Bigram 모델을 제공"하고 있다. (https://console.textom.co.kr/analyze/3970/M) 텍스트 마이닝에서 데이터 처리 과정에서 빈도분석을 통해 나온 키워드들은 원래 자기 자리에 있었던 순서

결과에 토대하여 워드클라우드 시각화 결과와 'N-gram' 분석 결과에 따른 방향성을 보여주는 네트워크 시각화 결과인 공기어 네트워크 그래프를 도출하였다.

다음으로는 텍스톰에서 분석한 '단어빈도'와 '매트릭스 빈도' 정보를 활용하여 네트워크 분석 소프트웨어인 Ucinet 6[14]을 활용하여 CONCOR(CONvergence ofiterated CORrelations) 분석을 수행하였다. CONCOR는 텍스트의 의미들이 어떤 방식으로 서로 긴밀하게 무리를 이루는가를 살펴보는 데 유용한데, "CONCOR 분석은 텍스트를 이루는 노드들의 의미연결에서 구조적으로 동일선상에 있는 노드들을 찾아내어 하나의 무리를 형성하게 하고, 이를 바탕으로 유사도가 높은 하위 무리들의 공통된 특성을 토대로 무리 사이의 관계 파악하는 데 사용"[15]되고 있다. 이 CONCOR 분석을 통해 각각 2011년, 2016년,

---

가 완전히 무시되어 처리되므로 키워드 자체가 가지는 의미를 제대로 표현하지 못할 수 있는데 이를 보완하기 위해 문서에서 인접한 키워드들을 쌍으로 묶어 표현하는 방법이 'N-gram이며 이에 기반하여 표현되는 시각화 결과는 동시에 발생되는 비슷한 키워드를 네트워크로 연결하고 키워드와 키워드 사이의 상관을 보는 방법으로 키워드와 키워드가 선으로 연결되어 있어서 이해하기 쉽다는 장점을 가지고 있다.(정진이, 「TF-IDF와 N-gram을 활용한 공연콘텐츠 선정평가기준 키워드 분석: 공공기관 국고보조금 지원사업을 중심으로」, 『인문콘텐츠』 58, 인문콘텐츠학회, 2020, p.262 참조; 박종영·서충원, 「TF-IDF 가중치 모델을 이용한 주택시장의 변화특성 분석」, 『부동산학보』 63, 한국부동산학회, 2015, p.51 참조; 이수정·최두영, 「사회과학을 위한 양적 텍스트 마이닝: 이주, 이민 키워드 논문 및 언론기사 분석」, 『한국콘텐츠학회논문지』 20(5), 한국콘텐츠학회, 2020, p.122 참조.)

14) UCINET은 UCINET전용파일을 바탕으로, 텍스트의 의미연결망 구성 및 시각화, 중심값 산출뿐만 아니라 텍스트가 포함하는 단어들의 일정한 무리(Kluster)를 구성하기에 이르는 여러 기능들을 포함하고 있다.(이경택, 「독일 지역학 텍스트로서 대학수학능력시험 및 모의평가 독일어Ⅰ '문화' 영역 문항텍스트 분석: UCINET을 활용한 의미연결망을 중심으로」, 『문화교류와 다문화교육』 10(2), 인하대학교 다문화융합연구소, 2021, p.240.)

2022년 세 시기에 걸쳐 '동일본대지진'을 중심으로 하여 각각의 키워드들이 어떠한 의미연결망을 가지고 있는지를 분석하고자 하였다.

3. 분석 결과

1) 텍스트 마이닝 빈도횟수 결과

(1) 키워드 빈도 횟수와 그 특징

먼저 [표 2]에서 보는 바와 같이 2011년 4월 1일에서 2012년 3월 31일까지지 데이터의 키워드 빈도 횟수를 보면, 키워드인 '동일본대지진'을 비롯하여 자연재해 또는 재난 관련 키워드가 압도적으로 많음을 알 수 있다. '대지진'(3위), '지진'(4위), '쓰나미'(8위), '재해'(11위), '일본대지진'(12위), '원자력발전소'(21위), '일본지진'(30위), '후쿠시마원력발전소'(39위) 등이 이에 해당한다. 다음으로는 재난 지역 또는 피해지 등도 다수 보이는데 '일본'(2위), '피해지역'(7위), '피해'(9위), '동일본'(26위), '후쿠시마'(28위), '미야기현'(34위) 등이 이에 해당한다. 한편, '지원'(15위), '부흥'(16위), '기부'(17위), '아라시'(24위), '쟈니즈'(32위), '부흥지원'(36위), '의연금'(43위), '손정의'(47위), '자선'(50위) 등의 키워드들은 재난 이후 일본 내 피해자를 위한 지원과 기부, 그리고 의연금 기부, 다양한 자선 이벤트 등을 나타내는 단어들이다. 이러한 사실은 "쟈니즈 특별기획 동일본대지진 지

15) 이경택, 「독일 지역학 텍스트로서 대학수학능력시험 및 모의평가 독일어 I '문화' 영역 문항 텍스트 분석: UCINET을 활용한 의미연결망을 중심으로」, 『문화교류와 다문화교육』 10(2), 인하대학교 다문화융합연구소, 2021, p.241.

[표 2] 데이터의 키워드 상위 50개 빈도 횟수(2011.4-2012.3)

순위	키워드	빈도	순위	키워드	빈도	순위	키워드	빈도	순위	키워드	빈도
1	동일본대지진	2634	14	올해	129	27	작년	85	40	프로젝트	64
2	일본	914	15	지원	116	28	후쿠시마	85	41	개최	63
3	대지진	425	16	부흥	112	29	예정	83	42	사진	60
4	지진	315	17	기부	103	30	일본지진	81	43	의연금	60
5	발생	311	18	규모	100	31	시작	76	44	가능	59
6	영향	196	19	세계	97	32	쟈니즈	76	45	발매	57
7	피해지역	189	20	생각	96	33	여파	75	46	지역발전	56
8	쓰나미	189	21	원자력발전소	95	34	미야기현	70	47	손정의	56
9	피해	185	22	사람	95	35	관련	70	48	우리	53
10	도쿄	161	23	지난해	95	36	부흥지원	69	49	시간	53
11	재해	155	24	아라시	93	37	결정	69	50	자선	52
12	일본대지진	152	25	미국	90	38	발표	67			
13	한국	136	26	동일본	86	39	후쿠시마 원자력발전소	64			

원 프로젝트 MarchingJ 재해모금 이벤트 관련 뉴스-4월 2일 첫날 소식, 아라시, 갓툰, 뉴스 등이 참가 메자마시 토요일"[16]이나 "재일교포 손정의, 일본지진 의연금 1,300억 원 기부 '대인배' 찬사"[17] 라는 당시의 블로그 글을 통해서도 쟈니즈, 아라시, 손정의라는 키워드가 피해자와 부흥을 위한 자선 이벤트와 의연금과 연관되어 있음을 쉽게 확인할 수 있다.

다음으로 동일본대지진으로부터 5년 정도의 시간이 흐른 2016년 4월 1일에서 2017년 3월 31일까지 데이터의 키워드 빈도 횟수는, [표

16) https://blog.naver.com/richberry/150106144858
17) https://blog.naver.com/abubablog/30105999419

3]에서 보는 바와 같이 2011년과 마찬가지로 자연재해 또는 재난 관련 키워드가 압도적으로 많다. '동일본대지진'(1위)을 비롯하여 '대지진'(3위), '지진'(4위), '쓰나미'(6위), '원자력발전소'(9위), '후쿠시마원력발전소'(17위), '후쿠시마원력발전소사고'(22위) '재해'(26위), '지진발생'(27위), '재난'(38위), '일본대지진'(39위), '원자력발전소사고'(41위), '진도'(48위) 등이 이에 해당한다. 한편 일본에서 일어난 재난이기는 하였지만 2016년 4월 14일에 발생한 진도 7의 강력한 지진이었던 '구마모토지진'(21위)과 1996년 1월에 발생한 '한신아와지대지진'(33위)도 2011년의 데이터와는 달리 50위권 내에 위치하고 있음

[표 3] 데이터의 키워드 상위 50개 빈도 횟수(2016.4-2017.3)

순위	키워드	빈도	순위	키워드	빈도	순위	키워드	빈도	순위	키워드	빈도
1	동일본대지진	1114	14	한국	48	27	지진발생	33	40	미니멀라이프	25
2	일본	345	15	피해	46	28	여행	32	41	원자력발전소 사고	25
3	대지진	198	16	영향	44	29	도호쿠	32	42	가능	25
4	지진	187	17	후쿠시마 원자력발전소	44	30	우리	31	43	계기	25
5	발생	153	18	생각	41	31	기억	30	44	일본인	24
6	쓰나미	80	19	이야기	41	32	한반도	29	45	우리나라	24
7	후쿠시마	72	20	부흥	41	33	한신아와지 대지진	29	46	마음	24
8	규모	71	21	구마모토지진	41	34	동일본	29	47	필요	24
9	원자력발전소	64	22	후쿠시마원자력발전소사고	39	35	시간	28	48	진도	23
10	너의 이름은	64	23	시작	37	36	책	28	49	작품	23
11	영화	62	24	지역	35	37	사건	27	50	나라	23
12	사람	61	25	물건	33	38	재난	25			
13	도쿄	49	26	재해	33	39	일본대지진	25			

은 특이하다고 할 수 있다. 이는 특정한 재난이 있으면 이전의 재난을 유추하여 현재의 재난을 해석하고자 하는 집단기억과 밀접한 연관이 있음을 알 수 있다.[18] 다음으로 재난 지역 또는 피해지 등은 '일본'(2위), '후쿠시마'(7위), '피해'(15위), '도호쿠'(29위), '동일본' (34위) 등의 빈도수를 보여주고 있는데 2011년에 비해 빈도수가 다소 줄었음을 알 수 있다. 한편 1차 년도에 키워드 중 상당한 비중을 차지하였던 재난 지원이나 기부금, 자선, 부흥과 연계된 키워드는 50위권에서 거의 자취를 감추고 '부흥'(20위) 정도가 높은 빈도수를 차지하는 데 그치고 있다. 한편 신카이 마코토(新海誠) 감독의 애니메이션『너의 이름은(君の名は)』에 해당하는 '너의 이름은'(10위)과 '영화'(11위)가 높은 순위를 차지하고 있는데, 이는 한국에서 2017년 1월 4일에 개봉하여 380만 명 이상의 관객을 동원하며 상당한 인기를 얻었고 이 애니메이션 영화가 재난을 다룬 작품으로 동일본대지진과 연계하여 논의되는 경우가 많았기 때문이다.[19] 키워드 중 주목을 끄는 것은 '한국'(14위), '우리'(30위), '한반도'(32위), '우리나라'(45위) 등 한반도와 연관된 키워드도 자주 보이는데 동일본대지진이 지리상 우리와 가

18) 예를 들면, 진노 도시후미(陣野俊史)는 동일본대지진 발생 후 "대지진은 아날로지를 적용할 수 있다. 그렇지만 원전 사고는 명백히 대지진과 쓰나미와는 다르다. 참조의 틀이 없다."(p.6)고 지적하며 3.11 이후 활발하게 창작된 "원전을 둘러싼 소설"을 "히로시마·나가사키 이후에 쓰인 핵을 둘러싼 소설의 몇 개인가를 우선 시계열에 따라서 제시한다."며 과거의 집단기억 속에서 원전사고를 설명하고자 하였다.(陣野俊史,『世界史の中のフクシマ ナガサキから世界へ』, 河出書房新社, 2011, p.7.)

19) 양원석·권희주,「신카이 마코토의 '세카이계' 연구:『너의 이름은』을 중심으로」(『일본연구』 28, 고려대글로벌일본연구원, 2017)에서도 이 작품은 "동일본대지진이라는 현실을 작품의 핵심으로 도입하였"으며 "특히 〈너의 이름은〉에서는 사고 이후의 집단의 기억을 그리고 있다"(p.240)고 언급하고 있다.

까운 지역으로서 우리나라에 대한 다양한 영향관계 등에 민감하였던 현상을 반영하고 있다.

마지막으로 동일본대지진으로부터 11년 이상의 시간이 경과한 2022년 6월 1일부터 2023년 5월 31일까지 데이터의 키워드 빈도 횟수는, [표 4]에서 보는 바와 같이 이전 두 시기와 동일하게 자연재해 또는 재난 관련 키워드가 여전히 빈출하고 있다. '동일본대지진'(1위), '대지진'(3위), '지진'(4위), '쓰나미'(5위), '후쿠시마원력발전소'(6위), '대지진'(7위), '원자력발전소'(8위), '후쿠시마원자력발전소사고'(24위) '재해'(36위), '지진 발생'(40위), '폭발'(44위), '폭발사고'(48위),

[표 4] 데이터의 키워드 상위 50개 빈도 횟수(2022.6-20123.5)

순위	키워드	빈도	순위	키워드	빈도	순위	키워드	빈도	순위	키워드	빈도
1	동일본대지진	3342	14	규모	132	27	생각	106	40	지진발생	76
2	일본	1087	15	피해지역	126	28	방류	104	41	미래	75
3	발생	448	16	작가	126	29	영화	98	42	코로나	75
4	지진	384	17	한국	122	30	무라카미좀비	97	43	우리	75
5	쓰나미	335	18	도쿄	121	31	부산시립미술관	96	44	폭발	73
6	후쿠시마원자력발전소	311	19	시작	114	32	관련	95	45	도호쿠지방	71
7	대지진	269	20	작품	114	33	변화	94	46	경험	68
8	원자력발전소	268	21	세계	114	34	시간	92	47	시찰	68
9	후쿠시마	256	22	영향	112	35	미야기현	86	48	폭발사고	66
10	오염수	227	23	이야기	111	36	재해	83	49	미국	65
11	사람	200	24	후쿠시마원자력발전소사고	111	37	책	80	50	재난	65
12	피해	173	25	한신아와지대지진	107	38	일본인	77			
13	무라카미다카시	147	26	사건	106	39	지역	76			

'재난'(50위) 등이 여기에 해당한다. 이러한 현상은 '동일본대지진을 키워드로 하였기 때문에 세 시기에 동시에 빈출할 수밖에 없는 현상으로 보인다. 이러한 현상은 재난 지역 또는 피해지에 해당하는 '일본'(2위), '후쿠시마'(9위), '피해지역'(15위), '미야기현'(35위), '도호쿠지방'(45위) 등이 상위의 빈도수로 출현하고 있는 것도 같은 사례라 할 수 있을 것이다. 그런데 이 시기의 가장 현저한 특징으로는 지금까지 상위 50위에 속하지 않았던 '오염수'(10위), '방류'(28위) 등이 눈에 띄는데 이는 2022년부터 한국에서도 논쟁의 대상이었던 후쿠시마원자력발전소의 녹아내린 핵연료를 냉각시킨 오염수의 방류 결정에 대한 민감한 반응으로 볼 수 있다.[20] 그리고 이 시기 빈도 횟수 상위 50개 키워드를 일람할 때 또 다른 특징 중 하나는 무라카미 다카시(村上隆) 관련 키워드가 눈에 띈다는 점이다. 예를 들면 '무라카미다카시'(13위), '작가'(16위), '작품'(20위), '무라카미좀비'(30위), '부산시립미술관'(31위) 등의 키워드가 이에 해당한다. 이러한 키워드는 2023년 1월 26일부터 4월 16일까지 부산시립미술관에서 〈무라카미 다카시 : 무라카미좀비〉 전이 개최되었던 사실과 관련이 있다. 미술가 무라카미 다카시는 "오타쿠, 서브컬처, 가볍고 '귀여운(かわいい)' 팝아트적 요소와 직결해 있었던 무라카미는 지진(동일본대지진-인용자 주) 이후 전통, 종교, 철학으로 회귀하고 '인간의 무력함과 예술의 가능성'과 같은 진중한 테마로 전환했다는 평가를 받"[21]고 있는데, 부산

20) 그런데 위의 자연재해 또는 재난 관련 키워드 중, '폭발', '폭발사고'가 2011년과 2016년에는 상위에 랭크되지 않았는데, 2022년에 두 단어가 상위 50개 키워드에 들어온 것도 오염수 방류를 언급할 때 후쿠시마 원전의 '폭발'이나 '폭발사고'를 언급하는 경우가 많았기 때문이다.

에서 개최되었던 그의 미술전이 인기를 얻으면서 자연히 동일본대지진과 연계하여 글이 실리는 빈도수가 높았다.

(2) 시기별 키워드 빈도 횟수의 변화 내용과 그 특징

위에서 살펴본 상위 50개 키워드의 빈도 횟수는 아래의 [그림 1]에서 제시한 각 시기별 '동일본대지진' 관련 워드클라우드(빈도수) 시각화 결과를 보더라도 그 특징이 잘 나타나고 있다. 세 시기 모두 동일본대지진이나 일본의 재해, 지진, 후쿠시마원자력발전소, 쓰나미, 피해지역, 후쿠시마 등 자연재해, 원전, 피해지, 도호쿠 등은 공통적으로 빈출되는 키워드였다.

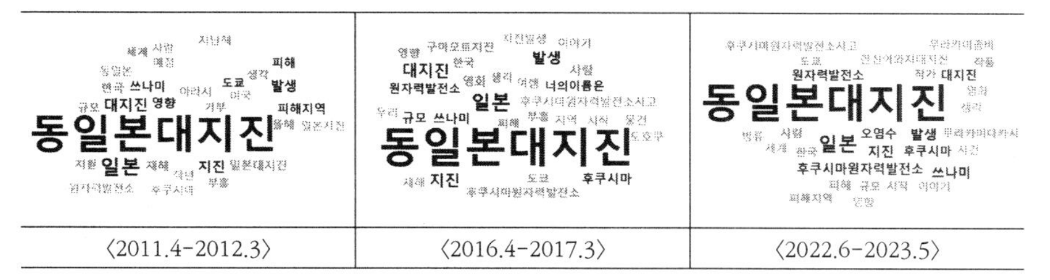

[그림 1] 동일본대지진 관련 워드클라우드(빈도수)

그러나 다른 시기에 빈출되지 않는 키워드로서 2011년 4월부터 2012년 3월까지는 기부나 자선 이벤트, 부흥, 아라시, 지원 등 피해자와 부흥을 위한 자선 이벤트, 기부행위와 연관된 키워드가 다수 존재한다. 이는 동일본대지진이 발생하고 초기의 의연행위나 자선 행위,

21) 최재혁, 「3.11 이후, 무라카미 다카시의 변화하는 슈퍼플랫」, 『일본문화연구』 67, 아시아일본학회, 2018, p.348.

부흥에 대한 갈망 등이 한국의 블로그에도 그러한 관심이 그대로 반영된 결과라 할 수 있다. 다음으로 2016년 4월부터 2017년 3월까지는 다른 시기에 볼 수 없는 애니메이션 영화 『너의 이름은』 관련 키워드와 동시기의 또 다른 자연재해인 구마모토지진 등이 보인다. 이는 자연재해가 일어날 때마다 이전의 자연재해를 통해 현재를 되돌아보려는 집단기억의 작용이며, 일정한 시간이 경과되어 문화예술 장르를 통해 동일본대지진을 되돌아보려는 재난 기억의 새로운 기능이라 할 수 있다. 마지막으로 2022년 6월부터 2023년 5월까지는 그 이전에 두드러지게 보이지 않았던 오염수와 방류, 그리고 무라카미 다카시 미술전 관련 키워드가 다수 보인다. 이는 동일본대지진이 이웃 국가인 한국에서도 여전히 현재 진행형의 재난이며 12년 이상의 시간이 경과했음에도 불구하고 국제관계에 파장을 일으키는 재난이라는 점을 상기시킨다. 또한 한국에서 500만 명 이상의 관객을 모으며 크게 히트하였던 『스즈메의 문단속』을 검색어에서 배제하였음에도 불구하고 무라카미 다카시의 미술전을 통해 동일본대지진이 재인식되는 등, 문화예술과 재난 기억의 연관성을 잘 보여주고 있다.

이렇듯이, 동일본대지진은 키워드 빈출 횟수를 중심으로 보았을 때, 재난 현상과 피해지 등 동일한 키워드를 동일한 구성 내용으로 하면서 각 시기별로 재난에 대한 관심사, 기억의 매개물, 재난을 둘러싼 사회적 현상, 현재의 영향도 등을 반영하면서 새로운 방향으로 변화하고 있었음을 알 수 있다.

2) N-gram 분석결과

아래의 [표 5]는 동일본대지진을 키워드로 추출한 데이터 중에서 동일본대지진 및 이와 함께 언급된 키워드들이 연관된 상관관계를 2-gram값을 기준으로 표시한 공기어 상위 60쌍 빈도 횟수이다. 아래 표에서 보는 바와 같이, 동일본대지진 관련 블로그에서는 '동일본대지진', '일본', '쓰나미', '후쿠시마원자력발전소', '후쿠시마원자력발전소사고', '지진', '쓰나미', '대지진' 등 재난 현상과 관련된 키워드들이 상호 연관되어 공기어로서 빈발하고 있음을 알 수 있다. 이는 공기어 쌍들이 지진, 거대쓰나미, 후쿠시마원자력발전소 사고라는 동일본대지진의 재난 상황을 그대로 반영한 결과라 할 수 있다.

[표 5] N-gram 기반 공기어 상위 60쌍 빈도 횟수

	2011.4-2012.3		빈도	2016.4-2017.3		빈도	2022.6-2023.5		빈도
	단어1	단어2		단어1	단어2		단어1	단어2	
1	동일본 대지진	영향	129	일본	동일본 대지진	54	동일본 대지진	발생	164
2	동일본 대지진	발생	112	동일본 대지진	발생	54	동일본 대지진	쓰나미	156
3	동일본 대지진	피해지역	106	발생	동일본 대지진	35	일본	동일본 대지진	132
4	발생	동일본 대지진	92	동일본 대지진	일본	31	동일본 대지진	후쿠시마원자력발전소	122
5	동일본 대지진	피해	88	동일본 대지진	쓰나미	28	발생	동일본 대지진	96
6	동일본 대지진	재해	75	동일본 대지진	후쿠시마 원자력발전소 사고	22	동일본 대지진	피해지역	96
7	일본	동일본 대지진	74	대지진	발생	21	동일본 대지진	일본	82

8	동일본 대지진	일본	71	동일본 대지진	부흥지원	19	동일본 대지진	피해	77
9	동일본 대지진	쓰나미	52	동일본 대지진	영향	17	오염수	방류	75
10	동일본 대지진	여파	46	동일본 대지진	동일본 대지진	17	동일본 대지진	원자력발전소	64
11	지난해	동일본 대지진	43	동일본 대지진	후쿠시마원자력발전소	15	동일본 대지진	후쿠시마원자력발전소사고	63
12	작년	동일본 대지진	41	동일본 대지진	피해지역	14	후쿠시마	오염수	57
13	동일본 대지진	피해자	39	지진	동일본 대지진	14	동일본 대지진	영향	44
14	동일본 대지진	부흥지원	39	동일본 대지진	부흥	14	무라카미다카시	무라카미좀비	43
15	동일본 대지진	부흥	39	동일본 대지진	여파	13	후쿠시마원자력발전소	오염수	43
16	동일본 대지진	직후	36	동일본 대지진	계기	13	동일본 대지진	변화	42
17	올해	동일본 대지진	36	동일본 대지진	지진	12	지진	동일본 대지진	39
18	동일본 대지진	재해파견	35	동일본 대지진	피해	12	동일본 대지진	후쿠시마	37
19	동일본 대지진	지원	32	동일본 대지진	피해자	11	부산시립미술관	무라카미다카시	37
20	예정	동일본 대지진	29	동일본 대지진	피해지	11	작가	작품세계	36
21	동일본 대지진	지진	28	동일본 대지진	후쿠시마	11	변화	작가	36
22	동일본 대지진	후쿠시마원자력발전소	26	대지진	쓰나미	11	동일본 대지진	동일본 대지진	36
23	동일본 대지진	후쿠시마원자력발전소사고	26	동일본 대지진	원자력발전소	11	동일본 대지진	지진	35
24	지진	동일본 대지진	26	부흥지원	특공	10	후쿠시마원자력발전소	폭발	34
25	쟈니즈	사무소	25	시작	동일본 대지진	10	후쿠시마원자력발전소	폭발사고	30

26	동일본 대지진	의연금	25	대지진	전조	10	동일본 대지진	관련	30
27	동일본 대지진	동일본 대지진	24	동일본 대지진	희생자	10	동일본 대지진	직후	29
28	지원	프로젝트	21	규모	지진	10	동일본 대지진	사람	29
29	대지진	쓰나미	21	동일본 대지진	규모	10	동일본 대지진	경험	28
30	지진	재해	20	도호쿠	대지진	10	후쿠시마원자력발전소	사고발생	27
31	동일본 대지진	복구지원	20	규모	대지진	9	경제전쟁	미래	27
32	대지진	발생	19	오늘	동일본 대지진	9	동일본 대지진	계기	27
33	동일본 대지진	이재민	19	거대	쓰나미	9	동일본 대지진	여파	26
34	대지진	피해	19	동일본 대지진	기억	9	동일본 대지진	원자력발전소 사고	26
35	동일본 대지진	계기	19	영화	동일본 대지진	9	동일본 대지진	사건	25
36	동일본 대지진	원자력발전소	19	나라	일본	8	동일본 대지진	규모	25
37	의연금	기부	18	발생	대지진	8	일본	도호쿠지방	24
38	발생	일본	18	희망	각역정차	8	부흥상황	시찰	24
39	도호쿠	대지진	17	영화	너의 이름은	8	동일본 대지진	폭발사고	24
40	일부	동일본 대지진	17	규모	동일본 대지진	8	한신아와지 대지진	동일본 대지진	24
41	지진	쓰나미	17	일본	낭만	8	피해지역	부흥상황	24
42	동일본 대지진	피해복구	17	낭만	희망	8	세계	다크투어	22
43	동일본 대지진	복구	17	동일본 대지진	한반도	8	대지진	동일본 대지진	22
44	동일본 대지진	관련	17	너의 이름은	후기	8	대지진	쓰나미	22

45	영향	연기	16	대지진	동일본 대지진	7	일본	후쿠시마원자력발전소	22
46	규모	강진	14	동일본 대지진	원자력발전소 사고	7	일본	후쿠시마	21
47	생각	동일본 대지진	14	발생	후쿠시마원자력발전소사고	7	원자력발전소	오염수	21
48	동일본 대지진	원자력발전소사고	14	대지진	일본	7	동일본 대지진	코로나	20
49	동일본 대지진	자선	14	동일본 대지진	물건	7	발생	일본	20
50	손정의	사장	14	각역정차	여행	7	피해지역	시찰	19
51	소프트뱅크	손정의	13	작품	동일본 대지진	7	동일본 대지진	한반도	19
52	대지진	일본	13	일본	구마모토지진	7	지진	쓰나미	18
53	동일본 대지진	보도사진	13	일본	후쿠시마	7	동일본 대지진	부흥	18
54	동일본 대지진	규모	13	동일본 대지진	사람	7	쓰나미	후쿠시마원자력발전소	17
55	피해지역	지원	12	동일본 대지진	상처	7	도호쿠	대지진	17
56	일본	아키타	12	동일본 대지진	여진	7	후쿠시마	동일본 대지진	17
57	동일본 대지진	침체	12	한신아와지 대지진	동일본 대지진	7	일본	원자력발전소	17
58	피해지역	부흥	12	동일본 대지진	도쿄전력	7	동일본 대지진	쓰나미피해	17
59	일본	도호쿠지방	11	도쿄	동일본 대지진	7	쓰나미	전승관	17
60	가능	경고	11	세월호	사건	6	무라카미좀비	동일본 대지진	17

그럼에도 불구하고 2011년과 2016년, 2022년의 공기어에는 각기 5~6년이라는 시간적 변화와 사회환경의 추이에 수반하여 상당한 차이도 노정하고 있다. 먼저 2011년 4월 1일에서 2012년 3월 31일까지

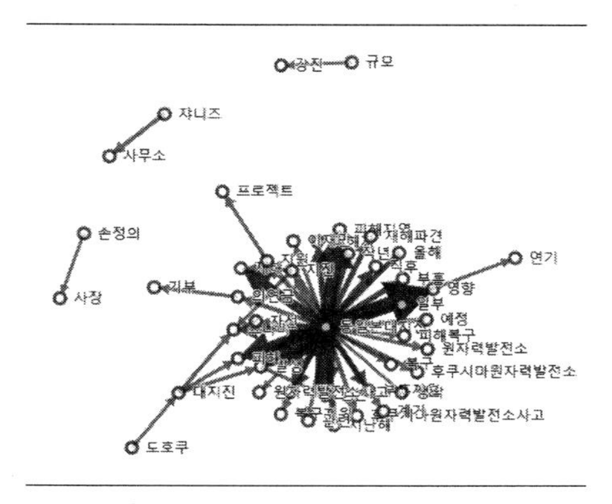

[그림 2] 네트워크 공기어 시각화 그래프(2011.4-2012.3)

의 데이터에서는 '동일본대지진'의 공기어로서 '영향', '발생', '피해지역', '피해', '재해', '여파', '피해자', '이재민'이 각각 상위 1위, 2위, 3위, 5위, 6위, 10위, 13위, 33위를 차지하고 있어서 동일본대지진 발생 초기에 재난의 영향이나 피해와 연관된 공기어가 압도적으로 많음을 알 수 있다. 이외에도 '동일본대지진'과 '부흥지원'(14위), '부흥'(15위), '재해파견'(18위), '지원'(19위), '의연금'(26위), '복구지원' (31위), '피해복구'(42위), '복구'(43위), '자선'(49위) 등이 각각 공기어로서 등장하는데 이는 재난 발생 이후 복구와 부흥, 그리고 피해자들을 지원하기 위한 의연금 기부행위가 동일본대지진과 밀접하게 연관이 있음을 잘 보여주고 있다. '쟈니즈'와 '사무소'(25위), '지원'과 '프로젝트'(28위), '손정의'와 '사장'(50위), '소프트뱅크'와 '손정의'(51위)라는 공기어도 이러한 경향에 대한 관심과 밀접한 연관관계를 가지고 있는 공기어라 할 수 있다.

한편, 2016년 4월 1일에서 2017년 3월 31일까지의 데이터에서는 '동일본대지진'의 공기어로서 '영향'(9위), '발생'(7위), '여파'(15위), '피해'(18위), '피해자'(19위), '피해지'(20위), '희생자'(27위)가 등장하고 있어서 동일본대지진 발생과 더불어 재난의 영향과 여파, 그리고 피해와 연관된 공기어가 여전히 상당수 존재하고 있었다. 그러나 '동일본대지진'과 '부흥지원'(8위), '부흥'(14위)은 역시 공기어로서 상위에 위치하고 있지만, '지원', '의연금', '자선' 등의 공기어는 60

위 내에 보이지 않아 동일본대지진 직후에 활발하게 전개되었던 자선 이벤트와 의연금 기부와 같은 분위기는 이제 나타나지 않음을 알 수 있다. 이에 반해 '영화'와 '동일본대지진'(35위)이 공기어를 이루고 있는데, 이는 '영화'와 '너의 이름은'(39위) '너의 이름은'과 '후기'(44위)가 공기어를 이루고 있는 부분에서 알 수 있듯이 한국에서 2017년 1월 4일에 개봉하여 상당한 인기를 얻었던 신카이 마코토 감독의 애니메이션 『너의 이름은(君の名は)』이 재난을 다룬 작품으로 동일본대지진과 연계하여 논의되는 경우가 많았기 때문이다. 한편, '일본'과 '구마모토지진'(52위), '한신아와지대지진'과 '동일본대지진'(57위), '세월호'와 '사건'(60위)이라는 공기어도 보이는데 이는 일본 내 다른 재난과 '동일본대지진'을 비교하거나 연상하는 경우, 또는 한국의 '세월호' 침몰이라는 재난이 동일본대지진과 연계하여 이야기되는 현상을 반영한 결과라 할 수 있다.

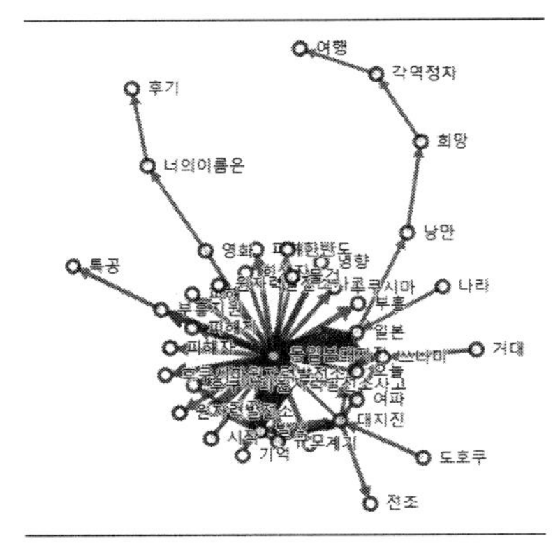

[그림 3] 네트워크 공기어 시각화 그래프(2016.4-2017.3)

마지막으로, 2022년 6월 1일에서 2023년 5월 31일까지의 데이터에서는 '동일본대지진'의 공기어로서 '발생'(1위), '피해지역'(6위), '피해'(8위), '영향'(13위), '여파'(33위)가 등장하고 있기는 하지만 재난의 영향이나 피해와 연관된 공기어가 이전에 비해 상당히 줄어들었음을 알 수 있다. '동일본대지진'과 '부흥상황'(41위), '부흥'(53위) 등의 공기어 순위도 상당히 아래에 위치하며 수적으로도 매우 적다고 할 수 있다.

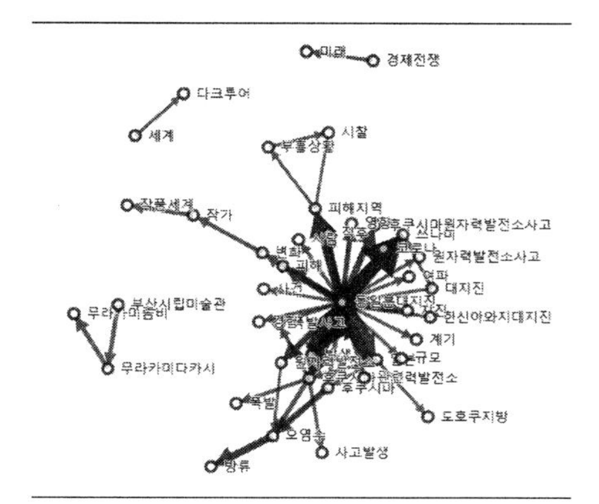

[그림 4] 네트워크 공기어 시각화 그래프(2022.6-2023.5)

이에 비해 '오염수'와 '방류'(9위), '후쿠시마'와 '오염수'(12위), '후쿠시마원자력발전소'와 '오염수'(15위)가 비교적 상위에 랭크되어 있으며, 47위에 '원자력발전소'와 '오염수'도 공기어로서 존재하는 것을 볼 때 2023년에 들어와 후쿠시마원자력발전소 오염수의 해양 방류가 상당히 이슈화되어 이것이 네이버 내의 블로그에도 크게 반영되고 있음을 엿보게 한다. 한편 '무라카미다카시'와 '무라카미좀비'(14위), '부산시립미술관'과 '무라카미다카시'(19위), '작가'와 '작품세계'(20위), '변화'와 '작가'(21위), '무라카미좀비'와 '동일본대지진'(60위) 등 무라카미 다카시(村上隆) 관련 공기어도 적지 않은 편인데, 이는 2023년 1월 26일부터 4월 16일까지 부산시립미술관에서 〈무라카미 다카시 : 무라카미좀비〉전이 개최된 것과 관련이 있다. 이때 무라카미 다카시의 미술이 동일본대지진을 거치면서 작품에 변화가 보였다는 점이 널리 알려졌는데 위와 같은 공기어는 이러한 사정을 잘 반영하고 있다.

이와 같이 N-gram에 기반한 공기어를 분석하였을 때, 동일본대지진이 발생하고 3번에 걸친 시기에 공기어 구조가 재난 상황 및 피해와 관련해서는 유사한 양상을 보이고는 있지만 대지진 직후, 5년 경과 시점, 11년 경과 시점에 따라 다양한 변화가 이루어져 새로운 관심도와 양상을 보여주고 있다고 할 수 있다.

3) CONCOR 분석결과

앞에서 설명하였듯이 CONCOR 분석은 텍스트의 의미들이 어떻게 서로 긴밀하게 무리를 이루고 있는지를 살펴보는데 매우 유용하다고 할 수 있는데 본 연구에서는 네트워크 분석 소프트웨어인 Ucinet 6의 네트워크 시각화(Network Visualization) 소프트웨어인 NetDraw 프로그램을 활용하여 Scrunch Factor를 4로 하여 CONCOR 분석을 수행하여 이를 시각화하였다. 이들 의미연결망(Semantic Network) 분석 결과, 각각의 동일한 군집(Cluster) 4개가 도출되었는데 이는 [그림 5], [그림 6], [그림 7]에서 제시한 바와 같다.

먼저 동일본대지진 발생 직후의 시기인 2011년 4월 1일부터 2012년 3월 31일까지 데이터 분석 결과, 하나의 거대한 군집(❶)과 두 개의 중형 군집(❷, ❹)과 소형 군집(❸)이 도출되었다.

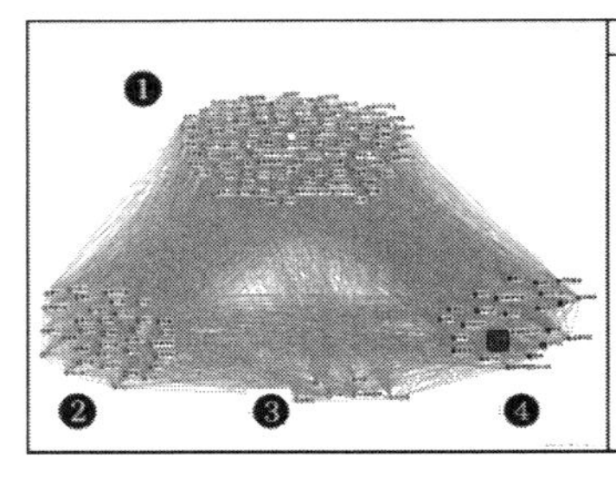

각 클러스터의 주요 키워드
[❶군집]일본, 도쿄전력, 후쿠시마원자력발전소사고, 후쿠시마원자력발전소, 원자력발전소, 일본대지진, 후쿠시마현, 아키다, 성금, 일본경제, 정부, 생산, 하마사키아유미, 복구, 일본대지진, 우리나라, 피해지역, 희망, 영향, 기업, 침체, 도요타, 충격, 중국
[❷군집]복구지원, 이벤트, 콘서트, 공연, 프로젝트, 피해자, 모금, 라이브, 개최, 부흥, 자선, 수익금, 어린이, 지원, 활동, 응원, 아라시, 부흥지원, 출연, 쟈니즈, 복구지원, 멤버, 노래
[❸군집]개인, 기부, 손정의, 사장, 소프트뱅크, 개인, 의연금
[❹군집]동일본대지진, 거대지진, 원자력발전소사고, 거대지진, 동일본, 방사능, 수도, 일본지진, 일본, 최대 미야기현, 강진, 여진, 불안, 지진발생, 도호쿠, 쓰나미, 공포, 불안

[그림 5] 1차년도 CONCOR 분석과 각 클러스터별 주요 키워드

먼저 대형 클러스터인 첫 번째 군집은 주로 〈동일본대지진과 그 여파 및 영향〉을 나타내는 키워드로 이루어져 있음을 알 수 있다. 다소 이질적인 키워드로 보이는 '하마사키 아유미'의 경우는 오스트리아 배우 마누엘 슈바르츠와 결혼하여 미국에 정착하기로 하였지만, 동일

본대지진이 일어나고 일본을 떠나고 싶지 않아 이로 인한 불화로 이혼에 이르렀다[22]는 이른바 '재난이혼' 관련 글이 상당히 존재하는데 이러한 측면에서 동일본대지진 여파의 한 유형이라고 할 수 있다. 그리고 이 클러스터에 포함되는 '일본경제'나 '기업'과 같은 키워드는 주로 경제적 영향, '우리나라'는 방사능 영향, 경제적 영향, 여행객 추이의 변화 등 대재난 이후 우리에게 미치는 영향이나 파장 등과 관련된 글이다. 다음으로 두 번째 군집은 〈동일본대지진 이후 피해자 및 복구를 위한 자선 이벤트〉를 나타내는 클러스터이다. 동일본대지진 이후 문학자도 다양한 형태의 자선 이벤트[23]를 기획할 정도로 다양한 분야에서 피해자 구제와 부흥을 위한 자선 이벤트와 의연금 기부 등이 활발하게 이루어졌는데 블로그에 주로 언급된 것은 쟈니즈 사무소 소속 연예인이나 아라시 등 인기 연예인의 공연과 노래 관련 콘서트나 이벤트였다.

세 번째 소형 군집은 〈소프트뱅크 손정의 사장의 재난 기부〉 관련 클러스터이다. 2011년 4월에 소프트뱅크 손정의 사장이 100억 엔이라는 거액을 재난 기부금으로 희사하였는데 그가 재일동포라는 점도 있고 하여 크게 클로즈업되었던 것이다. 네 번째 군집은 〈동일본대지진 재난 상황과 공포 및 불안〉 관련 클러스터이다. 이 군집에는 동일본대지진 재난을 일으킨 주요 재해와 지역 그리고 여진 등 불안과 공

22) https://blog.naver.com/bbbbang78/140149917548

23) 동일본대지진 이후 작가 시마다 마사히코(島田雅彦)의 제안으로 동일본대지진 부흥을 작가들의 서적으로 지원하는 인터넷서점인 〈부흥서점(復興書店) Revival & Survival〉이 개설되었으며 약 150명의 소설가, 시인이 참여하여 판매수익금을 의연금으로 기부하였다.(정병호, 「3.11 동일본대지진을 둘러싼 2011년의 논의와 전개」, 『저팬리뷰 2012. 3.11 동일본대지진과 일본』, 도서출판 문, 2012)

포와 관련된 키워드들로 구성되어 있다.

다음으로는 동일본대지진이 일어나고 5년 정도의 시간이 경과한 2016년 4월 1일부터 2017년 3월 31일까지 데이터를 분석한 결과, 하나의 두 개의 거대한 군집(❶, ❷)과 두 개의 중형 군집(❸, ❹)이 도출되었다.

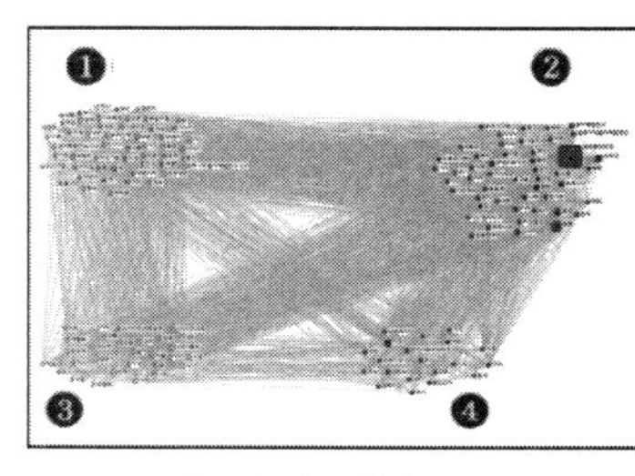

[그림 6] 2차년도 CONCOR 분석과 각 클러스터별 주요 키워드

위의 [그림 6]에서 보는 바와 같이 첫 번째 군집은 〈동일본대지진 재난 피해와 부흥〉을 나타내는 대형 클러스터이다. 이 군집에서는 동일본대지진과 연관된 재난 유형과 피해자, 피해지역, 그리고 부흥과 지원 등의 키워드가 집중되어 있다. 역시 대형 클러스터인 두 번째 군집은 〈동일본대지진의 여파와 이웃 국가〉를 나타내는 키워드 중심으로 구성되어 있다. 동일본대지진의 재난 유형을 포함하여 이의 영향과 피재지의 키워드, 그리고 이웃 국가인 한국, 중국 등의 키워드가 중점적으로 보인다. 그런데 여기에서 특이한 용어로 보이는 '미니멀 라이프(Minimal Life)'는 "불필요한 물건을 줄이고 최소한의 물건만을 소유하면서 가볍게 사는 삶을 말한다. 물건을 소유하면서 느끼는 풍요가 아니라 배움이나 경험, 여행 등 자신이 생각하는 중요한 부분에

집중하면서 단순하고 의미 있는 삶을 추구하는 생활 방식"인데, 이 운동은 미국에서 시작되었지만 "2011년 동일본대지진 이후" "지진과 쓰나미 때문에 집과 살림살이를 허망하게 잃는 것을 목격하면서 소유에 대한 회의감이 들"[24]며 이러한 열풍이 불었다. 따라서 미니멀 라이프도 동일본대지진이라는 재난이 초래한 새로운 삶의 한 유형이라 하지 않을 수 없다. 동시에 2016년 4월 14일 진도 7의 강력한 지진이 구마모토(熊本)에서 발생하였는데 키워드 빈도 횟수 분석이나 N-gram분석 결과에서와 같이 이 지진을 동일본대지진과 연관지어 보려는 글들이 적지 않게 존재하였다.

다음으로 중형의 3군집은 한국에서 개봉되어 상당한 인기를 모았던 애니메이션 〈『너의 이름은』으로 보는 재난〉과 관련한 키워드로 이루어진 클러스터이다. 동일본대지진 이후 5년이 넘는 시간이 지나고 이와 연관된 문화 매체를 통해 재차 이 재난이 상기되는 양상을 잘 보여주고 있다. 역시 중형 규모의 4군집은 〈동일본대지진과 한반도 영향〉을 나타내는 클러스터이다. 당시 블로그 글에서는 동일본대지진의 한반도 영향과 관련한 다양한 글들이 있었는데 실제 2016년 9월 12일 경주시에서 한반도에서 발생한 역대 최대 규모인 5.8 규모의 지진이 일어나서 이를 동일본대지진과 연관하여 경우에 따라서는 동일본대지진의 영향으로 언급되는 경우가 매우 많았다. 구마모토지진이나 경주지진 등, 자연재해를 접할 때 그 이전에 형성된 집단적 재난 기억을 통해 현재의 재난을 상기하는 경우가 많은데 2011년 이후 자연재해가 발생할 때마다 많은 경우 동일본대지진이 다시 소환되

24) 박경화, 「삶이 가벼워지는 미니멀 라이프!」, 『샘터』 577, 2018, p.103.

곤 하였다.

다음으로는 동일본대지진이 일어나고 11년 넘는 시간이 경과한 2022년 6월 1일부터 2023년 5월 31일까지의 데이터를 분석한 결과, 두 개의 중형 군집(❶, ❷)과 두 개의 대형 군집(❸, ❹)이 도출되었다.

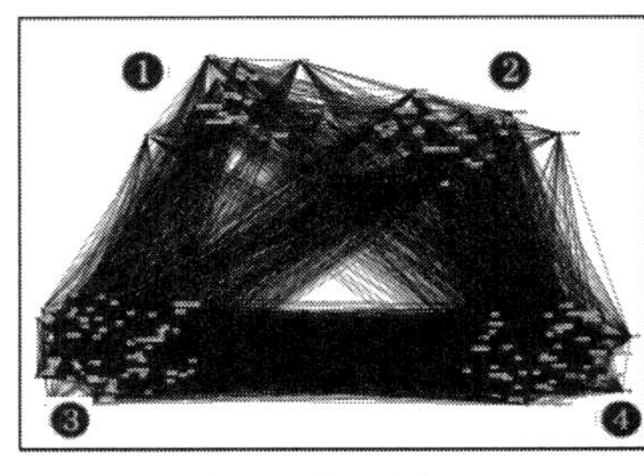

[❶군집]작품, 부산, 작품세계, 전시, 작가, 부산시립미술관, 전시회, 무라카미다카시, 무라카미, 예술, 변화, 의미

[❷군집]쿠시마원자력잘전소, 정부, 핵연료, 원자력발전소, 오염수, 도쿄전력, 후쿠시마, 폭발사고, 방사능, 안전, 바다, 방류, 일본정부, 사고발생, 봄, 방사성물질, 파괴

[❸군집]미야기현, 센다이, 미야기, 이와테현, 뉴스, 지원, 사람, 도쿄, 코로나, 일본여행, 영화, 기억, 재난, 일상, 사카모토류이치, 피해자, 영상, 책, 하뉴유즈루, 피해지역

[❹군집]동일본대지진, 일본, 쓰나미, 동일본, 자연재해, 도호쿠지방, 지진발생, 후쿠시마원자력발전소사고, 위험, 간토대지진, 도호쿠, 진도, 후쿠시마현, 사망, 건물, 동일본대지진, 한신아와지대지진, 인플레이션, 아베노믹스, 미국, 환율, 미래, 사태, 경제

[그림 7] 3차년도 CONCOR 분석과 각 클러스터별 주요 키워드

먼저 첫 번째 군집은 부산시립미술관에서 개최된 〈무라카미 다카시의 전시회와 동일본대지진〉을 나타내는 클러스터인데, 이는 앞에서 설명한 대로 '무라카미좀비'전시회 당시 상당히 인기를 얻었으며, 무라카미 다카시의 작풍이 동일본대지진으로 변화하였다는 것과 밀접한 연관이 있는 클러스터이다. 두 번째 군집은 〈방사능 누출사고와 오염수 방류 문제〉을 나타내는 클러스터이다. 2021년 4월에 일본 정부는 후쿠시마원자력발전소의 녹아내린 핵연료를 냉각한 오염수를 태평양으로 방류하기로 결정하면서 한국에서도 이를 방류 문제를 두고 다양한 반응이 일어나기 시작하였다. 2022년 5월, 일본원자력규제위원회가 오염수 해양 방류를 공식적으로 인가하고 방류 시기도 2023년으로 추정되면서 이와 연관된 많은 글들이 보이기 시작한다. 특히 2023년 4월, 도쿄전력이 해양 방류를 위한 해저터널 건설을 완료하면

서 한국에서는 수많은 논쟁이 일어났으며 이를 둘러싼 논쟁은 현재 진행 중이다. 이 문제를 보면 동일본대지진은 현재에도 다양한 형태로 영향을 미치고 있는 현재진행형 재난임을 새삼 확인할 수 있다.

한편 3군집은 〈재난의 피해와 기억〉을 둘러싼 클러스터이며, 4군집은 〈동일본대지진 상황과 경제〉 문제를 타나내는 클러스터이다. 경제문제는 동일본대지진 이후 서플라인체인[25] 문제 등 다양한 각도에서 그 영향을 예측하거나 문제점에 대한 논의가 있었으나 이 군집은 이러한 양태를 잘 보여주는 클러스터라 할 수 있다.

이상 고찰해 보았듯이 '동일본대지진'을 키워드로 하는 블로그의 글을 2011년, 2016년, 2022년 각 1년씩의 데이터를 추출하여 Ucinet 6의 NetDraw 프로그램을 활용하여 CONCOR 분석을 한 결과, 시기가 달라도 동일한 클러스터가 있는 반면 시간의 흐름과 사회적 환경의 변화에 따라서 각각 특징적인 클러스터를 형성하고 있음을 알 수 있었다. 〈동일본대지진과 여파 및 영향〉, 〈동일본대지진 재난 피해와 부흥〉, 〈재난의 피해와 기억〉 등 거의 유사한 담론구조를 가지는 클러스터가 존재하고 있었다. 하지만 초기에는 〈동일본대지진 이후 피해자 및 복구를 위한 자선 이벤트〉나 〈소프트뱅크 손정의 사장의 재난 기부〉와 같이 피해 초기 피해자와 복구를 위한 자선 이벤트나 기부와 같은 글들이 군집의 형태로 다수 존재하고 있었으며, 시간이 지남에 따라서 〈『너의 이름은』으로 보는 재난〉, 〈동일본대지진과 한반도 영향〉, 〈무라카미 다카시의 전시회와 동일본대지진〉, 〈방사능 누출사고

25) 다케나카 헤이조 외, 김영근 역, 『일본 대재해의 교훈: 복합위기와 리스크 관리』, 도서출판 문, 2012, p.19.

와 오염수 방류 문제〉와 같은 새로운 화제로 담론의 방향을 옮겨가는 클러스터의 양상을 잘 보여주고 있었다.

4. 결론

이상 '동일본대지진'을 키워드로 하여 네이버의 블로그에서 데이터를 수집하여 텍스트 마이닝과 CONCOR을 활용하여 한국인의 재난 인식과 기억을 분석한 결과 키워드 빈도횟수, N-gram, CONCOR 분석 모두에서 비교적 일관되고 공통된 결과를 얻을 수 있었다. 2011년 4월에서 2012년 3월까지, 2016년 4월에서 2017년 3월까지, 2022년 6월에서 2023년 5월까지 수집한 데이터에 관한 공통된 특징과 시기별 차이점을 열거하면 다음과 같다.

첫째, 네이버 블로그의 데이터 수집을 위한 키워드가 '동일본대지진'이었기 때문에 상기의 세시기에 걸쳐 모두 재난 상황이나 피해지역 등이 주요한 빈도수를 보여주었다. 그렇기 때문에 세 시기 모두 '동일본대지진'의 공기어로서 '재해', '지진', '후쿠시마원자력발전소', '후쿠시마원자력발전소사고', '쓰나미', '피해지역', '동일본', '후쿠시마', '도호쿠' 등이 상위 순위로 랭크되기도 하였다. 나아가 CONCOR 분석에서도 각 시기 4개의 클러스터 중에서 〈동일본대지진과 여파 및 영향〉, 〈동일본대지진 재난 피해와 부흥〉, 〈재난의 피해와 기억〉 등 자연재해, 원전, 피해지를 묶는 군집이 공통적으로 나타나기도 하였다.

둘째, 이러한 유사점에도 불구하고 다른 시기에는 그다지 부각되지 않는 특징들도 각 시기에 나타나고 있다. 먼저 2011년 4월에서 2012년 3월까지는 기부나 자선 이벤트, 부흥, 지원, 쟈니즈, 손정의 등 피해자와 부흥을 위한 자선 이벤트, 기부행위와 연관된 키워드 다수가 높은 빈도수로 나타나며 N-gram 분석에서도 '동일본대지진'과 '부흥지원', '부흥', '지원', '의연금', '복구지원', '피해복구', '복구', '자선' 등의 공기어가 높은 빈도수로 등장한다. 이는 동일본대지진 발생 이후 복구와 부흥, 그리고 피해자들을 지원하기 위한 자선 이벤트나 의연금 기부행위가 동일본대지진과 더불어 높은 관심도를 가지고 있었음을 보여준다. 이러한 결과는 CONCOR 분석에서 〈동일본대지진 이후 피해자 및 복구를 위한 자선 이벤트〉를 나타내는 클러스터와 〈소프트뱅크 손정의 사장의 재난 기부〉 관련 클러스터가 별개로 나타나고 있는 점을 통해서도 당시 동일본대지진 직후 무엇에 관심이 집중되었는지를 확인할 수 있다.

셋째, 2016년 4월에서 2017년 3월까지는 다른 시기에 보이지 않는 애니메이션 『너의 이름은』 관련 키워드와 이 시기에 발생한 또 다른 자연재해인 구마모토지진 등이 높은 빈도수를 보이고 있다. 이는 N-gram 공기어 분석에서도 신카이 마코토 감독이나 구마모토지진, 심지어는 한국에서 일어난 세월호 사건도 상위 60권 내에 위치하고 있다는 사실을 통해 이 시기 한국의 블로그에서는 동일본대지진이 애니메이션과 여타의 재난 항목과 연계하여 소환되고 있었음을 알 수 있다. 한편, CONCOR 분석에서도 다른 시기와는 달리 〈『너의 이름은』으로 보는 재난〉 클러스터와 〈동일본대지진과 한반도 영향〉 클러스터가 존재하고 있어서 빈도수 분석이나 N-gram 공기어 분석과 각각 공명하고 있음을 알 수 있었다. 동일본대지진이 일어나고 5년 이상

시간이 경과한 후, 문화예술 작품을 통해 3.11을 상기하거나, 구마모토지진, 세월호 사건, 경주지진 등 일본과 한국의 또 다른 재난을 통해 그 이전에 형성된 집단적 재난 기억인 동일본대지진을 소환하는 현상이라 할 수 있다.

넷째, 마지막으로 2022년 6월부터 2023년 5월까지는 그 이전에 보이지 않았던 오염수와 방류, 그리고 무라카미 다카시 미술전 관련 키워드들이 높은 빈도수로 보이고 있었다. N-gram 공기어 분석에서도 '오염수'와 '방류' 등이 '후쿠시마'나 '후쿠시마원자력발전소', 그리고 '원자력발전소'와 각각 공기어를 이루어 높은 빈도수를 보였으며, '무라카미다카시'와 '무라카미좀비' 등이 다른 키워드와 공기어를 이루어 상위에 랭크되어 있음을 알 수 있었다. 이러한 현상은 CONCOR 분석에서도 〈무라카미 다카시의 전시회와 동일본대지진〉 클러스터와 〈방사능 누출사고와 오염수 방류 문제〉 클러스터가 각각 단일한 군집으로 드러나고 있는 것과 유의미한 관계성을 엿보게 한다. 이는 동일본대지진이 이웃 국가인 한국에서도 여전히 현재 진행형의 재난이며 12년 이상의 시간이 경과했음에도 불구하고 국제관계에 다양한 파장을 일으키는 재난이라는 점을 상기시킨다. 또한 한국에서 500만명 이상의 관객을 모으며 크게 히트하였던 『스즈메의 문단속』을 검색어에서 배제하였음에도 불구하고 무라카미 다카시의 미술전을 통해 동일본대지진의 기억이 소환되는 등, 재난 기억에 있어서 문화예술 장르는 주요한 매개임을 잘 보여주고 있다.

이와 같이 한국인은 '동일본대지진'을 언급할 때 무엇을 상기하는지, 무엇을 통해서 이러한 재난을 인식하고 기억하는지를 텍스트 마이닝과 CONCOR 분석을 통해 살펴보았는데, 시기별로 공통적인 영역과 각 시기를 대표하며 다른 양상을 보이는 것이 확연하게 구분되었다. 그리고 '동일본대지진'이라는 재난을 구성하는 주요 키워드가 무엇인지, 그리고 해당 텍스트들은 각각 어떤 형태로 네트워크를 구성하고 있는지도 분명해졌다고 할 수 있다.

이 글은 『일본연구』 40(고려대학교 글로벌일본연구원, 2023.8)에
실린 논문을 수정한 것이다.

제2장

빅 데이터를 통해 본 일본 콘텐츠 수용 양상의 변화

〈가면라이더〉 시리즈에 대한 인식을 중심으로

하성호

1. 서론

일본의 특수 촬영 SF 드라마(이하 특촬물)는, 일본 대중문화가 정식으로 수입되기 전인 1980년대 후반의 시점에 이미 국내에 유입되어 큰 인기를 누렸다. 1989년 〈지구방위대 후뢰시맨(원제: 超新星フラッシュマン, 1986년 일본 방영)〉을 시작으로, 〈우주특공대 바이오맨(원제: 超電子バイオマン, 1984년 일본 방영)〉, 〈빛의 전사 마스크맨(원제: 光戦隊マスクマン, 1987년 일본 방영)〉 등이 잇따라 비디오 대여점에 출시되었고, 이후로도 우후죽순 입하된 일본 특촬 드라마의 더빙판은 애니메이션, 프로레슬링 등과 더불어 어린이들이 선호하는 단골 비디오 메뉴였다.

일본 특촬 드라마는 몇 가지의 대표적인 브랜드로 나눌 수 있는데 먼저 외계에서 온 거대한 우주인이 지구를 노리는 괴수, 외계인을 상대로 싸움을 벌이는 〈울트라맨(ウルトラマン)〉 시리즈, 신체 능력이 강화된 개조 인간이 악의 조직에 맞서 싸우는 〈가면라이더(仮面ライダー)〉 시리즈, 지구 정복을 노리는 악의 조직에 대항하여 다섯 명 정도의 팀을 이루어 거대 로봇에 타고 활약하는 〈슈퍼 전대(スーパー戦隊)〉 시리즈, 금속 강화복을 입은 우주 형사가 외계인 범죄자들에게 맞서는 〈메탈 히어로(メタルヒーロー)〉 시리즈 등을 꼽을 수 있다.

본고에서 다루는 〈가면라이더〉 시리즈는 어린이용 특촬 히어로 방송으로 일본에서 널리 알려져 있다. 1971년부터 1973년까지 방영된 초대 〈가면라이더〉에서 비롯된 이 시리즈는, 일본에서 2023년 현재 〈가면라이더 기츠(仮面ライダーギーツ)〉에 이르기까지 50여 년간 드라마로만 30여 편이 방영되었으며, 그 외에 다수의 극장용 영화로도 전개되었다.

1980년대, 1990년대에는 앞서 언급했던 〈지구방위대 후뢰시맨〉과 같은 〈슈퍼 전대〉 시리즈나 〈울트라90〉(원제: ウルトラマン80, 1980년 일본 방영) 등의 〈울트라맨〉 시리즈, 〈싸이보그 스필반(원제: 時空戦士スピルバン, 1986년 일본 방영)〉 같은 〈메탈 히어로〉 시리즈의 일부 작품이 한국으로 건너와 비디오 대여점을 통해 큰 인기를 누렸다. 그런데 당시 한국은 일본 드라마에 대해서는 전면적으로 수입이 금지되어 있었고, 이들 드라마는 '애니메이션 작품'이라는 명목으로 한국에 들어올 수 있었다. 〈슈퍼 전대〉는 이후 미국판 〈파워레인저〉 시리즈로 다시 한국에 수용된 시기(1994년 방영)가 있으며 현재는 일본 오리지널판이 방영되고 있을 만큼 수용의 역사가 길다. 이러한 특촬 드라마는, '무국적성'을 특징으로 삼는 애니메이션과 드라마의 중간적 영역에 위치했던 점 덕분에 장기간 수용될 수 있었던 것으로 보인다.[1]

1) 平侑子·張慶在, 「「禁止」と「改変」: 韓国におけるスーパー戦隊シリーズの越境から」, 玄武岩, 『越境するメディアと東アジア リージョナル放送の構築に向けて』, 勉誠出版, 2015, p.71.

그런데 〈가면라이더〉 시리즈는 이러한 특촬 드라마 수용의 역사와 다소 거리를 둔 채, 2000년대에 들어서야 본격적으로 한국에 유입되었다.[2] 2004년에 일본 대중문화 개방이 완전히 이루어지고 난 이후에야 케이블 TV의 채널을 통해 방영되기 시작한 것이다. 그렇게 2005년 〈가면라이더 류우키(仮面ライダー龍騎)〉(2002년 일본 방영)가 〈가면라이더 드래건〉이라는 제목으로 첫 방영된 이후 지금까지 18년 동안 거의 매해 국내에서 〈가면라이더〉 시리즈가 방영되고 있으니, 일본 콘텐츠의 브랜드로서는 보기 드물게 장기간 연속적인 수용이 이루어지고 있는 셈이다.

같은 특촬 드라마의 장르인 〈슈퍼 전대〉 역시, 오랜 수용 기간을 지니고 있으나 그 사이에는 단절의 시기도 있었으며, 〈파워레인저〉처럼 드라마의 국적이 일본에서 미국으로 바뀌기도 하는 등 여러 우여곡절이 있어, 〈가면라이더〉처럼 끊임없이 시리즈가 방영된 브랜드와 양상의 차이가 있다. 또한 국내에서 큰 인기를 누린 대표적인 일본 드라마 〈고독한 미식가〉(2012년 일본 방영) 시리즈와 비교해도 거의 두 배에 달할 만한 누적 수용 기간의 차이도 있다. 국내에 맨 처음 방영된 〈가면라이더 드래건〉을 시청한 수용자가 당시 초등학교 1학년이었다면 이제는 20대 중후반의 나이로 장성했을 만큼, 한 세대에 가까운 수용 기간을 자랑하는 시리즈가 된 것이다. 18년이라는 시간 동안 외국의 콘텐츠가 꾸준히 소비되어 왔다면, 그 안에서는 구체적으로 어떤 수용의 양상들이 나타나고 있을까?

---

2) 〈번개기사 5형제(지구수호대 섬전오기사)〉라는 제목으로, 대만에 수입된 〈가면라이더〉 몇 작품이 1992년에 한국어로 더빙되어 수입된 적은 있다.

본고에서는 이러한 의문에 답하기 위해, 빅 데이터를 이용하고자 한다. 〈가면라이더〉 시리즈가 국내에 방영된 기간은 블로그와 같은 개인을 위한 인터넷 서비스, 카페 등 커뮤니티 활동을 위한 인터넷 서비스가 꽃을 피운 기간과도 중첩된다. 인터넷이라는 뉴 미디어 안에서 〈가면라이더〉 수용자의 장기간에 걸친 실천을 추적할 수 있다면, 그 수용 양상의 변천 또한 파악할 수 있으리라는 것이 본고의 전제이다. 일본 대중문화 수용 양상을 파악하고자 할 때, 〈가면 라이더〉 시리즈에는 몇 가지 이점이 있다고 생각된다. 첫째로는, 일반적인 장편 드라마의 경우에는 시대에 따라 히트하는 작품들이 다양하여, 장기간에 걸친 수용 양상을 파악하기가 쉽지 않으며, 또한 나타나는 수용 양상이 그 작품에 한정된 것인지도 얼른 파악하기 어려운데, 이에 비해 〈가면 라이더〉는 긴 시간 방영되어 각 시대별의 수용 양상을 파악하기가 유리하다. 마찬가지로 콘텐츠의 구성에 있어서도 일반 드라마가 개별적이고 강한 개성을 갖춘 데 비해, 〈가면 라이더〉는 어느 정도 규격화된 포맷이 있어서 일반 드라마보다 좀 더 세밀한 카테고리로 분류될 수 있다. 즉, 일반 드라마의 수용자에 비해 특촬 드라마라는 하나의 '장르'의 수용자라는, 보다 균질한 수용자층을 상정할 수 있어 수용 양상의 변화를 좀 더 뚜렷하게 관측할 수 있을 것으로 보았다. 그리고 일본에서 방영된 드라마가 곧바로 컴퓨터에서 볼 수 있는 동영상화되어 온라인에서 유통되면서, 한국의 케이블 TV에서는 정식으로 수입된 같은 시리즈의 드라마가 방영되고 있는 중이라는 독특한 현상도 장기간에 걸쳐 수용되어 온 〈가면 라이더〉 시리즈가 지닐 수 있는 특징으로, 이러한 현상에서 독특한 수용 양상이 관찰될 가능성도 있을 것이다.

국내에서 〈가면라이더〉 자체를 다룬 연구는 매우 드물다고 할 수 있는데, 김동하(2021)는 특히 본고에서 다루고 있는 2000년대 이후의 〈가면라이더〉 시리즈, 소위 '헤이세이 라이더'를 자세히 소개하고 그 인기의 요인을 분석하고 있다. 그에 따르면 '헤이세이 라이더'는 흔히 '쇼와 라이더'라고 불리는 과거 시리즈와 차별화를 꾀하면서 한 작품에 여러 명의 가면라이더를 등장시키는 등 파격적인 설정을 도입하는 한편, 과거 작품들도 재조명하며 시리즈의 장기 흥행을 꾀했다. 또한 미남 배우들을 도입하여 여성팬을 확보하고, 스폰서인 완구회사가 내놓은 상품들도 인기를 끌며 장수 시리즈의 발판을 마련했다는 것이다.[3] 이승희(2017)는 〈가면라이더〉 시리즈의 두 작품 〈W〉와 〈오즈〉를 중심으로 작중에 등장한 변신 모티프가 동물적 모티프를 넘어 다양한 모티프의 융합을 통해 상상력과 환상의 극대화를 이루며, '변신'이라는 콘텐츠가 풍성한 신화와도 관련이 있음을 논하였다.[4] 〈가면라이더〉 자체에 대한 연구가 부족한 만큼, 본고에서는 한국의 일본 드라마나 대중문화 수용에 대한 선행 연구의 지견도 빌리고자 한다. 김현미(2003)는 일본 대중문화의 가벼운 팬층부터 마니아층까지를 심층 면접 방식으로 조사한 연구로, 동호회 커뮤니티 내부에서 팬 사이의 위계가 형성되는 구조를 규명하였다.[5] 윤경원(2007)은 인터넷의 일상화

3) 김동하, 「일본의 장수 특촬 드라마에 대한 연구: 헤이세이 가면라이더 시리즈를 중심으로」, 『동북아 문화연구』 69, 동북아시아문화학회, 2021, pp.47~63.

4) 이승희, 「일본 특촬 TV 시리즈 〈가면라이더〉에 나타난 변신 모티프 연구: 〈W〉, 〈오즈〉를 중심으로」, 『스토리앤이미지텔링』 13, 스토리앤이미지텔링연구소, 2017, pp.191~214.

5) 김현미, 「일본 대중문화의 소비와 '팬덤(fandom)'의 형성」, 『한국문화인류학』 36(1), 한국문화인류학회, 2003, pp.149~186.

가 커뮤니티 밖에서도 팬에게 팬으로서의 정체성을 확보할 수 있도록 하여, 팬 활동의 개별화, 탈조직화가 시작되는 배경을 분석하였다.[6)]최순심, 조성호(2009)는 디지털 시대의 일본 드라마 수용자의 인식 유형을 구체화하고, 각 유형이 지닌 공통점을 통하여 수용자 일반이 가진 타문화 콘텐츠 소비에 대한 인식을 도출하였다.[7)]

하수진(2010)은 2010년대에도 여전히 존재하는 폐쇄적 커뮤니티를 형성하며, 결집력을 갖고 정보와 감상평의 공유에 힘쓰는 일본 드라마 마니아의 현황을 소개하였다.[8)] 강진숙, 강연곤, 김민철(2012)은 일본 대중문화를 직접 다루지는 않지만, 외국 영상물의 자막을 제작하는 아마추어 제작자들을 인터뷰하여, 그들의 활동이 갖는 문화적 함의를 도출하였다. 자막 제작 행위는 팬이라는 정체성을 지닌 문화 집단의 능동적 생산 행위이며, 이들은 외국 문화를 되도록 정확하게 다른 이에게 전달하고자 하는 문화 생산자의 모습을 보이기도 했던 것이다.[9)]

또한 빅데이터를 통한 일본의 대중문화 콘텐츠 연구에서는 김다흰, 임찬수(2021)가 〈너의 이름은〉, 〈귀멸의 칼날: 무한열차편〉의 흥행 요인을, 유명 웹사이트에서 수집한 데이터와 키워드를 중심으로 분석

6) 윤경원, 「일본 드라마 수용자의 인터넷 활용과 문화적 실천」, 『한국방송학보』 21(4), 한국방송학회, 2007, pp.141~175.

7) 최순심·조성호, 「디지털 시대 타문화 콘텐츠 소비에 대한 수용자 인식 유형 연구: 일본 드라마를 중심으로」, 『언론과학연구』 9(3), 한국지역언론학회, 2009, pp.577~608.

8) 하수진, 「일본 대중문화 수용에 관한 연구: 일본드라마 매니아의 팬덤현상을 중심으로」, 『한국엔터테인먼트산업학회 학술대회 논문집』, 한국엔터테인먼트산업학회, 2010, pp.77~89.

9) 강진숙·강연곤·김민철, 「인터넷 팬덤 문화의 생산과 공유에 대한 연구: 외국영상물 '팬 자막' 제작자들과의 심층인터뷰를 중심으로」, 『한국방송학보』 26, 한국방송학회, 2012, pp.7~42.

한 바 있다.[10)]

상기한 선행 연구들은 주로 20대 팬덤을 대상으로 하여, 진행된 연구이며 일반 수용자의 의식을 다룬 연구의 경우에도 2009년 이후에는 찾아보기 힘들다. 2004년의 일본 대중문화 전면 개방 이후로는 일본 대중문화 개방에 대한 우려나 통제에 대한 반발 등에 대한 사회적 논의가 급감했을 정도로, 즉 일본 대중문화가 문화제국주의나 문화근접성 등에 대한 우려를 불식할 정도로 국내 대중문화 산업이나 수용자들에게 과다한 영향력을 발휘할 수는 없었기 때문으로 생각된다.

그러나 〈너의 이름은〉(2016년 일본 개봉, 2017년 한국 개봉), 〈귀멸의 칼날: 무한열차편〉(2020년 일본 개봉, 2021년 한국 개봉), 〈더 퍼스트 슬램덩크〉(2022년 일본 개봉, 2023년 한국 개봉) 등과 같이 때때로 일본산의 빅 히트 콘텐츠가 등장하거나, 일본과의 외교 관계가 악화되는 상황 속에서도 일본발 대중문화가 인기를 자랑하는 등 그 존재감은 여전히 무시하기 힘들다. 그렇다면 일본 대중문화 전면 개방 이후 약 20년, 일본 대중문화 콘텐츠에 대한 인식이나 수용은 어떻게 변천해 왔는가에 대한 질문을 던져 봄직하다. 특히 일본 대중문화 수용자의 양상이 인터넷 서비스의 발전과 함께 기록되고, 그 기록의 상당수가 여전히 보존되고 있다는 점은 이러한 질문에 대한 답을 도출하는 데 고무적인 상황이라고 볼 수 있다.

10) 김다흰·임찬수, 「소셜 빅데이터를 통한 국내에서의 일본 애니메이션 영화 흥행 요인 분석: 「너의 이름은.」과 「귀멸의 칼날: 무한열차편」 키워드를 중심으로」, 『일본문화연구』 80, 동아시아일본학회, 2021, pp.37~65.

2. 연구 방법 및 대상

본고는 2004년부터 2013년까지 포털 서비스 '네이버(https://naver.com)' 블로그, 카페에서 일본의 드라마 시리즈 〈가면라이더〉가 언급된 게시물들을 연구의 대상으로 삼고 있다. 데이터의 수집은 빅 데이터 솔루션 '텍스톰(https://textom.co.kr)'을 이용하였다. 일본 대중문화 전면 개방이 이루어진 이래, 그 수용이 어떻게 이루어졌는지에 대해서 선행 연구들에서는 주로 인터뷰 방법을 통한 수용 양상이 탐구되어 왔다. 2000년대 이후 인터넷이 활성화되고 포털 서비스가 늘어나면서, 개인이나 커뮤니티를 위한 인터넷 공간의 생성은 더욱 손쉬워졌으며 네이버 블로그나 카페는 그 당시부터 현재까지도 남아 있는 대표적인 서비스라고 할 수 있다. 이 서비스들 속에서 수많은 개인이 자신이 흥미를 지닌 콘텐츠에 대해 감상을 기록하거나, 관련 정보를 공유하고, 같은 콘텐츠를 즐긴 사람들과 교감을 나누어 왔다. 이렇게 남겨진 기록들은 아직도 포털 서비스를 통해서 검색하여 열람할 수 있고, 특정 키워드를 통해 검색된 기록물들을 빅 데이터화하여 시기별로 분류할 수 있다면, 인터넷이 보급된 이후 그 키워드에 해당하는 콘텐츠가 수용된 양상의 특징들을 도출할 수 있을 것으로 기대했다.

본고에서는 텍스트 마이닝 기법을 활용하여 출현 빈도가 높은 키워드를 도출, 네이버를 중심으로 한 국내 온라인 포털의 블로그나 커뮤니티 내에서 〈가면라이더〉의 수용과 인식이 어떤 식으로 변해 왔는지를 살펴보고자 한다. 먼저 텍스톰을 통하여 2004년 1월부터 2013년 12월까지 월별로 네이버 블로그와 카페에서 키워드 '가면라이더'가 언급된 원문 게시물과 정제된 키워드를 수집하고 Notepad++ 등의 보조 애플리케이션을 통해 보다 세밀한 키워드의 정제를 진행하였으며, 의미 파악이 어려운 일부 단어는 제거하였다.[11] 이렇게 정제된 키워드를 바탕으로 텍스트 마이닝 작업을 진행하고, 출현 빈도가 높은 키워드를 도출하여 이를 원문과 대조하고 해당 시기의 주요 키워드가 갖는 의미들을 분석하였다. 또한 이를 보조하기 위해서 n개의 어절 또는 음절을 연쇄적으로 분류한 후 단어들 간의 밀집 정도를 측정하고 빈도를 분석하는 N-gram 분석이나 특정 범위 내에서 모든 단어들의 빈도수와 단어가 포함된 문서(정보)들의 빈도수를 구한 후 역수를 취해 곱하여 문서의 중요도를 찾는 TF-IDF 분석의 결과도 경우에 따라 참조하였다.

또한 카페(커뮤니티)를 중심으로, 해당 기간 동안 수집된 게시물의 월별 수집량을 그래프화하고 그 그래프를 통해 온라인상에서 〈가면라이더〉에 대한 언급이 크게 증가하는 등의 특징적인 현상이 나타나는 시기를 파악하여, 수집된 원문들을 살펴봄으로써 해당 시기의 커뮤니티나 게시물들이 지닌 성격을 분석할 것이다. 이를 통해 온라인 커뮤니티(네이버 카페)에서 〈가면라이더〉의 수용이 시기에 따라 어떤 변화를 맞이하여 확대되었는지를 밝히고, 일본 대중문화의 완전 개방 이후 인터넷상에서 일본 대중문화 콘텐츠 수용이란 구체적으로 어떤 양상을 동반하며 이루어졌는지를 밝히는 것이 본고의 목표이다.

---

11) 원래 연구를 위해 수집한 데이터는 2023년까지였으나, 2014년 이후 데이터의 수집량이 다시 급증하여 본고와 같이 키워드 관련 게시물을 일일이 추적하는 조사 방법으로는 그 데이터를 모두 분석하는 데에는 시간적인 한계가 있었음을 밝혀 둔다. 2013년까지의 수용 양상에서도 몇 차례 특징적인 수집량 증가의 시기가 있어, 본고에서는 우선 이를 분석하는 데에 중점을 두었다.

3. 블로그 게시물 분석 결과

먼저, 수집된 블로그 게시물에 대한 분석 결과를 소개하고자 한다. 네이버 블로그(2003년 10월 서비스 개시)의 경우 2004년부터 2005년까지는 가면라이더를 언급하는 게시물의 수 자체가 많지 않아, 키워드 빈도 순위를 제시는 하되 어느 정도 게시물의 축적을 확인할 수 있는 2006년부터의 경향을 본격적인 분석을 시도하고자 한다. 이하의 텍스트 마이닝 결과는 2006년도부터 2014년도까지, 각 연도의 1/4 분기(1월~3월)에 해당하는 블로그 게시물을 정제하여 추출한 것이다. 1/4 분기를 선택한 이유는 일본과 한국에서 일반적으로 〈가면라이더〉의 새로운 시리즈가 방영을 시작하는 시기로서, 한국의 온라인상에서도 가장 언급이 활발할 것으로 추정했기 때문이다. 활발한 언급을 통해 보다 많은 데이터를 입수하는 것이 수용의 경향을 판별하

[표 1] 2004년도~2005년도 1/4분기의 네이버 블로그 단어 빈도 순위

	2004년도 1분기		2005년도 1분기	
순위	키워드	빈도	키워드	빈도
1	가면라이더	14	가면라이더	73
2	한글	6	라이더	31
3	라이더	3	가면라이더류우키	20
4	가면라이더아마존	3	가면라이더쿠우가	15
5	답글	3	가면라이더히비키	14
6	프라이드	2	시리즈	13
7	세계	2	이미지	10
8	아기토	2	무엇	9
9	퍼블리싱	2	가면라이더블레이드	9
10	기무라	2	방영	8

는 데에도 유리할 것으로 보았다.

먼저 2006년도의 단어 빈도 순위를 살펴보면, 〈가면라이더〉는 일본과 국내 사이의 방영 시기에 약 2년 정도의 시차가 있는 관계로, 2000년도의 〈가면라이더 쿠우가〉부터 2006년도의 〈가면라이더 카부토〉까지 방영 시기와 상관없이 여러 작품이 유사한 빈도로 언급되고 있다. 〈가면라이더 쿠우가〉의 주연을 맡았다가 이후 유명 배우로 성장한 오다기리 조에 대한 언급도 상위권(9위)을 차지하고 있으며, 일본 전통 문화의 색채가 강한 콘셉트 탓인지 결국 국내 방영이 불발로 끝난 〈가면라이더 히비키〉(12위, 2005년 일본 방영)보다 많은 빈도를 기록하였다. 2007년도에는 한국과 일본 모두 현재 진행형으로 방영되고 있는 시리즈의 언급 빈도가 상승했음을 알 수 있다. 일본에서 2006년부터 2007년까지 방영되었던 〈가면라이더 카부토〉, 그리고 한국에서 2007년 1월부터 한국에서 방영되기 시작한 〈가면라이더 블

[표 2] 2006년도~2007년도 1/4분기의 네이버 블로그 단어 빈도 순위

	2006년도 1분기		2007년도 1분기	
순위	키워드	빈도	키워드	빈도
1	가면라이더	111	가면라이더	141
2	라이더	48	라이더	36
3	가면라이더아기토	29	가면라이더카부토	20
4	가면라이더쿠우가	27	가면라이더블레이드	20
5	가면라이더카부토	25	극장판	15
6	가면라이더파이즈	21	가면라이더파이즈	11
7	가면라이더류우키	19	특촬	10
8	작품	18	가면라이더류우키	9
9	오다기리죠	17	오프닝	9
10	등장	15	카부토	9

레이드〉, 그 전해에 방영한 〈가면라이더 파이즈〉가 단어 빈도의 상위권을 차지하고 있다. 이 시기 블로그를 운영하는 마니아층에서는 〈가면라이더〉 중 특정한 한 작품뿐만 아니라 '시리즈 팬'이라는 인식을 표출하고 있으며, '아돌군의 잡설들'(http://adoru0083.egloos.com)과 같이, 게시물의 발신원도 특정 블로그에 편중되어 있음을 알 수 있다.

[표 3] 2008년도~2009년도 1/4분기의 네이버 블로그 단어 빈도 순위

	2008년도 1분기		2009년도 1분기	
순위	키워드	빈도	키워드	빈도
1	가면라이더	227	가면라이더	469
2	가면라이더키바	76	라이더	166
3	라이더	57	가면라이더디케이드	129
4	가면라이더카부토	38	가면라이더키바	78
5	오늘	25	디케이드	72
6	자막	21	가면라이더류우키	50
7	촬영	20	등장	50
8	극장판	19	가면라이더카부토	47
9	드라마	19	변신	37
10	가면	17	시리즈	34

2008년도에도 해당 시기에 방영이 시작된 시리즈의 단어 빈도가 높음을 확인할 수 있다. 흥미로운 점은 특히 일본에서 2008년 1월부터 방영이 시작된 〈가면라이더 키바〉의 단어 빈도(76건)가 같은 시기 한국에서 방영되기 시작한 〈가면라이더 카부토〉(38건)의 두 배를 차지한다는 점이다. 이는 한국의 블로그 사용자가 일본의 최신 방영작에 보다 많은 관심을 보이고 있고, 따라서 이후 한국 내에서 정식으로 방영될 〈가면라이더〉 드라마는 정식 방영 이전에 어떤 형태로든 콘텐

츠의 수용이 있었을 것으로 짐작할 수 있는데, 그 형태는 당시에 소위 '1화물'이라 불리며 인터넷상에서 떠돌았던 드라마의 각 에피소드별 동영상이었을 것으로 추정된다. 단어 빈도에서 6위를 차지한 '자막'은, N-gram에서의 연결 빈도를 참조할 때 국내에 정식으로 방영되지 않은 〈가면라이더 히비키〉의 자막과 관련된 것으로, 이 작품 역시 국내에 정식 방영되지 않았어도 동영상들이 유통되었음을 알 수 있다. 또한 N-gram 상위 연결 빈도를 살펴보면, 일본에서 방영된 신작 〈가면라이더 키바〉의 주연 배우 세토 고지와 관련된 키워드들이 상위권에 포진해 있음을 확인할 수 있는데, 이는 한국의 일본 아이돌 팬 블로그에서 해당 배우가 온라인상에 올리는 일기 등을 꾸준히 번역하여 자기 블로그의 콘텐츠로 삼는 등의 활동이 있었기 때문으로 보인다.

[표 4] 2008년도 1/4분기 네이버 블로그 N-gram 빈도 순위

	2008년도 1분기(N-gram)		
순위	단어1	단어2	빈도
1	세토	오늘	11
2	오늘	가면라이더키바	10
3	가면라이더키바	촬영	10
4	가면라이더	자막	9
5	가면라이더히비키	자막	9

이어지는 2009년도의 경우에도 한국 방영작 〈가면라이더 덴오〉보다는 일본에서 방영되는 신작 〈가면라이더 디케이드〉, 그리고 역시 전해에 일본에서 방영된 〈가면라이더 키바〉에 대한 관심이 높았음을 알 수 있다. 한편 이 해에 한국에 방영된 〈가면라이더 덴오〉의 경우에는(일본 방영은 2007년), 드라마 제목의 단어 빈도보다 주역 캐릭터인

노가미 료타로와 이를 연기한 미남 배우 사토 다케루의 이름이 더 높은 출현 빈도를 보이고 있다. 2010년도에도 일본 방영 신작인 〈가면라이더 더블〉에 대한 관심이 가장 높고, 한국에서 방영 중인 시리즈 〈가면라이더 키바〉와 이전 시즌 일본에서 방영했던 〈가면라이더 디케이드〉의 빈도가 엇비슷하게 나타남을 확인할 수 있다. 이 시기에는 '암흑요정의 숲'(http://kgm84.egloos.com) 등 〈가면라이더〉에 대한 정보를 메인 콘텐츠로 삼는 블로거가 등장했음을 확인할 수 있다.

[표 5] 2010년도~2011년도 1/4분기의 네이버 블로그 단어 빈도 순위

	2010년도 1분기		2011년도 1분기	
순위	키워드	빈도	키워드	빈도
1	가면라이더	419	가면라이더	597
2	라이더	133	가면라이더오즈	230
3	가면라이더더블	121	라이더	208
4	가면라이더키바	58	콤보	156
5	가면라이더디케이드	56	가면라이더디케이드	120
6	이크사	53	오즈	87
7	영화	50	가면라이더더블	85
8	덧글수	46	반다이	80
9	극장판	45	디케이드	80
10	더블	45	등장	64

2011년도 역시 일본 방영 신작(〈가면라이더 오즈〉)에 대한 관심이 높고, 한국 내 방영 신작(〈가면라이더 디케이드〉)이 그 다음, 일본의 전년도 방영작(〈가면라이더 더블〉)이 단어 빈도의 상위를 달리고 있다. 10위권 안에 들지는 못했으나 새로이 빈도 상위권으로 등장한 단어로는 '리뷰'(11위), '피규어 아츠'(12위), '발매'(13위) 등이 있는데, 원문

을 탐색한 결과 이것들은 모두 〈가면라이더〉의 판권을 지닌 스폰서 기업 '반다이'(단어 빈도 8위)의 6인치 액션 피규어 완구(관절이 가동하는 피규어)와 연관된 검색어로, 2008년에 론칭하여 〈가면라이더〉 시리즈와 함께 성장한 완구로 알려져 있다. N-gram 순위를 통해서는 이 시기부터 국내 〈가면라이더〉 수용자 사이에서 반다이의 공식 완구 정보에 대한 관심이 높아졌음을 알 수 있다. 즉, 드라마라는 메인 콘텐츠 외에도 그와 관계된 프랜차이즈 상품에 대한 정보에 대한 관심이 상승한 것이다.

[표 6] 2011년도 1/4분기 네이버 블로그 N-gram 빈도 순위

	2011년도 1분기(N-gram)		
순위	단어1	단어2	빈도
1	메이커	제조원	29
2	타토바	콤보	29
3	암흑요정	덧글수	27
4	가면라이더오즈	타토바	25
5	제조원	반다이	25

2012년도에는 이전과 다르게 일본에서 방영되고 있던 〈가면라이더 포제〉에 대한 관심이 희박해졌음을 확인할 수 있다. 히어로 이름으로서의 '포제'는 블로그 게시물상에서 종종 보이지만 그렇다 해도 언급이 적으며, 전작들과 달리 전체 타이틀인 〈가면라이더 포제〉는 키워드로서 거의 언급되지 않았음을 볼 수 있다. 2013년도에는 일본 방영 당시(2010년) 최고의 인기를 누렸던 〈가면라이더 오즈〉가 국내 방영되며 가장 높은 단어 빈도를 기록한 시리즈가 되었다. 그간 일본에서 방영되는 새 시리즈에 대한 관심이 높게 나왔던 것에 비해, 최초로

[표 7] 2012년도~2013년도 1/4분기의 네이버 블로그 단어 빈도 순위

	2012년도 1분기		2013년도 1분기	
순위	키워드	빈도	키워드	빈도
1	가면라이더	815	가면라이더	654
2	가면라이더더블	187	가면라이더오즈	302
3	라이더	175	라이더	168
4	가면라이더오즈	129	가면라이더위자드	136
5	등장	61	콤보	124
6	리뷰	60	등장	75
7	메테오	60	리뷰	62
8	시리즈	55	시리즈	56
9	반다이	52	가면라이더디케이드	52
10	피규어아츠	49	오즈	48

[표 8] 2013년도 1/4분기 네이버 블로그 N-gram 빈도 순위

	2013년도 1분기(N-gram)		
순위	단어1	단어2	빈도
1	가면라이더오즈	콤보	26
2	콤보	체인지	22
3	콤보	가면라이더오즈	17
4	가면라이더	가면라이더	17
5	가면라이더	위저드	16

한국 내 방영 시리즈의 타이틀이 일본 현지의 신작보다 높은 출현 빈도를 기록한 시기라고 할 수 있다. '가면라이더 오즈'의 필살기 타토바 콤보(타카(鷹, 매)-토라(虎, 호랑이)-밧타(메뚜기))의 머리글자를 딴 이름)가 '독호메(독수리-호랑이-메뚜기) 콤보'로 명칭이 현지화되면서, 독특한 기술 이름에 대한 언급이 많았으며, N-gram 분석을 통해서도 그 화제성이 드러난다고 할 수 있다. 〈가면라이더〉 관련 상품의

리뷰 중에서는 상대적으로 판매 대상 연령이 높았던 액션 피규어 외에, 저연령층을 겨냥한 변신 벨트(가면라이더로 변신할 때 사용하는 벨트 모양의 장비) 완구와 메달에 대한 언급이 늘어났음을 볼 수 있다. 〈가면라이더 오즈〉는 판권을 가진 회사 반다이에서 모든 관련 완구의 한국판을 정식으로 출시하여 상당한 매출을 올렸고, 〈가면라이더〉의 팬층이 아동층으로 확대되었음을 추론할 수 있다.

4. 카페 게시물 분석 결과

다음으로는 해당 시기의 카페 게시물에서 수집한 데이터를 통해 출현 빈도가 높았던 키워드에 대해 살펴보겠다. 블로그와 마찬가지로 2004년부터 2005년까지는 카페에서도 수집된 게시물은 그리 많지

[표 9] 2004년도~2005년도 1/4분기의 네이버 카페 단어 빈도 순위

	2004년도 1분기		2005년도 1분기	
순위	키워드	빈도	키워드	빈도
1	가면라이더	5	투니버스	29
2	안녕	4	가면라이더	13
3	가입	3	가면라이더류우키	9
4	명곡	2	유코	5
5	에대해	1	성우	5
6	저리	1	커비	5
7	가면라이더쿠우가	1	마스터	4
8	초짜	1	오늘	3
9	반해버려서	1	가면라이더님	3
10	싱숭	1	제작	3

않다. 2004년은 네이버에서 카페 서비스(2003년 12월 서비스 개시)가 시작된 지 얼마 되지 않아 커뮤니티가 형성되는 초기 단계로, 커뮤니티에 새로 들어온 신입 회원들의 인사 및 가입 목적 소개 등을 통해서 '가면라이더'가 언급된다. 이듬해인 2005년은 〈가면라이더 류우키(국내 방영 제목은 〈가면라이더 드래건〉)〉가 케이블 TV에서 방영되면서, 국내 최초로 〈가면라이더〉 드라마가 전파를 탄 해인데 방영사인 '투니버스'의 이름이 자주 언급되었다.

2006년도, 카페에서는 해당 시기에 국내에서 방영되었던 〈가면라이더 파이즈〉(일본 방영은 2003년)가 가장 많은 출현 빈도를 기록했으며, 해당 시기 일본 현지의 방영작이었던 〈가면라이더 카부토〉가 그 뒤를 이었다. 정식 수입 방영 외에 '동영상', '업로드', '다운로드', '클럽박스' 등과 같이, 카페 회원들 사이에 드라마의 동영상을 입수하기 위한 정보 교환이 이루어졌음을 추측케 하는 단어들도 등장하였다.

[표 10] 2006년도~2007년도 1/4분기의 네이버 카페 단어 빈도 순위

	2006년도 1분기		2007년도 1분기	
순위	키워드	빈도	키워드	빈도
1	가면라이더	45	가면라이더	369
2	가면라이더파이즈	27	가면라이더카부토	78
3	가면라이더카부토	16	가면라이더블레이드	76
4	오프닝	12	업데이트	49
5	투니버스	12	라이더	35
6	오늘	9	가면라이더파이즈	33
7	라이더	8	화가	32
8	자비	8	일본	28
9	동영상	6	작품	23
10	카부토	6	오프닝	22

2007년도에는 전년도의 일본 방영작인 〈가면라이더 카부토〉와 이 해에 한국에서 방영을 시작한 〈가면라이더 블레이드〉가 카페 게시물에서 비슷한 비중으로 언급되고 있음을 확인할 수 있다. '업데이트' 및 '화가'(드라마의 에피소드 ××'화(話)가' 등에서 유래) 등의 단어는 이 시기에 카페를 통해서 일본 서브컬처 영상이 활발히 공유되고 있었음을 보여 주는 증거이다. 2006년도에서 2007년도에 걸친 이 시기는 네이버에서 카페나 블로그 서비스가 활기를 띠며 특히 성장한 시기로, 키워드의 출현 빈도도 크게 상승한 것으로 보인다.[12)]

2008년도는 한국 방영작인 〈가면라이더 카부토〉의 출현 빈도가 압도적으로 높다. '번역'이라는 키워드는 이 시기, 카페의 팬들 사이에

[표 11] 2008년도~2009년도 1/4분기의 네이버 카페 단어 빈도 순위

	2008년도 1분기		2009년도 1분기	
순위	키워드	빈도	키워드	빈도
1	가면라이더	247	가면라이더	516
2	가면라이더카부토	123	가면라이더카부토	82
3	카부토	42	가면라이더디케이드	58
4	번역	38	가면라이더덴오	46
5	가면라이더키바	34	라이더	36
6	오프닝	31	디케이드	34
7	촬영	28	가면라이더류우키	32
8	극장판	24	극장판	32
9	라이더	24	장착변신	28
10	테마	22	가면라이더키바	27

12) 「네이버 블로그·카페 약진 거듭」(서울경제신문, 『서울경제』, 2006년 11월 20일, https://n.news.naver.com/mnews/article/011/0000158352?sid=105(검색일: 2023.6.10.))

[표 12] 2008년도 1/4분기 네이버 카페 N-gram 빈도 순위

	2008년도 1분기(N-gram)		
순위	단어1	단어2	빈도
1	번역	카부토	20
2	가면라이더	엠페러	20
3	카부토	촬영	20
4	번역	미즈뽕	17
5	가면라이더카부토	토에이	17

서 일본의 〈가면라이더〉 관련 기사('촬영'장 일기 등)를 번역하여 정보를 공유하는 실천이 빈번하게 일어났음을 시사한다. 또한 '토에이', '공식홈페이지', '출처' 등의 단어도 '번역' 실천과 상관이 있음을 N-gram 분석을 통해서도 확인할 수 있다. 2009년도에는 전년도 방영작인 〈가면라이더 카부토〉의 여전한 인기를 확인할 수 있고, 일본에서 새로이 방영을 시작한 〈가면라이더 디케이드〉도 게시물에 빈번하게 출현했음을 알 수 있다. '윤누'라는 특정 팬에 의한 팬 픽션 창작 작업이 활발하게 이루어져 N-gram 분석에서는 이들이 드라마의 타이틀 관련 연결 단어들을 제치고 가장 높은 출현 빈도를 차지하였다.

2010년에는 전년도 9월부터 일본에서 방영을 시작한 〈가면라이더 더블〉과, 그 직전에 방영된 〈가면라이더 디케이드〉의 단어 빈도가 높고, 2010년에 한국 방영을 시작한 〈가면라이더 키바〉가 그 뒤를 따르고 있다. 한편 이 시기에는 '판매' 관련 언급의 비중이 높아진 것을 확인할 수 있는데, 관련된 원문 데이터들을 살펴보면, 네이버의 중고물품 거래 카페인 '중고나라(https://cafe.naver.com/joonggonara)' 외에도 '액션피겨(https://cafe.naver.com/actionfigure)' 카페 등에서 〈가면라이더〉 관련 중고 상품의 거래가 활발하게 이루어졌음을 알 수 있

다. 이 시기부터 〈가면라이더〉 수용자들 사이에서 작품에 대한 정보 교환이나 자작 팬 픽션 외에도 중고 상품 거래라는 실리적인 목적을 위한 카페 이용이 다른 목적에 버금갈 정도로 늘어났음을 N-gram 분석을 통해서도 알 수 있다.

[표 13] 2010년도~2011년도 1/4분기의 네이버 카페 단어 빈도 순위

	2010년도 1분기		2011년도 1분기	
순위	키워드	빈도	키워드	빈도
1	가면라이더	567	가면라이더	1060
2	라이더	83	가면라이더디케이드	140
3	가면라이더더블	72	가면라이더더블	132
4	가면라이더디케이드	70	가면라이더오즈	130
5	가면라이더키바	53	판매	107
6	판매	44	라이더	103
7	가면라이더카부토	41	오즈	98
8	디케이드	40	디케이드	95
9	극장판	38	변신	88
10	가격	33	가격	83

[표 14] 2009년도 1/4분기 네이버 카페 N-gram 빈도 순위

	2009년도 1분기(N-gram)		
순위	단어1	단어2	빈도
1	윤누님	팬픽	22
2	팬픽	가면라이더카부토	22
3	가면라이더	가면라이더	18
4	가면라이더	아키토	14
5	가면라이더	장착변신	11

[표 15] 2010년도 1/4분기 네이버 카페 N-gram 빈도 순위

	2010년도 1분기(N-gram)		
순위	단어1	단어2	빈도
1	개인거래	판매	21
2	가격	직접결제	20
3	가면라이더디케이드	극장판	18
4	판매중	가격	18
5	판매	판매중	18

2011년도는 한국 방영작 〈가면라이더 디케이드〉, 전해와 전전해에 일본에서 방영되었던 〈가면라이더 오즈〉와 〈가면라이더 더블〉의 언급 빈도가 높아졌다. 네이버 카페 전체에서는 〈가면라이더〉라는 프랜차이즈 이름 자체가 중고 상품 거래 게시물에서 많이 언급되고 있으며, 이는 N-gram 분석에서 상위권 대부분이 가면라이더 관련 상품 거래에 관한 키워드라는 점을 봐도 알 수 있다. 공식 상품으로서는 기존의 영상물이나 완구 외에 '게임'을 찾는 팬들의 언급이 늘어난 것으로 나타난다. 드라마 내적인 키워드로는 전년부터 방영한 〈가면라이더 오즈〉의 히로인 '나래(이즈미 히나)'가 화제가 되었다.

[표 16] 2011년도 1/4분기 네이버 카페 N-gram 빈도 순위

	2011년도 1분기(N-gram)		
순위	단어1	단어2	빈도
1	개인거래	판매	62
2	가격	직접결제	61
3	판매중	가격	48
4	판매	판매중	48
5	가면라이더	가면라이더	45

[표 17] 2012년도~2013년도 1/4분기의 네이버 카페 단어 빈도 순위

	2012년도 1분기		2013년도 1분기	
순위	키워드	빈도	키워드	빈도
1	가면라이더	893	가면라이더	1357
2	가면라이더더블	121	가면라이더오즈	280
3	판매	77	판매	150
4	가격	71	가격	131
5	라이더	56	가면라이더더블	127
6	더블	55	엔젤	123
7	콤팩트	52	라이더	117
8	샤이닝그	51	오즈	106
9	직접결제	49	가면라이더위자드	96
10	개인거래	49	개인거래	94

2012년에는 한국에서 방영되는 〈가면라이더 더블〉이 높은 출현 빈도를 기록하고 있는 반면, 블로그에서와 마찬가지로 일본 방영작인 〈가면라이더 포제〉가 좀처럼 언급되지 않는다. 〈가면라이더〉 관련 상품의 중고 거래와 연관된 키워드 외에 눈에 띄는 것은 팬의 2차 창작을 통해 탄생한 픽션 속에 등장하는 오리지널 가면라이더의 이름('샤이닝그')인데, 팬 픽션의 주인공이 N-gram 분석(6위)이나 TF-IDF 분석(5위)에서도 상위권에 올라와 있을 정도로 팬 커뮤니티 내에서 언급되는 〈가면라이더〉 관련 화제들은 다각화된 것으로도 볼 수 있다. 2013년도에는 한국에서 방영한 〈가면라이더 오즈〉, 전년부터 일본에서 방영 중인 〈가면라이더 위자드〉보다도 팬 커뮤니티의 안의 2차 창작물 〈가면라이더 엔젤〉이 언급 빈도에서도 상위에 나타나는 한편, N-gram 분석에서도 중고 상품 판매 관련 게시물들을 제치고 1위에 올랐다. 〈가면라이더 오즈〉의 인기를 반영하듯 작품 내부와 관련이

있는 소소한 키워드들이 산발적으로 이름을 올리고 있다.

[표 18] 2012년도 1/4분기 네이버 카페 TF-IDF

	2012년도 1분기(TF-IDF)	
순위	단어1	TF-IDF
1	가면라이더	365.143809382
2	가면라이더더블	263.545359712
3	콤팩트	198.663702219
4	판매	195.010317317
5	샤이닝그	194.843246407

[표 19] 2013년도 1/4분기 네이버 카페 N-gram 빈도 순위

	2013년도 1분기(N-gram)		
순위	단어1	단어2	빈도
1	가면라이더	엔젤	99
2	개인거래	판매	94
3	가격	직접결제	93
4	판매중	가격	68
5	판매	판매중	68

[표 20] 연월별 네이버 블로그 및 카페 게시물 수집량 추이

1	(1987년) 가면라이더 BLACK 방영표	https://cafe.naver.com/phj135/4216?art=ZXh0ZX
2	(1987년) 가면라이더 BLACK 시청률	https://cafe.naver.com/phj135/4282?art=ZXh0ZX
3	(1987년) 가면라이더 BLACK-RX 시청률	https://cafe.naver.com/phj135/4286?art=ZXh0ZX
4	(1988년) 가면라이더 BLACK - RX 방영표	https://cafe.naver.com/phj135/4217?art=ZXh0ZX
5	(2000년) 가면라이더 쿠우가 / 그로잉 폼	https://cafe.naver.com/phj135/4617?art=ZXh0ZX
6	(2000년) 가면라이더 쿠우가 / 그로잉거 폼	https://cafe.naver.com/phj135/4260?art=ZXh0ZX
7	(2000년) 가면라이더 쿠우가 / 드래곤 폼	https://cafe.naver.com/phj135/4264?art=ZXh0ZX
8	(2000년) 가면라이더 쿠우가 / 드래곤 폼	https://cafe.naver.com/phj135/4638?art=ZXh0ZX
9	(2000년) 가면라이더 쿠우가 / 라이징 페가수스폼 & 라이징 타이...	https://cafe.naver.com/phj135/4353?art=ZXh0ZX
10	(2000년) 가면라이더 쿠우가 / 마이티 폼	https://cafe.naver.com/phj135/4616?art=ZXh0ZX
11	(2000년) 가면라이더 쿠우가 / 마이티폼	https://cafe.naver.com/phj135/4259?art=ZXh0ZX
12	(2000년) 가면라이더 쿠우가 / 어메이징	https://cafe.naver.com/phj135/4673?art=ZXh0ZX
13	(2000년) 가면라이더 쿠우가 / 얼티메이트폼 . 어메이징 마이티	https://cafe.naver.com/phj135/4363?art=ZXh0ZX
14	(2000년) 가면라이더 쿠우가 / 쿠우가 폼들	https://cafe.naver.com/phj135/4776?art=ZXh0ZX
15	(2000년) 가면라이더 쿠우가 / 타이탄 폼	https://cafe.naver.com/phj135/4639?art=ZXh0ZX
16	(2000년) 가면라이더 쿠우가 / 타이탄폼	https://cafe.naver.com/phj135/4277?art=ZXh0ZX
17	(2000년) 가면라이더 쿠우가 / 페가수스 폼	https://cafe.naver.com/phj135/4265?art=ZXh0ZX
18	(2000년) 가면라이더 쿠우가 방영표	https://cafe.naver.com/phj135/4234?art=ZXh0ZX
19	(2000년) 가면라이더 쿠우가 시청률	https://cafe.naver.com/phj135/4287?art=ZXh0ZX
20	(2000년) 가면라이더 쿠우가 시청률	https://cafe.naver.com/phj135/4675?art=ZXh0ZX

다음으로는 카페 게시물을 중심으로 하여, 〈가면라이더〉에 대한 언급이 증가한 특정 시기별로 수집된 원문 게시물을 통해 분석을 시도하고자 한다. 텍스톰을 통하여 수집한 네이버 블로그와 카페의 연월별 게시물 데이터 수집량의 추이를 살펴봤을 때, 수집량이 특히 눈에 띄게 상승하고 그 이후로도 상승된 수집량이 유지되는 구간이 몇 군데 존재함을 확인할 수 있다. 여기에서는 이러한 상승이 감지되는 시기를 선정하여 해당 시기 및 전후한 시기의 원문 데이터를 자세히 살펴봄으로써 온라인상에서 〈가면라이더〉라는 콘텐츠를 수용함에 있어 구체적으로 어떠한 양상들이 존재했는지를 밝혀 보고, 수집된 게시물의 성격이나 게시물이 올라온 카페(커뮤니티)의 정체성 등도 함께 살펴보겠다. 먼저 눈에 띄는 것은 2009년 1월을 전후한 시기이다. 이 시기에는 이전까지 카페와 블로그를 합쳐서 많아야 300개 안팎을 오가던 〈가면라이더〉 언급 게시물이 단숨에 400개를 돌파하고 500개에 육박했던 시기로, 이후에도 유지된 증가량을 감안할 때 한국의 온라인, 적어도 네이버에서 〈가면라이더〉에 대한 언급이, 블로그와 카페 서비스의 초창기를 제외하고는 처음으로 급증한 시기라고 할 만하다.

2008년 12월과 2009년 1월을 연이어 살펴보면 특히 카페 게시물이 105개에서 260개로 크게 증가했음을 알 수 있다. 이 증가세에 일조한 것은 특정한 성격의 정보나 리뷰성 게시물을 시리즈로 올리기 시작한 사용자의 등장이다. 가령 '레인저 센트럴'(https://cafe.naver.com/phj135)이라는 일본 특촬 드라마 팬 카페에서 활동했던 '전대물광'이라는 닉네임을 가진 사용자의 경우, 자신이 올리는 정보의 대상이 되는 〈가면라이더〉의 방영 연도를 게시물의 제목에 붙이기 시작했으며, 가면라이더의 사진 등을 올리는 게시물에도 방영 연도 표기를

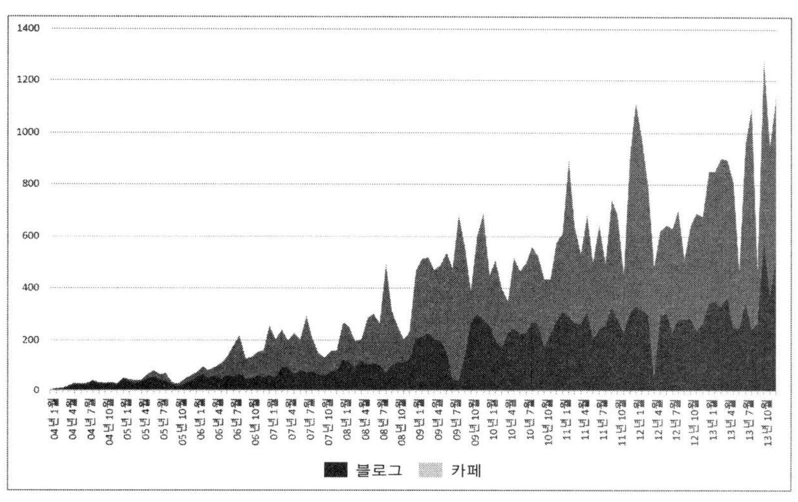

[그림 1] '레인저 센트럴' 카페에서 수집된 유저 '전대물광'의 시리즈성 게시물(일부)

붙이면서 한 달 사이에 50개의 게시물을 생산했다. 그 외에도 〈가면라이더 류우키〉와 〈가면라이더 파이즈〉의 드라마 동영상들도 연재 형식으로 올라오는 등, 게시물이 폭발적으로 늘어날 수 있는 형식의 발견이 이 시기에 이뤄진 것으로 보인다. 이어지는 2009년 2월에는 이러한 시리즈 형식의 게시물이 눈에 띄지 않으나, 2009년 3월에는 팬이 직접 창작한 〈가면라이더〉 소설(팬 픽션)이 22편 올라왔으며, 〈가면라이더 덴오〉의 각 에피소드별 감상문이 12편, 〈가면라이더〉 드라마의 배경 음악 감상문이 11편 올라와 카페 게시물의 증가에 영향을 주었다. 이 시기 이후로 카페의 게시물은 200개를 넘어 300개(2009년 2월), 400개(2009년 8월)의 데이터가 수집될 만큼의 양적인 성장세를 보였으며 특히 2009년 8월에는 640개의 게시물이 수집되는 등 크게 활황을 맞이하게 된 것으로 보인다.

다음으로 게시물의 수집량이 증가한 시기로는 2009년 8월을 들 수 있다. 앞서 밝혔다시피 이 시기에는 카페의 게시물 수집량(640개)의 폭증이 눈에 띈다. 폭증의 이유로는 지난 2009년 1월경에 보였던, 소수의 사용자가 동일한 카테고리의 게시물을 시리즈 형식으로 올리기 시작한 현상이 동시적으로 발생했기 때문이다. 가령 앞서 이야기한 '레인저 센트럴' 카페의 이용자 '아카레드'는 2001년부터 해당 시기까지 등장한 가면라이더의 모든 슈트(액션 대역 배우가 입는 의상)를 하나하나 독립된 게시물로 작성하여 20개가량의 시리즈로 만들었다.

1	가면라이더 디케이드 넷 무비 파일3	https://cafe.naver.com/therider/2403?art=ZXh0ZXJu
2	가면라이더 디케이드 넷무비 파일 28	https://cafe.naver.com/therider/2410?art=ZXh0ZXJu
3	가면라이더 디케이드 넷무비 파일 9	https://cafe.naver.com/therider/2409?art=ZXh0ZXJu
4	가면라이더 디케이드 넷무비 파일1	https://cafe.naver.com/therider/2402?art=ZXh0ZXJu
5	가면라이더 디케이드 넷무비 파일10	https://cafe.naver.com/therider/2435?art=ZXh0ZXJu
6	가면라이더 디케이드 넷무비 파일4	https://cafe.naver.com/therider/2404?art=ZXh0ZXJu
7	가면라이더 디케이드 넷무비 파일5	https://cafe.naver.com/therider/2405?art=ZXh0ZXJu
8	가면라이더 디케이드 넷무비 파일6	https://cafe.naver.com/therider/2430?art=ZXh0ZXJ
9	가면라이더 디케이드 넷무비 파일7	https://cafe.naver.com/therider/2432?art=ZXh0ZXJu
10	가면라이더 디케이드 넷무비 파일8	https://cafe.naver.com/therider/2433?art=ZXh0ZXJu
11	가면라이더 디케이드 넷무비 파일9	https://cafe.naver.com/therider/2434?art=ZXh0ZXJu
12	가면라이더 카부토 11화 [드레이크 등장!]	https://cafe.naver.com/therider/2036?art=ZXh0ZXJ
13	가면라이더 카부토 12화	https://cafe.naver.com/therider/2037?art=ZXh0ZXJ
14	가면라이더 카부토 13화	https://cafe.naver.com/therider/2038?art=ZXh0ZXJ
15	가면라이더 카부토 14화	https://cafe.naver.com/therider/2039?art=ZXh0ZXJ
16	가면라이더 카부토 15화	https://cafe.naver.com/therider/2040?art=ZXh0ZXJ
17	가면라이더 카부토 16화	https://cafe.naver.com/therider/2045?art=ZXh0ZXJ
18	가면라이더 카부토 18화	https://cafe.naver.com/therider/2047?art=ZXh0ZXJ
19	가면라이더 카부토 19화 [사소드 등장!]	https://cafe.naver.com/therider/2049?art=ZXh0ZXJ
20	가면라이더 카부토 1화	https://cafe.naver.com/therider/1966?art=ZXh0ZXJ

[그림 2] '네이버 특촬 커뮤니티' 카페에서 수집된 유저 드라마 동영상 게시물(일부)

이런 형식으로 특히 눈에 띄는 것은 카페의 게시판에 불법으로 온라인에서 유통되고 있던 〈가면라이더〉 드라마의 각 에피소드를 한꺼번에 올린 사례를 꼽을 수 있다. 주로 '네이버 특촬 커뮤니티'(https://cafe.naver.com/therider) 게시판에 올라온 이 게시물들은, 많게는 약 50화에 이르는 각 드라마의 에피소드 동영상을 독립된 게시물로 작성했기 때문에 해당 시기에만 게시물의 수가 비약적으로 증가한 것이다. 2009년 7월의 게시물에도 〈가면라이더 덴오〉의 에피소드별 동영상이 42건 올라오는 등, 시리즈성 게시물이 전체 게시물 430건 중 일정 비율을 차지한 것을 볼 수 있는데, 이어지는 8월에는 〈가면라이더〉 중 세 시리즈의 에피소드별 동영상이 대거 게시되었다. 2009년 8월에 수집된 카페 게시물 640건 중, 〈가면라이더 파이즈〉의 동영상이 46건, 〈가면라이더 키바〉의 동영상이 85건(일부 에피소드 중복 게시), 〈가면라이더 카부토〉의 동영상이 49건(일부 에피소드 중복 게시), 〈가면라이더 디케이드〉 넷 무비 동영상이 11건, 앞서 얘기했던 가면라이더 슈트 소개 게시물이 20건, 또한 〈가면라이더 카부토〉의 한국어 더빙판에서 주연을 맡았던 성우 김승준이 참여한 전 작품을 요일별로 소개하는 게시물이 13건 등으로 나타났다. 이렇게 총 224건의 시리즈성 게시물이 수집되었으며, 이는 2009년 7월에 수집된 카페 게시물 430건에 비하여 8월에 증가한 게시물의 양(210건)과도 비례한다고 볼 수 있다.

2009년 9월에 수집된 카페 게시물 410건 중에서는 〈가면라이더 쿠우가〉의 에피소드 동영상이 30건, 〈가면라이더 히비키〉의 에피소드 동영상이 49건(일부 에피소드 중복 게시), 그 외에도 〈가면라이더 디케이드〉 웹코믹이 13건, 가면라이더 슈트 소개 게시물이 11건 올라오는 등 시리즈성 게시물은 수집된 카페 게시물 중 약 4분의 1을 차지하는 등의 강세를 보였다.

2009년 10월과 11월의 카페 게시물에서는 이러한 시리즈성 게시물의 비중이 크게 줄고 단발성의 정보나 리뷰 게시물이 대부분을 차지한다. 10월(120건)과 11월(300건)의 게시물 수도 상당한 차이를 보이고 있는데, 11월에는 〈가면라이더〉 시리즈가 언급되는 대표적인 카페 '네이버 특촬 커뮤니티' 외에도 여러 카페에서 〈가면라이더〉를 언급하는 게시물이 늘어난 것이 원인이다. 12월에는 다시 게시물 수집량이 증가했는데, 이는 카페 게시물의 급증이라기보다 이 시기를 전후하여 〈가면라이더〉를 언급하는 블로그들이 다양하게 등장하면서 게시물이 꾸준히 증가한 덕분으로 보인다. 이 시기, 카페에서는 〈가면라이더 디케이드〉의 넷 무비 동영상이 30건 올라왔으며, 그 외에는 〈가면라이더 더블〉이나 〈가면라이더 블레이드〉, 〈가면라이더 카부토〉의 극장판 영화 동영상의 캡처 화면을 곁들인 리뷰 게시물들이 시리즈화하여 올라옴으로써 카페 게시물의 증가에 일조했다.

[표 21] 2011년 2~3월, 카페별 '가면라이더' 언급 게시물 수집량 순위

	2011년 2월		2011년 3월	
순위	카페명	게시물	카페명	게시물
1	네이버 특촬 커뮤니티	153	네이버 특촬 커뮤니티	110
2	가면라이더 덴오 forever	52	중고나라	22
3	레인저 센트럴	42	라이브온카드리버 공식 카페	15
4	라이브온카드리버 공식 카페	34	액션피겨	14
5	중고나라	29	眞 재원의 패럴렐카페	14

다음으로 확인되는 게시물 수집량의 증가 시기는 2011년 2월을 전후한 때이다. 이 시기의 게시물 구성 양상은 앞서 살펴본 2009년까지와는 다르다. 시리즈 형식의 게시물로 특정 사용자의 게시물이 압도적인 비중을 차지하는 대신, 〈가면라이더〉를 언급하는 다양한 카페들이 등장했으며 각 카페들의 활성화로 인해 전체 게시물 수집량이 늘어난 것이다. 2011년 2월에 수집된 카페 게시물 600건에서는 '네이버 특촬 커뮤니티'(153건)가 가장 많은 비율을 차지하고 있으나, 그 외에

도 '가면라이더 덴오 forever'(https://cafe.naver.com/deno826, 52건), '레인저 센트럴'(42건), '라이브온카드리버 공식 카페'(https://cafe.naver.com/liveoncard, 34건), '중고나라'(29건), '애니타운'(https://cafe.naver.com/bestani, 24건),[13] '액션피겨'(19건) 등 〈가면라이더〉에 대한 언급이 활발한 커뮤니티들을 여럿 발견할 수 있다. 이러한 양상은 다음 달로도 이어지는데, 2011년 3월의 카페 게시물 370건 중에서는 '네이버 특촬 커뮤니티'(110건)의 비중이 여전히 강세이지만 이를 제외하면 '중고나라'(22건), '라이브온카드리버 공식 카페'(15건), '액션피겨'(14건), '眞 재원의 페럴렐카페'(https://cafe.naver.com/xaewoncafe, 14건) 등 〈가면라이더〉를 언급하는 카페 게시물의 비중이 비교적 고르게 퍼져 있음을 확인할 수 있다. 게시물의 성격도 작품에 대한 정보성 게시물부터 드라마 관련 상품(완구, 게임 등)의 거래, 2차 창작(팬 픽션) 등 다양하며, 게시물이 올라온 카페들도 일본 특촬 드라마 전문 커뮤니티나 〈가면라이더〉 전문 커뮤니티 외에도 완구, 카드게임 등 서브컬처와 관련이 있는 커뮤니티에서 일상적으로 〈가면라이더〉가 언급되고 있어, 〈가면라이더〉라는 콘텐츠가 서브컬처 팬들 사이에서 널리 수용되고 있음을 확인할 수 있다.

2011년 연말을 전후한 시기에 보이는 게시물 수집량의 증가는 2011년에 들어서 다양해진 게시물의 유형 중에서도 팬에 의한 오리지널 〈가면라이더〉 소설, 소위 '팬 픽션' 창작이 활발해졌기 때문으로 보인다. 이번 조사에서 수집량이 많았던 2011년 12월의 경우 총 611건의 카페 게시물 중 팬 픽션이 180건 이상을 차지했으며, 30작품

13) 현재는 '그랜저 GN7 매니아'로 카페 자체의 성격이 자동차 관련 카페로 탈바꿈하였다

[표 22] 2011년 12월에 수집된 〈가면라이더〉 2차 창작 팬 픽션 게시물 수집량 순위

	2011년 12월	
순위	팬 픽션 제목	게시물 수
1	가면라이더 크로스	20
2	가면라이더 세타크	12
3	RIDER SOULS	11
4	가면라이더 덴오(외전)	11
5	仮面ライダーサイブ	9

이상이 연재되는 열기를 띠었다. 이러한 팬 픽션들은 〈가면라이더〉 시리즈의 설정을 차용하여 원작 드라마의 후속편을 그리는 경우가 있는가 하면, 자신이 창작한 설정으로 새로운 〈가면라이더〉의 이야기를 전개하는 경우도 있었다. 길게는 20화를 넘는 그 나름대로의 볼륨을 지닌 작품들이 있으나 이는 희소한 편에 속하며, 단편이나 혹은 5, 6화 정도로 종결되는 작품들이 대다수를 차지했다. '중고나라'를 비롯한 〈가면라이더〉 관련 중고 상품 거래 관련 게시물의 비중도 적지 않지만 '네이버 특촬 커뮤니티' 등의 주요 카페가 여전히 수집된 게시물 중에서 높은 비중을 차지하고 있으며, 정보성 게시물 외에도 가입 인사나 카페 회원들 사이의 교류와 관련된 게시물도 적잖은 비중을 차지하고 있어, 커뮤니티 활동이 다각적으로 활기를 띠었음을 짐작할 수 있다.

5. 결론

2004년에서 2013년까지의 수집된 게시물의 데이터를 통해 네이버 블로그와 카페에서 보이는 수용자의 경향을 정리하자면 다음과 같다. 먼저 블로그에서는 일본에서 해당 연도에 방영되는 최신작에 대한 관심과 정보가 올라오는 경향이 강했으며, 그에 비해 카페에서는 한국 국내 방영작에 대한 관심도가 높았다. 블로그에서는 특히 해당 연도에서 일본에서 방영된 신작과 한국에서 방영된 구작의 언급 빈도에 차이가 컸으며, 일본에서 소개된 정보를 몇몇 얼리어댑터적 블로거들이 집중적으로 번역하여 소개하는 양상이 펼쳐졌다. 카페에서는 〈가면라이더〉의 한국 내 방영이 시작된 이래 꾸준히 한국 내 방영작의 언급 빈도가 비교적 더 높았는데, 이것은 직접 동영상 파일을 일일이 찾아야 하는 일본 최신 방영작보다 케이블 TV라는 고정된 미디어를 가진 한국 내 방영작이 수용자들에게 안정적으로 콘텐츠를 제공함으로써, 카페의 구성원들에게 감상의 소재를 제공할 수 있었기 때문으로 보인다. 블로그에서 한국어로 번역되어 소개된 정보들('촬영장 일기' 등)은 카페에도 공유되었으며, 그 외에도 일본 최신 방영작이나 과거 방영작의 동영상 에피소드를 요청하거나 소재를 알리는 게시물들이 존재했기에 일본 최신작의 감상 공유도 이루어졌음을 알 수 있다.

2010년대 이후로는 블로그와 카페 모두 〈가면라이더〉 드라마에 국한된 것이 아닌, 〈가면라이더〉와 관련된 상품(완구 등)과 관련된 게시물의 비중이 증가했다. 블로그에서는 해당 상품을 입수하여 그에 대한 정보를 상세히 소개하는 '리뷰' 형식으로 나타나는 한편, 중고 거래 전문 커뮤니티가 마련되어 있었던 카페에서는 '거래 글'의 증가라는 형태로 나타났다. 〈가면라이더〉와 같은 아동 대상 콘텐츠는 프랜차이즈 상품의 판매를 통하여 수익을 올리기 위한 일종의 홍보용 드라마라는 성격을 지닌다는 점을 생각해 볼 때, 한국에서도 이 시기를 즈음하여 일본과 마찬가지로 상품을 통해 수익을 올리는 모델이 정착되었다고 볼 수 있다. 또한 주요 상품들이 저연령층 대상임을 감안할 때, 이들 상품의 중고 거래가 늘어났다는 것은 국내 방영과 더불어 드라마의 수용층이 아동으로 확장되었음을 의미하기도 할 것이다. 또한 2010년대 이후의 카페 게시물 중에는 서브컬처 관련 카페뿐 아니라 학부모들이 주로 모여 활동하는 카페에서 〈가면라이더〉에 대한 언급을 찾아볼 수 있다는 점도 이러한 추론을 뒷받침한다.

게시물 데이터 수집량이 증가한 시기에 따라, 2003년부터 2013년까지 카페 게시물의 성향은 다음과 같이 분류할 수 있을 것이다. 2009년 연초 무렵에는 정보성 게시물을 시리즈화하여 올리는 형식이 생겨나며 게시물 수집량 증가에 일조하였다. 이러한 흐름은 당시에 유행했던 불법 동영상의 유통과 맞물려, 대량의 드라마 동영상들이 카페의 게시판을 장식했던 2009년 8월경에 절정을 맞이하였다. 동영상 게시물의 다량 유통에 비례하여 스크린샷을 첨부한 동영상 리뷰 게시물도 늘어나 게시물의 일부를 구성하기도 한다. 때를 같이하여 이전까지 특정 커뮤니티를 중심으로 수집되던 〈가면라이더〉 언급 게시물의 출처도 다양해지기 시작했다. 2011년 초가 되면 게시물이 대량 수집되는 기존의 카페 외에도 상당량의 게시물을 자랑하는 카페가 나타나기 시작하고, 카페 자체도 특촬 드라마 이외에 다양한 서브컬처 분야를 중심으로 하게 된다. 또한 앞서 블로그/카페 단어 빈도 분석에서 찾아볼 수 있었듯이, 중고거래 카페의 게시물도 이 시기부터 데이터 수집량에서 일정 이상의 지분을 차지하게 되었다. 수집된 게시물의 성격도 기존의 정보성 게시물에 더해, 완구 등 관련 상품 거래 게시물, 그리고 수용자들이 직접 창작한 팬 픽션 등 다양성을 띠었고 2011년 말이 되면 이러한 팬 픽션이 수집된 게시물의 약 3분의 1을 차지할 만큼 활황을 보였다.

본고에서는 빅 데이터 수집을 통해 네이버에서 커뮤니티 서비스가 시작된 2003년부터 약 10년간 카페 및 블로그의 게시물을 수집하여, 블로그와 카페의 연도별(1/4분기) 키워드 빈도를 도출하여 그 의미를 분석하였다. 또한 게시물 데이터 수집량을 그래프화했을 때 수집량이 인상적으로 증가하고 그 증가량이 이후로도 유지된 시기를 도출해, 주로 카페를 중심으로 수집된 게시물의 구성이나 게시된 커뮤니티의 구성을 분석하였다. 이를 통해 일본 대중 문화가 완전히 개방된 2004년 이후의 일본 드라마 수용의 한 양상을 정의해 보자면, 한국의 온라인상에서 콘텐츠(〈가면라이더〉)에 대한 주요 정보를 생산하는 것은 여전히 해당 장르에 강한 관심을 갖고 있는 마니아층이지만, 케이블 TV 방영을 통해 콘텐츠의 수용자가 마니아층을 넘어 일반 시청자(아동 등)로 확대됨에 따라 2010년대 이후로 생산되는 정보의 내용은 아동의 보호자들도 관심을 가질 만한, 드라마 관련 상품(완구 등)에 관한 것의 비율이 높아졌다. 이러한 양상은 카페에서는 관련 상품의 중고거래 게시물의 비약적인 증가로 나타난다. 즉, 드라마 자체로부터 그에서 파생된 상품으로 관심이 확장된 것이며, 이는 아동용 드라마가 지닌 원래의 제작 의도(관련 상품 판매를 통한 수익 확보)와도 일치한다고 볼 수 있다. 이러한 흐름이 생성된 것이 이후 현재까지지도 〈가면라이더〉 시리즈의 국내 방영이 지속되고 있는 기반이라 할 수 있겠다.

카페 게시물을 수집량이 증가한 시기별로 상세히 살펴본 결과로는, 특촬 드라마 중심의 커뮤니티에서 점차 다른 서브컬처 장르의 커뮤니티로 〈가면라이더〉에 대한 언급이 퍼져 나가는 현상을 목도할 수 있었으며, 동영상이나 드라마 자체를 둘러싼 정보 등의 게시물에서 점차 커뮤니티 구성원들끼리 즐길 수 있는 팬 픽션 등 콘텐츠보다 수용자 중심의 게시물들이 증가하였다. 또한 드라마 관련 상품의 중고 거래가 활발해지는 동시에, 아동 보호자 중심의 커뮤니티에서도 〈가면라이더〉에 대한 언급을 찾아볼 수 있어, 마니아층에서 일반 시청자로 드라마 수용층이 확장된 현상이 온라인 커뮤니티 안에서 어떤 양상으로 드러나는지를 알 수 있었다.

본고에서는 해당 시기 동안 블로그 게시물의 증가 경향과 구성비에 대해서까지는 충분히 검토할 여유가 없었으나, 이는 추후의 과제로 삼고자 한다.

이 글은 「빅 데이터를 통해 본 일본 콘텐츠 수용 양상의 변화 – 〈가면라이더〉 시리즈에 대한 인식을 중심으로 – 」, 『일본연구』 40, 고려대학교 글로벌일본연구원, 2023, pp.103~135를 본서의 취지에 맞추어 가필 수정한 것이다.

제3장

텍스트 마이닝을 통한 신카이 마코토 애니메이션의 국내 관람객 감상 경험 분석

〈너의 이름은.〉, 〈날씨의 아이〉, 〈스즈메의 문단속〉을 중심으로

김지우 · 김강은 · 박윤미 · 신민경 · 권민혁 · 이상혁

1. 시작하며

신카이 마코토(新津誠) 감독의 신작 애니메이션 〈스즈메의 문단속(すずめの戸締まり)〉(2022)이 국내에서 2023년 3월에 개봉하였다. 이로써 운석 충돌, 대홍수라는 재난 모티프가 있었던 신카이 마코토의 전작 〈너의 이름은.(君の名は。)〉(2016), 〈날씨의 아이(天気の子)〉(2019)에 이어 동일본대지진을 모티프로 한 〈스즈메의 문단속〉을 '재난 3부작'으로 칭하게 되었다. 〈너의 이름은.〉, 〈날씨의 아이〉, 〈스즈메의 문단속〉의 총 누적 관객 수가 각각 385만여 명, 75만여 명, 555만여 명으로 누적 천만 관객을 돌파[1]했다. 〈너의 이름은.〉부터 시작된 국내 '신카이 마코토 신드롬'[2]이 〈스즈메의 문단속〉으로 이어

1) 영화진흥위원회 영화관입장권통합전산망, https://www.kobis.or.kr/kobis/business/main/main.do (검색일: 2023.12.29)

2) 김지혜, 「'너의 이름은.' 신카이 마코토 "N차 관람, 350만 흥행 원동력"」, 『SBS연예뉴스』, 2017.02.10., https://ent.sbs.co.kr/news/article.do?article_id=E10008438570

지며 다양한 관점의 선행 연구가 수행되었다.

전윤경(2017)은 질 들뢰즈(G.Deleuz)의 '되기' 개념을 통해 〈너의 이름은.〉 속 두 인물의 몸 바꾸기를 해석[3]하였고, 윤혜영(2018)은 〈너의 이름은.〉을 진재 문학의 자장 속에서 작품 내 재해를 그리는 양상 및 이와 관련한 감독의 의도를 분석[4]하였다. 안윤경·김현석(2018)의 경우는 〈너의 이름은.〉을 자크 데리다(J.Derrida)의 해체 이론·산종(dissemination) 개념을 통해 분석하였고,[5] 김삼력(2022)은 〈날씨의 아이〉를 중심으로 신카이 마코토 감독의 '세계'에 대해 분석하였다.[6] 김여진(2021)의 경우에는 〈너의 이름은.〉과 〈날씨의 아이〉를 중심으로 일본 신화에서 나타나는 무녀의 역할에 대해 논하였다.[7]

이처럼 기존의 선행연구에서는 재난 3부작에 대하여 작품의 내용 및 주제, 감독의 의도 등 질적 연구 차원에서 이루어진 반면, 관람객의 감상 양상에 대한 연구는 확인할 수 없었다. 아즈마 히로키(東浩紀:2007)에 따르면, 현대 미디어 소비 환경 속에서 '단일한 의미'는 해체되어 설정으로 존재한다. 이때 중요한 것은 소비자의 '읽어내기'

&plink=ORI&cooper=NAVER (검색일: 2024.1.4)

3) 전윤경, 「질 들뢰즈의 '되기'의 사유로 본 〈너의 이름은.〉」, 『문화콘텐츠연구』 11, 건국대학교 글로컬문화전략연구소, 2017, pp.7~44.

4) 윤혜영, 「신카이 마코토의『너의 이름은.』에 나타난 재해」, 『일본문화학보』 79, 한국일본문화학회, 2018, pp.177~192.

5) 안윤경·김현석, 「해체로 읽는 신카이 마코토의 〈너의 이름은. 君の名は.〉」, 『만화애니메이션 연구』 50, 한국만화애니메이션학회, 2018, pp.75~99.

6) 김삼력, 「〈날씨의 아이〉, 신카이 마코토 이야기 세계관의 변화: 기존의 이야기 세계와 〈날씨의 아이〉에서 달라진 세계」, 『영상문화콘텐츠연구』 27, 동국대학교 영상문화콘텐츠연구원, 2022, pp.5~33.

7) 김여진, 「재난서사 속 신화적 상상력과 무녀의 역할」, 『신학과 학문』 23(1), 삼육대학교 신학연구소, 2021, pp.36~64.

이다. 작품 그 자체가 의미를 일방적으로 발산하는 것이 아니라, 이미 조합일 뿐인 텍스트를 소비자가 (조합으로서) 읽는다(소비한다)는 행위, 이 행위를 통해 텍스트의 '조합'은 의미를 가지게 된다고 주장하였다. 이것은 현대 미디어 소비 환경에서 '의미의 생성자', 즉 전통적 개념의 창작자가 아닌 소비자와 그들의 읽어내기가 중요해짐을 시사하는 것으로 볼 수 있다. 이러한 미디어 콘텐츠 시장의 특성을 고려할 때, 한국 관객의 빅 데이터 분석을 통해 그 수용 양상을 파악하는 연구는 창작자 층위에서 생산된 의미의 연구와 더불어 문화 콘텐츠 연구의 영역을 확장하는 데에 기여하는 바가 클 것으로 기대한다. 나아가, 창작자 층위에서 살펴본 의미와 실제 관객의 감상 양상을 비교함으로써 창작자의 의도가 수용자에게 전달되는 과정에서 변형, 추가, 삭제되는 의미와 그 배경을 파악할 수 있다. 이에 본 연구는 재난 3부작의 각 작품에 대한 한국 관람객의 감상 양상을 거시적 관점의 빅 데이터를 수집하여 텍스트 마이닝(text mining)을 활용해 분석하고자 한다.

텍스트 마이닝은 비정형(unstructured) 문서를 대상으로 한 데이터 마이닝(data mining)의 한 분야로서 문서분류(document classification), 군집화(clustering), 인덱싱(indexing), 검색(retrieval), 요약(summerization) 등 문서에 숨겨진 고급 지식들을 탐색하는 분야이다.[8] 특히 이는 연산이 어려운 비구조적 텍스트 데이터를 수치화 또는 벡터화하여 구조화된 자료로 변환시킴으로써 정보의 원천으로 활용하게 하는 기술[9]로서, 비구조적인 텍스트 데이터 형식의 대중의 반응

8) 장재영, 「텍스트 마이닝을 위한 그래프 기반 텍스트 표현 모델의 연구 동향」, 『한국인터넷방송통신학회 논문지』 13(5), 한국인터넷방송통신학회, 2013, pp.37~47.

9) 김수현·이영준, 「거시경제 분석을 위한 텍스트 마이닝. 한국경제의 분석」, 『JOURNAL

과 인식을 구조화하여 진행하는 연구에 널리 활용되고 있다. 권희주(2021)는 신카이 마코토의 한국에서의 인기 요인 분석을 위해 텍스트 마이닝과 빈도수, 중심성, CONCOR 분석을 시도[10]하였다. 이현정(2017)은 드라마 〈치즈인더트랩〉의 댓글을 분석하여 원작 웹툰에서 드라마로의 매체 변환이 이루어지는 방식과 그에 대한 시청자들의 반응을 연구[11]하였고, 박진우(2023)는 드라마 〈유미의 세포들〉에 대한 시청자의 반응을 텍스트 마이닝으로 분석하여 웹툰 기반 드라마가 전환되는 과정에서 시청자가 가장 중시하는 요소를 도출[12]했다.

이처럼 텍스트 마이닝을 활용해 대중의 수용 양상 혹은 감상 양상을 분석하고자 하는 연구는 다양한 문화 콘텐츠를 중심으로 수행되었다. 그러나 연작 관계에 있다고 여겨지는 일련의 작품군에 대해 각 작품에 대한 감상 양상을 비교하는 동시에, 그 결과를 바탕으로 수용자의 주제의식 파악 과정을 분석하는 연구는 부재한 것으로 보인다. 때문에 본고는 국내 관객-소비자가 신카이 마코토의 재난 3부작을 어떻게 감상-수용하고 있는지를 텍스트 마이닝을 통해 수집하고 분석한다. 그 과정에서 텍스트와 '재난'에 대한 국내 관객-소비자의 인식 차이 및 그 원인을 분석하고, 여기서 조금 더 나아가 재난3부작 소비층의 문화 콘텐츠 소비 성향과 특징을 분석하려고 한다.

---

of KOREAN ECONOMIC ANALYSIS』 26(1), 2020, p.1.

10) 권희주,「빅데이터를 통해 본 한국에서의 신카이 마코토에 대한 인기 요인 분석」,『인문사회 21』 12(2), 인문사회21, 2021, p.2947.

11) 이현정,「〈치즈인더트랩〉을 통해 본 웹툰의 매체변환에 대한 이용자 반응 연구」,『글로벌문화콘텐츠』 27, 글로벌문화콘텐츠학회, 2017, pp.83~103.

12) 박진우,「〈유미의 세포들〉시청자 반응에 대한 텍스트마이닝 연구」,『한국콘텐츠학회 논문지』 23(9), 2023, pp.53~64.

2. 연구방법 및 내용

본고는 신카이 마코토 감독의 '재난 3부작'으로 알려진 장편 애니메이션 〈너의 이름은.〉, 〈날씨의 아이〉, 〈스즈메의 문단속〉의 국내 수용 양상 파악을 목적으로 빅 데이터 수집 및 분석 프로그램인 '텍스톰(TEXTOM)'을 활용하여 연구를 진행하였다. 데이터 수집 매체는 국내 온라인 포털 사이트인 '네이버(NAVER)'의 블로그(Blog)이며, 데이터의 수집 기간은 각 작품의 국내 개봉일을 기준으로 이후 1년간의 데이터를 수집하였다. 개봉 이후 1년이 지나지 않은 〈스즈메의 문단속〉의 경우 7개월간의 데이터를 수집하였다. 구체적인 수집 기간과 수집 데이터 수는 [표 1]과 같이, 수집 키워드는 각 작품의 포털 내 검색 결과를 토대로 다음 [표 2]와 같이 설정하였음을 밝힌다. - 연산자는 데이터 수집에서 제외할 키워드를, + 연산자는 포함할 키워드를 의미한다.[13)]

본고는 수집된 키워드의 정제를 거쳐 빈도 분석과 CONCOR (CONvergence ofiterated CORrelations, 이하 콩코르) 기법을 사용한 분석을 수행하고자 한다. 해당 분석을 위해서는 먼저 텍스트 수집 프로그램[14)]을 통해 특정 키워드를 중심으로 한 텍스트 데이터를 수집한

13) 데이터 수집 과정에서 제외할 키워드와 포함할 키워드의 선정 기준은 데이터 수집 매체인 포털 사이트 네이버 블로그에 수집 기간과 작품명을 검색한 이후 원문 데이터를 확인하며 관객의 작품 감상 경험과 무관하거나 감상 경험을 알기 위해 포함되어야 하는 키워드로 하였다. 그 결과 세 작품 모두 '감상' 키워드를 포함하는 것이 관객의 감상 경험 관련 데이터를 수집하는 데에 용이하다고 판단하였고 작품 자체의 감상이 아닌 작품을 주제로 한 전시회 등의 키워드는 배제하는 것이 감상과 관련된 데이터 수집의 정확도를 높일 수 있다고 판단하였다.

14) 본고는 텍스트 수집 프로그램으로 상술한 텍스톰(TEXTOM)을 사용하였다.

후 형태소 분석기[15]로 원문 텍스트 데이터에서 분석하고자 하는 대상 품사를 분리하는 전처리 과정이 필요하다. 데이터는 용언을 제외한 명사를 중심으로 수집하였으며, 데이터의 정제 이후 의존명사와 불필요한 숫자, 기호 등은 제거하였다.

이후 정제된 데이터에서 특정 단어가 한 문서 내에서 출현하는 빈도와 문서 그룹 내에서 출현하는 빈도를 계산하여 수치화하고 특정 단어와 빈도수와의 상관관계를 분석하는 빈도 분석[16]을 수행한다. 또한 빈도 분석과 함께 정제 데이터에 콩코르 기법을 적용한 분석을 수행한다. 콩코르 기법이란, 구조적 등위성이 유사한 키워드들을 동일 군집으로 분류하여 군집 사이의 관계를 파악하기 위해 사용[17]하는 네트워크 시각화 기법 중 하나이다. 이와 같은 분석을 통해 본고는 신카이 마코토의 연작 애니메이션 '재난 3부작'을 감상한 국내 관객들이 작품의 중심 의미로 파악한 키워드와 작품 간 의미 관계 형성 과정을 밝히고자 한다.

수집 키워드의 설정 과정에서 〈너의 이름은.〉 관련 키워드의 수집은 먼저 원제에 존재하는 온점(.)을 제거하였다. 온점의 유무는 수집 결과에 유의미한 차이를 가져오지 않았기 때문에 정제가 더욱 용이한 방향으로 중심 수집 키워드를 설정하였다. 이후 관객의 감상 경험 데이터의 수집을 위해 '감상' 키워드를 추가하고, 애니메이션 〈너의 이

15) 본고는 메캅(MECAB) 프로그램을 사용하였다.

16) 이동훈, 「텍스트마이닝을 활용한 중국 동북공정 관련 언론기사 빅데이터 분석: SBS 드라마 '조선 구마사' 방영 전·후 언론기사 헤드라인 빈도분석」, 『한민족문화연구』 78, 한민족문화학회, 2022, p.141.

17) Wasserman, S., & Faust, K., 『Social network analysis: Methods and applications』, Cambridge University Press, 1994.

름은.〉을 활용한 콘텐츠이지만 작품을 감상하지 않고 아래와 같은 콘텐츠를 체험하는 경우, 감상 경험과의 직접적인 연결성이 떨어진다고 판단하여 '원화전시', '전시회'[18] 키워드를 배제하였다. 'AV' 키워드의 경우 일본에서 〈너의 이름은.〉을 패러디하여 제작된 성인용 비디오(Adult Video) 관련 데이터가 수집되지 않도록 수집 키워드에서 배제하였다. 또한 〈너의 이름은.〉의 인터넷 다운로드 홍보 데이터와 관련 상품 데이터가 수집되는 것을 막기 위해 'N스토어',[19] '블루레이',[20] '에디션'[21] 키워드를 배제하였다. 마지막으로 작품에 삽입된 음악들을 피아노 악보집으로 출간한 저작물 관련 데이터의 수집은 '악보집'[22] 키워드를 제거함으로써 국내 관객의 애니메이션 〈너의 이름은.〉의 감상 경험 관련 데이터만 수집될 수 있도록 정제하였다.

〈날씨의 아이〉 관련 키워드의 1차 수집 결과 OTT서비스 속에서 하나의 작품으로 〈날씨의 아이〉가 등장하는 경향을 발견할 수 있었다. 그러나 원문 데이터 조사 결과 넷플릭스(NETFLIX)[23]를 경유해 작

18) 류효림, 「그림으로 즐기는 '너의 이름은.' … 원화 300점 전시회」, 『연합뉴스』, 2017.07.07., https://www.yna.co.kr/view/PYH20170707121500013?input=1196m (검색일: 2023.12.30)
19) 서민음, 「'너의 이름은', 무료로 보는 법은? … 3일 간의 기회」, 『이뉴스투데이』, 2017.12.22., https://www.enewstoday.co.kr/news/articleView.html?idxno=1139459 (검색일: 2023.12.30)
20) 정희연, 「'너의 이름은.' 블루레이 전격 출시 … 프리오더 진행 중」, 『스포츠동아』, 2018.05.14., https://sports.donga.com/3/all/20180514/90062580/1 (검색일: 2023.12.30)
21) 〈너의 이름은.〉의 블루레이를 포함한 관련 상품을 묶음으로 판매한 패키지를 의미하는 것으로, 상술한 블루레이의 판매와 함께 판매되었다.
22) YAMAHA MUSIC MEDIA, 『너의 이름은. 피아노 OST』, 삼호ETM, 2017.
23) 영상 콘텐츠 스트리밍 서비스를 제공하는 미국 국적의 기업으로, 전세계적으로 4억 명 이상의 고객을 확보한 대표적 OTT(Over The Top) 플랫폼이다.

품을 감상한 경험과 무관한 데이터가 다수 존재하여 해당 플랫폼인 '넷플릭스'[24]를 수집 키워드에서 제외하였다. '시사회',[25] '포토존'의 경우 광고와 홍보의 성격이 강한 데이터로 수집 키워드에서 제외한 채 최종 수집 키워드를 설정하였다.

〈스즈메의 문단속〉의 수집 키워드 설정 과정은 다음과 같다. 작품의 제목과 감상 경험을 중심 키워드로 설정하여 각각 '스즈메의 문단속', '감상'을 중심 수집 키워드로 설정하고, 관객의 감상 경험보다 상업성 광고의 성격이 강한 '시사회'와 '포토존' 키워드를 수집에서 배제하였다. 이는 원문 데이터 검색 결과를 검토한 이후 〈날씨의 아이〉 수집 키워드 설정 과정과 동일한 방식으로 수집 키워드에서 제외하였다. 그리고 '필름 콘서트'[26]와 '팝업스토어'[27]의 경우 애니메이션 〈스즈메의 문단속〉을 활용한 콘텐츠임에도 불구하고 〈너의 이름은.〉의 키워드 설정과 동일한 이유로 수집 키워드에서 배재한 후 최종 수집 키워드를 설정하였다.

24) 〈날씨의 아이〉의 경우, 한국 넷플릭스에 등록된 날짜는 2021년 2월 11일이었으나, 2020년 5월 27일 네이버와 구글에서 VOD 서비스를 게시하자 넷플릭스에 작품이 등록되기를 희망하거나 등록 예정을 묻는 데이터가 다량 수집되어 수집 키워드에서 제외하였다.

25) 원문 데이터의 검색 결과 작품의 배급사, 유통사 등으로부터 초대되어 시사회에 참석한 관객의 데이터가 다수 포착되었다. 이는 관객의 감상 경험보다 작품의 광고와 홍보에 가까운 성격을 지닌 데이터라고 판단해 수집 키워드에서 제외하였다.

26) 홍정기, 「또모, '스즈메의 문단속' 필름 콘서트 개최」, 『문화뉴스』, 2023.09.20., https://www.mhns.co.kr/news/articleView.html?idxno=562091 (검색일: 2023.12.30)

27) 이소라, 「'스즈메의 보물상자' 사려고 백화점 '오픈런'」, 『한국일보』, 2023.06.16., https://www.hankookilbo.com/News/Read/A2023060817060003675?did=NA (검색일: 2023.12.30)

[표 1] 작품별 수집 기간 및 수집 데이터 수

작품명	너의 이름은.	날씨의 아이	스즈메의 문단속
수집기간	2017.01.04. - 2018.01.03	2019.10.30. - 2020.10.29	2023.03.08. - 2023.10.07
수집 데이터수	2,040	412	2,398

[표 2] 작품별 수집 키워드

작품명	너의 이름은.	날씨의 아이	스즈메의 문단속
수집 키워드	"너의 이름은" +감상 -AV -원화전시 -전시회 -N스토어 -블루레이 -악보집 -에디션	"날씨의 아이" +감상 -넷플릭스 -시사회 -p2p	"스즈메의 문단속" +감상 -팝업스토어 -시사회 -포토존 -필름콘서트 -p2p

빈도 분석 방법의 경우 작품별 출현 빈도 상위 50개의 키워드를 분석 대상으로 하며 콩코르 분석 또한 동일한 키워드를 대상으로 시각화[28]하였다. 데이터의 소셜 네트워크는 UCINET 6.774와 Netdraw 프로그램[29]을 사용하여 시각화하였다. 재난 3부작은 모두 동일한 방법으로 데이터 정제와 분석을 수행하였다.

3. 〈너의 이름은.〉 데이터 수집 및 분석 결과

수집 기간 내 네이버 블로그 데이터의 수집 결과 애니메이션 〈너의

28) 정병호, 「텍스트마이닝과 CONCOR을 활용한 한국인의 재난 인식과 기억: 복합재난 '동일본대지진'을 중심으로」, 『일본연구』 40, 고려대학교 글로벌일본연구원, 2023, pp.9~40.

29) CONCOR 분석 시 분석 프로그램의 사용과 방법론은 위 논문을 참고하였음을 밝힌다.

이름은.〉의 상위 50개 관련 키워드는 다음 [표 3]과 같이 나타났다.

[표 3]『너의 이름은.』 관련 키워드 빈도

순위	키워드	빈도(건)	백분율(%)		키워드	빈도	백분율
1	너의이름은	2845	7.24	26	스토리	112	0.29
2	영화	1392	3.54	27	내용	107	0.27
3	감상	1383	3.52	28	글	102	0.26
4	애니메이션	701	1.78	29	기대	102	0.26
5	신카이마코토	570	1.45	30	사진	102	0.26
6	감독	537	1.37	31	최근	97	0.25
7	일본	503	1.28	32	영상	96	0.24
8	작품	395	1.00	33	개봉일	95	0.24
9	영화감상	251	0.64	34	만화	94	0.24
10	리뷰	233	0.59	35	마음	94	0.24
11	사람	229	0.58	36	하나	93	0.24
12	개봉	226	0.58	37	노래	93	0.24
13	생각	217	0.55	38	장면	91	0.23
14	시간	194	0.49	39	극장	91	0.23
15	후기	188	0.48	40	개인	90	0.23
16	君の名は	157	0.40	41	감동	90	0.23
17	출연	151	0.38	42	미츠하	88	0.22
18	이야기	148	0.38	43	이름	87	0.22
19	여행	141	0.36	44	한국	86	0.22
20	카미키류노스케	130	0.33	45	친구	86	0.22
21	감상후기	129	0.33	46	작화	80	0.20
22	카미시라이시모네	128	0.33	47	느낌	80	0.20
23	도쿄	125	0.32	48	초속5센티미터	79	0.20
24	언어의정원	119	0.30	49	타키	78	0.20
25	추천	116	0.30	50	감성	78	0.20

〈너의 이름은.〉의 데이터 분석 결과 우선으로 주목되는 것은 작품의 감독인 '신카이마코토'(5위)가 상위에 위치한다는 것이다. 이는 한국의 관객에게 〈너의 이름은.〉의 감독이 신카이 마코토라는 사실이 작품의 감상에 중요한 역할을 하고 있음을 의미한다. 동시에 감독의 전작인 '언어의정원'(24위), '초속5센티미터'(48위) 등의 빈출은 감독이 구축해 온 작품 세계가 〈너의 이름은.〉의 감상에 영향을 주고 있다는 사실을 확인할 수 있다. 이와 관련하여 신카이 마코토 감독의 작품군의 '작화'와 '감성', 그리고 상위 50위 이내에 들지는 못했으나 '영상미'[30]가 감상에 중요하게 작용하고 있음을 알 수 있다. 원문 데이터의 확인 결과 신카이 마코토 감독이 전작인 〈언어의 정원(言の葉の庭)〉과 〈초속5센티미터(秒速5センチメートル)〉를 통해 보여준 감성과 작화가 감독의 상징이 되어 〈너의 이름은.〉의 수용에도 직접적인 영향을 주게 되었다는 것이다. 그 결과 작품의 작화와 영상미를 향유하는 것이 작품 감상 방식에 있어 하나의 유의미한 축을 형성하였음을 확인할 수 있다.

실제로 네이버 블로그의 게시글[31]을 살펴보면 '〈별의 목소리〉부터 〈언어의 정원〉까지 신카이 감독의 여태 작품들이 모두 그러한 색감을 공유하고 있었기 때문'[32]에 전작들과 〈너의 이름은〉이 내용상 유사성을 지니고 있다거나, 〈초속5센티미터〉, 〈언어의 정원〉에서 보여준 정

30) '영상미' 키워드의 경우 분석 결과 87위로, 총 49건 수집되었으며 전체 수집 데이터 대비 백분율은 0.12%로 확인되었다.

31) 본고에서 인용하고 있는 블로그 게시글은 텍스트 데이터의 정제 이전 원문 데이터에 해당하는 것으로, 지면의 한계로 인해 대표성을 지니고 있다고 생각되는 일부 데이터를 예시로 든 것이다.

32) https://blog.naver.com/ungzx/220904242937

밀한 묘사가 〈너의 이름은〉에도 마찬가지로 나타나 있다[33]는 것을 논하는 등 〈너의 이름은.〉이 전작과의 관계 속에서 감상되고 이해되는 양상을 확인할 수 있다.

다음으로 '사람'(11위), '스토리'(26위), '내용'(27위)의 빈출을 통해 국내 관객이 〈너의 이름은.〉의 내재적 의미에 관심을 보이고 있음을 알 수 있다. '사람'의 경우 원문 데이터의 확인 결과 작품 내 등장인물인 타키와 미츠하[34]의 대사, "소중한 사람 잊고 싶지 않은 사람, 잊어서는 안 될 사람"(「大事な人、忘れたくない人、忘れちゃだめな人」)을 인용하는 사례가 빈번함에 따라 다량 수집된 것으로 확인되었다. 이 대사가 자주 인용되는 이유는 시청자의 감상에 강한 인상을 남겼다고 추정해볼 수 있다. '소중한 사람'을 잊지 않고 '기억'한다는 것, 이를 아무런 접점이 없이 떨어져 있는 시공간 속의 두 주인공이 서로 몸을 바꿔가는 과정에서 처음에는 트러블이 일어나지만 최종적으로는 서로 이해해가는 '스토리'와 연결하면, 개봉 당시의 국내 관객은 이 작품을 다른 사람에 대한 '이해'와 '소중함'을 감동적으로 그려낸 작품으로 받아들였다고 생각해볼 수 있다.

또한 일본에서 〈너의 이름은.〉이 처음부터 '재난 3부작'의 시작으로 알려진 점을 고려하면, 한국의 관객들의 감상 키워드에 '재난' 관련 키워드가 거의 눈에 띄지 않는다는 점[35]은 주목할 만하다. 이는 〈너

---

33) https://blog.naver.com/halimpong/220905509923

34) 외래어 표기법 규정에 따르면 본래 '다키'와 '미쓰하'가 올바른 표현이나 본고에서는 인터넷에서 '타키'와 '미츠하'로 많이 표기되는 점 및 그렇게 수집된 키워드와의 통일성을 위해 각각 '타키'와 '미츠하'로 표기한다.

35) 〈너의 이름은.〉의 주요 모티프로 알려진 '재난'과 관련한 키워드는 '혜성'(157위, 29건), '동일본대지진'(1062위, 5건), 운석(2154위, 2건)이 수집되었다.

의 이름은.〉을 '재난 영화'로 분류했던 선행연구들과 작품에 붙여진 '재난 3부작'이라는 별칭과도 대비되는 결과이다. 오히려 대중에게 〈너의 이름은.〉이 '재난 영화'로 인식되는 경향은 〈스즈메의 문단속〉의 개봉 이후에 두드러지는 것으로 해석되어야 한다. 이에 대해서는 〈스즈메의 문단속〉에 대한 분석에서 상세히 다루도록 하겠다. 이상을 고려하면, 개봉 당시 국내 관객에게 〈너의 이름은.〉은 '재난'에 관련된 작품으로 수용되었다기보다는 신카이 마코토 감독 특유의 영상미와 '소중한 사람'과의 관계성이 작품 감상의 중심으로 작용하고 있다고 생각할 수 있다.

또 하나 흥미로운 점은 '여행'과 관련된 키워드가 많이 발견된다는 점이다. '도쿄', '사진', '여행' 등의 키워드는 〈너의 이름은.〉의 주 무대인 도쿄에 대한 관객의 관심을 확인할 수 있는 키워드에 해당한다. 〈너의 이름은.〉의 공간적 특징으로는 작품의 배경지로 등장한 장소가 도쿄에 실재하는 사실적 공간 묘사이다. 이에 따라 작품의 실재 배경지에 방문하는 성지순례[36]가 작품의 수용 양태의 하나로 등장하는 것을 알 수 있었다. 이를 통해 한편으로 일본의 애니메이션 콘텐츠를 활용한 지역 활성화 전략[37]에 〈너의 이름은.〉이 일정 부분 기여하고 있음을 확인할 수 있다. 동시에 한국의 관객들이 작품의 감상 경험을

36) 성지순례의 의미는 본래 '순례자가 종교적 의무를 지키거나 신의 가호와 은총을 구하기 위하여, 성지 또는 본산 소재지를 차례로 찾아가 참배하는 일'로 종교적 의미가 담겨 있는 용어이다. 그러나 최근에는 그 의미가 확장되어 사회적 파급 효과가 있는 장소에 방문하는 행위를 일컫거나 콘텐츠 투어리즘의 맥락 아래에 미디어 콘텐츠의 배경지로 사용된 실재 장소를 방문하는 관광 형태를 가리키는 의미로 사용되기도 한다.

37) 박희영, 「일본문화산업 속 애니메이션 콘텐츠 활용 방식과 전략 연구」, 『일본근대학연구』 66, 한국일본근대학회, 2019, pp.107~125.

관광 콘텐츠로써 활용하는 양상은 관객이 작품을 수용하는 다양한 형태 중 하나로 볼 수 있다.

4. 〈날씨의 아이〉 데이터 수집 및 분석 결과

〈날씨의 아이〉의 빅 데이터 분석 결과 [표 4]와 같은 결과를 얻을 수 있었다. 아래와 같이 키워드 정제 결과는 빈도수에 따라 정리되었고 원문 데이터와 대조하여 특정 키워드의 집계원인을 다시 한 번 분석하였다.

[표 4] 〈날씨의 아이〉 관련 키워드 빈도

순위	키워드	빈도(건)	백분율(%)		키워드	빈도	백분율
1	날씨의아이	678	6.23	26	글	28	0.26
2	감상	434	4.03	27	추천	28	0.26
3	영화	380	3.53	28	애니	28	0.26
4	신카이마코토	208	1.93	29	다이고코타로	27	0.25
5	너의이름은	148	1.37	30	모리나나	27	0.25
6	감독	146	1.36	31	언어의정원	27	0.25
7	작품	139	1.30	32	장면	27	0.25
8	후기	92	0.86	33	작화	27	0.25
9	애니메이션	83	0.77	34	사랑	25	0.23
10	리뷰	80	0.74	35	오구리슌	24	0.22
11	날씨	61	0.57	36	비	23	0.21
12	일본	58	0.54	37	결말	22	0.20
13	관람	55	0.51	38	노래	22	0.20
14	사람	53	0.49	39	호다카	21	0.19
15	이야기	38	0.35	40	내용	21	0.19

16	출연	37	0.34	41	초속오센티미터	20	0.19
17	히나	36	0.33	42	마음	20	0.19
18	스토리	35	0.32	43	극장판	20	0.19
19	기대	35	0.32	44	특전	20	0.19
20	도쿄	34	0.32	45	더빙	18	0.17
21	하늘	34	0.32	46	소녀	18	0.17
22	신작	31	0.29	47	주인공	18	0.17
23	전작	30	0.28	48	소설	18	0.17
24	天気の子	29	0.27	49	감동	18	0.17
25	더빙판	29	0.27	50	여행	18	0.17

〈날씨의 아이〉 관련 키워드 중 신카이 마코토 감독의 전작에 해당하는 '너의이름은'이 148건(5위)의 높은 빈도로 수집된 사실을 확인할 수 있었다. 〈너의 이름은.〉은 2017년 개봉 이래 '재난 3부작'의 시작으로 알려진 작품이다. 해당 영화는 당시 국내에서 개봉된 일본 영화 중 흥행 성적 1위를 달성하는 등 국내에 일본 애니메이션 신드롬을 일으켰다. 〈너의 이름은.〉의 흥행은 신작 〈날씨의 아이〉 감상의 계기로 작용해 두 작품을 비교하며 감상을 진행한 관객의 행동 양상을 확인할 수 있었다. 이를 통해 전작의 흥행이 〈날씨의 아이〉 감상의 강한 계기로 작용하고 있음을 발견할 수 있다. 이는 〈너의 이름은.〉의 텍스트 데이터 분석 결과에서도 확인 가능했던 내용으로, 전작들을 통해 형성된 신카이 마코토 감독의 평가가 신작의 감상에도 지속적인 영향을 주고 있으며 신작의 감상이 다시 감독의 평가에 영향을 주는 상호작용이 발생하고 있음을 확인할 수 있었다. 신카이 마코토 감독 작품의 국내 '신드롬' 현상[38]의 배경에는 이러한 상호작용이 존재하는 것이다.

더불어 또 하나 흥미로운 지점은 '재난3부작' 이외의 신카이 마코토 작품에서 〈언어의 정원〉이 〈초속5센티미터〉보다 더 높은 빈도로 언급되고 있다는 점이다.[39] 이는 뒤에서 Concor 분석 등을 대략적으로 언급할 때 나오는 '여행'과의 연관성 위에서 성립하고 있는 듯 보인다. 사실 신카이 마코토를 초기부터 좋아했던 팬들에게 그의 대표작은 〈초속5센티미터〉임에도 불구하고 〈언어의 정원〉 쪽의 빈도수가 더 높게 나오고 있는 것이다. 물론 국내 극장관객수 기준 〈언어의 정원〉이 80,239명이고 〈초속5센티미터〉가 64,395명[40]으로 시청자수가 더 많기에 블로그 감상에서 언급된 빈도수도 높다고 볼 수도 있다. 하지만 조금 다른 관점에서 보면, 상대적으로 감독의 대표작이자 좀 더 이전의 작품인 〈초속5센티미터〉의 키워드 빈도가 낮다는 것은 감상을 남긴 소비층이 기존의 신카이 마코토 및 애니메이션 마니아보다 〈너의 이름은.〉이나 〈날씨의 아이〉를 통해 신카이 마코토를 알게 된 사람들이 많다고 추정할 수 있고, 따라서 상대적으로 좀더 나이가 어린 사람의 비중이 높다고 추정할 수 있다. 소비층을 구별하여 마니아와 좀더 대중적인 소비자의 특징을 추적하여 분석하는 작업도 중요할 터인데, 이렇게 소비자층을 좀더 세분화하여 분석하는 작업에 대해서는 추후 과제로 삼도록 하겠다.

---

38) 권희주, 「빅데이터를 통해 본 한국에서의 신카이 마코토에 대한 인기 요인 분석」, 『인문사회 21』 12(2), 인문사회21, 2021, pp.2947~2959.

39) 〈너의 이름은.〉 관련 키워드 빈도에서 〈언어의 정원〉은 24위 119번, 〈초속5센티미터〉는 48위 79번, 〈날씨의 아이〉 관련 키워드 빈도에서 〈언어의 정원〉은 31위 27번, 〈초속5센티미터〉는 41위 20번.

40) YTN, 「韓에서만 누적관객 976만... 신카이 마코토 감독, 이정표를 세우다」, 2023.4.28. https://www.ytn.co.kr/_ln/0106_202304281112273762

〈날씨의 아이〉와 관련한 키워드 빈도에서 가장 주목해야 하는 것은 '사랑'(34위)의 빈출도가 높다는 점이다. '사랑'의 빈출은 다른 두 작품의 텍스트 데이터에서는 상위 키워드로 수집되지 않았던 키워드이다. 재난 3부작의 중간에 위치하는 〈날씨의 아이〉는 재난을 모티프로 하는 주제설정과 감독의 의도[41]를 바탕으로 창작된 작품이다. 하지만 '사랑'이라는 키워드의 빈출을 통해 국내 관객은 〈날씨의 아이〉로의 중심 모티프를 재난이 아닌 사랑으로 파악하고 있음을 알 수 있다. 이에 따라 국내 관객은 〈날씨의 아이〉를 로맨스 장르로 영화를 받아들이며, 기존의 연구에서 파악된 작품의 주제[42]와는 다른 양상으로 해당 영화를 해석할 수 있음을 발견할 수 있었다. 이에 대해서는 〈너의 이름은.〉, 〈스즈메의 문단속〉과 〈날씨의 아이〉의 내용의 초점과 결말의 양상이 서로 다르게 진행되었기 때문으로 추정 가능하다.

〈너의 이름은.〉의 경우에는 몸이 바뀐 남녀 주인공이 서로를 만나기 위한 여정을 주요 내용으로 하는 작품이다. 여기서 남녀 주인공이 몸이 바뀐 것 외에는 시간적, 장소적인 상관관계가 존재하지 않았으며, 이야기 내부에서 서로를 찾고자 하는 이끌림이 '사랑'에 의해 촉발된 것인지에 대해서는 관객들이 명확하게 발견하기 어려운 것[43]으

41) 최원석, 「'기생충'과 '날씨의 아이' 반지하방은 이 시대의 단면」, 『조선일보』, 2020. 4.11., https://www.chosun.com/site/data/html_dir/2020/04/11/2020041100231.html?utm_source=naver&utm_medium=original&utm_campaign=news (검색일: 2024. 1.15)

42) 이용미, 「날씨의 아이(天気の子)'의 내러티브 고찰: 전통과 현대의 중층 구조를 중심으로」, 『日語日文學硏究』 118, 2021, pp.111~130.

43) 〈너의 이름은.〉을 중심 키워드로 하여 수집한 텍스트 데이터에서 '사랑' 키워드는 67건 수집되어 절대적인 수집량은 〈날씨의 아이〉를 상회하고 있으나, 각 작품의 전체 데이터 수집량 대비 '사랑' 키워드의 출현 비율을 고려한다면 〈날씨의 아이〉가 오히려

로 보인다. 오히려 이 애니메이션은 시공간을 뛰어넘는 두 사람을 통해 원래대로라면 알 수 없었던 타자를 서로 '이해'해가는 과정으로 읽힌다. 게다가 〈너의 이름은.〉의 결말은 사실상 두 주인공의 첫 대면 장면에서 이야기가 종결되므로 관계의 진전을 명확하게 드러내지 않는다고 볼 수 있다. 이는 애니메이션 〈너의 이름은.〉을 비롯하여 작품의 미디어믹스인 소설 『너의 이름은.』이 '세카이계로의 회귀'를 상징한다는 기존의 평가[44]와 상반되는 결과이다. '세카이계'란 '주인공과 히로인을 중심으로 한 작은 관계성이 구체적인 중간항을 사이에 두지 않고 '세계의 위기', '이 세상의 마지막' 같은' 추상적인 큰 문제와 직결하는 작품군'[45]으로 정의되며 신카이 마코토 감독이 창작하는 세카이계 작품은 남녀 주인공 사이의 '연애'를 중심으로 인물과 세계와의 관계성이 규정되는 것[46]으로 알려져 있다. 그러나 실제로 [표 3]에 드러난 것과 같이 〈너의 이름은.〉을 감상한 국내 관객은 '재난'은 물론, '사랑'과 같이 작품의 주제로 기능하는 모티프를 중심으로 수용하고 있지 않은 것으로 보인다. 오히려 감독의 장점으로 많이 꼽히는 영상미 등 시청각적 요소[47]를 통해 감상 경험을 재구성하고 있다. 이상을 정리하면, 〈너의 이름은.〉을 보는 관객들은 감독 특유의 시청각적 요소를 즐기면서 두 주인공이 서로를 '이해'해가는 과정을 소비하고 있다고 볼 수 있다.

높은 빈도수를 보이고 있다.

44) 양원석·권희주, 「신카이 마코토의'세카이계' 연구: 「너의 이름은」을 중심으로」, 『일본연구』 28, 고려대학교 글로벌일본연구원, 2017, p.237.

45) 마에지마 사토시, 주재명 역, 『세카이계란 무엇인가』, 워크라이프, 2016.

46) 위 논문.

47) [표 3]을 보면 '영상', '노래', '작화' 등 시청각적 키워드의 출현 빈도가 높다.

〈스즈메의 문단속〉의 경우에는 '연대'라는 주제가 좀더 부각된다. 〈스즈메의 문단속〉은 우연한 만남을 계기로 남녀 주인공이 재난의 문을 닫기 위한 과정을 그리고 있는 이야기이다. 남녀 주인공의 감정적 교류에 비해 재난을 겪은 주인공의 구원과 치유의 과정[48]이 이야기의 중심축을 이루고 있다. 따라서 주인공 사이의 관계의 진전보다 재난에 대한 주인공의 성장 서사로 관객의 시선이 움직이게 된다고 볼 수 있다. 아울러 〈스즈메의 문단속〉은 결말에 이르러 여자 주인공(스즈메)이 재난을 극복하고 남자 주인공의 봉인을 풀게 되는데, 이때 서로를 구하고자 하는 마음이 '사랑'으로부터 시작되었는지에 대한 명확한 근거가 존재하지 않는 것으로 보인다. 오히려 두 주인공의 관계성은 '기억'과 '공감'을 바탕으로 한 '연대'에 가까운 것[49]으로 파악된다. 이는 〈스즈메의 문단속〉을 둘러싼 선행론과 관객의 감상 경험이 대체로 일치하는 결과이다. 후술하겠으나 〈스즈메의 문단속〉의 텍스트 데이터 수집 결과 '기억', '사람'과 같은 재난 경험 이후 재난에 대한 기억과 치유의 과정을 의미하는 키워드들이 높은 빈도로 수집되고 있음을 확인하였다.

반면 〈날씨의 아이〉의 경우에는 가출 소년인 남자 주인공이 여자 주인공을 만나고 인간 제물이 되어 버린 여자 주인공을 구하는 과정을 서사의 축으로 하고 있다. 두 남녀 주인공의 만남에서 시작해 주인공

48) 배관문, 「잃어버린 장소에 대한 애도는 가능한가: 〈스즈메의 문단속〉 재난 서사의 변화」, 『일본문화연구』 87, 동아시아일본학회, 2023, p.175.

49) 박신영, 「〈스즈메의 문단속〉의 재난 내러티브를 통해 살펴본 과거와의 조우: '기억'과 '공감'을 통한 치유 화해 모색」, 『일본문화학보』 98, 한국일본문화학회, 2023, pp.21~40.

이 서로를 알아가는 과정과 관계의 발전이 중요하게 다뤄지고 있는 것으로 보인다. 또한 남자 주인공이 여자 주인공에게 반지를 건네고자 하는 장면이 제시되는 등 서로의 호감을 의도적으로 드러내는 연출의 존재로 미루어보아 남자 주인공(호다카)의 여자주인공(히나)을 구하고자 하는 행동 또한 서로를 향한 관계가 진전됨에 따라 성립하는 것으로 볼 수 있다. 작품의 결말에 이르러 서로의 재회가 성공함과 동시에 관계의 진전을 암시하는 대사와 행동을 제시하고 있다. 이는 관객으로 하여금 역경 속 남녀 주인공의 '사랑'을 떠올릴 수 있도록 하는 원인으로 작용하는 것으로 보인다. 이러한 관점에서 본다면 '연애'를 중심으로 하는 '세카이계로의 회귀'는 오히려 〈날씨의 아이〉에 대한 평가로 적합하다. 그러나 신카이 마코토 감독은 〈날씨의 아이〉를 두 주인공의 로맨스를 중심으로 창작하지 않았으며, 가족과 사회의 문제를 다루고자 했다[50]고 단언한다. 이런 감독의 발언은 국내 관객이 읽어낸 〈날씨의 아이〉의 의미와 상충하고 있다. 이는 상술한 바와 같이 현대 문화 콘텐츠 소비 환경 내에서 수용자는 작품을 '전달하는' 의미의 맥락으로 바라보는 것이 아닌 '읽어내는' 의미의 대상으로 여기고 있음을 지시한다.

문화 콘텐츠 소비자의 수용이 감독으로부터 관객으로 향하는 일방향성이 아니라고 한다면, 문화 콘텐츠의 소비와 수용은 좀더 개인적 차원에서 이루어지는 것인지, 아니면 사회적 문맥이 더 강하게 작동하고 있는지 역시 궁금한 지점이다. 물론 둘 다 작용하고 있을 터이지

50) 森田将輝, 「新海誠『天気の子』インタビュー前編「変化する東京の街並み」への思い」, 『KAI-YOU』, 2019.8.15., https://kai-you.net/article/66464 (검색일: 2024.1.15)

만, 이때 흥미로운 지점은 당시 한국 사회의 환경 요인,[51] 즉 'No Japan' 불매운동이라는 키워드가 크게 대두되지 않았다는 것이다. '불매운동'의 영향으로 인해 작품의 감상과 흥행에 영향을 준 사례는 분석 결과 4건으로 확인되었고, '불매운동'이라는 키워드 자체를 언급한 사례도 10건 내외로 적은 양을 차지하고 있음을 알 수 있었다. 이에 대해서는 한편으로 한국의 관객들에게 있어 정치적 요인은 일본의 문화 콘텐츠 소비에 큰 영향을 주고 있지 않는 것으로 볼 수 있으나, 불매운동에 동참하는 한국인의 경우 작품을 감상하지 않았기 때문에 감상 경험을 남길 수 없었을 것이므로 불매운동과 문화 콘텐츠 소비가 무관하다고 단정짓기는 어렵다. 따라서 본 결과에 대해서는 추후 면밀한 조사와 분석이 수행되어야 할 것이다.

5. 〈스즈메의 문단속〉 데이터 수집 및 분석 결과

〈스즈메의 문단속〉의 텍스트 데이터 수집 결과 출현 빈도를 기준으로 상위 50위까지의 결과는 다음 [표 5]와 같다.

51) 2019년 7월, 일본 정부의 수출통제 조치에 대한 반발로 국내에서 일본 상품에 대한 불매운동이 전개된 바 있다. 〈날씨의 아이〉의 개봉이 2019년 10월이었던 점을 감안할 때, 작품의 감상에 해당 불매운동이 영향을 주었을 것으로 추측했다.

[표 5] 〈스즈메의 문단속〉 관련 키워드 빈도

순위	키워드	빈도(건)	백분율(%)		키워드	빈도	백분율
1	스즈메의문단속	3747	6.11	26	사진	110	0.18
2	신카이마코토	847	1.39	27	마음	109	0.18
3	애니메이션	599	0.98	28	시작	109	0.18
4	일본	490	0.80	29	글	109	0.18
5	너의이름은	448	0.73	30	신작	108	0.18
6	스즈메	438	0.71	31	특전	108	0.18
7	추천	280	0.46	32	내용	107	0.17
8	사람	275	0.45	33	소타	101	0.16
9	날씨의아이	270	0.44	34	오랜만	101	0.16
10	슬램덩크	200	0.33	35	도쿄	98	0.16
11	음악	193	0.31	36	콘서트	94	0.15
12	개인	181	0.30	37	곡	93	0.15
13	재난	168	0.27	38	포스터	92	0.15
14	책	161	0.26	39	상영	92	0.15
15	출연	140	0.23	40	공연	92	0.15
16	여행	138	0.23	41	작화	91	0.15
17	이야기	137	0.22	42	주인공	91	0.15
18	하라나노카	129	0.21	43	해석	90	0.15
19	기대	125	0.20	44	지진	89	0.15
20	한국	123	0.20	45	소설	89	0.15
21	스토리	120	0.20	46	마지막	87	0.14
22	마츠무라호쿠토	118	0.19	47	문단속	82	0.13
23	후카츠에리	118	0.19	48	줄거리	82	0.13
24	다이진	114	0.19	49	기록	80	0.13
25	노래	111	0.18	50	기억	77	0.13

전작인 〈너의 이름은.〉과 〈날씨의 아이〉의 감상 경험 관련 텍스트 데이터 수집 결과에 대해 〈스즈메의 문단속〉의 데이터 수집 결과가 보이는 가장 큰 차이는 '재난' 키워드의 출현 빈도이다. 상술한 바와

같이 〈너의 이름은.〉의 데이터 수집 결과 재난 관련 키워드는 '혜성', '동일본대지진'과 '운석'이 각각 29건, 5건과 2건 수집되었으며, 이는 〈스즈메의 문단속〉의 데이터에서 수집된 '재난'(13위, 168건)과 '지진'(44위, 89건)에 비해 상당히 적은 수치이다. 게다가 [표 1]에 제시한 바와 같이 수집 기간 내에 수집된 〈너의 이름은.〉과 〈스즈메의 문단속〉의 전체 데이터의 수량이 각각 2,040건 2,398건으로 유사함을 생각할 때, 두 작품에 대한 국내 관람객의 재난 모티프 인식 정도가 극명한 차이를 보이고 있음을 알 수 있다.

〈날씨의 아이〉와 〈스즈메의 문단속〉의 데이터 수집 결과를 비교할 경우, 이러한 경향은 지속되고 있다. 〈날씨의 아이〉의 데이터 수집 결과 확인할 수 있는 재난 관련 키워드로는 '비'(36건)와 '기후변화'(2건)[52]가 있었다. 그러나 '비' 키워드의 경우 네이버 블로그의 원문 텍스트 데이터를 확인한 결과, 신카이 마코토 감독이 작품 내에서 '비'를 '표현'[53]하는 방식에 대해 논한 데이터가 다수 확인되지만, '비'를 로맨틱한 분위기, 쓸쓸한 분위기와 연결시킨 감상평이 다수 존재하기에 '비' 키워드의 경향성이 재난을 향하고 있다고 단정지을 수 없다. 결국 〈날씨의 아이〉와 〈스즈메의 문단속〉 또한 재난 모티프를 중심으로 하여 각 작품에서 수집된 데이터 간의 관계를 비교하였을 때, 〈너의 이름은.〉과 〈스즈메의 문단속〉의 경우를 비교한 결과와 마찬가지

52) 〈날씨의 아이〉는 도쿄에 폭우가 내리며 도시 전체가 물에 잠기게 되는 '기후 재난 모티프'를 다루고 있는 영화이기 때문에 관련 키워드로 '비'와 해당 재난의 원인인 '기후변화'를 선정하였다.

53) 실제 〈날씨의 아이〉 데이터 수집 결과 '표현' 키워드가 16건 수집된 것을 확인할 수 있었다.

로 국내 관람객은 〈스즈메의 문단속〉의 재난 모티프를 상대적으로 강하게 인식하고 있음을 알 수 있다.

따라서 〈스즈메의 문단속〉 키워드의 데이터 수집 결과 '재난'과 '지진' 키워드의 출현 빈도수는 국내 관람객이 앞선 두 작품에 비해 〈스즈메의 문단속〉을 재난 영화에 가깝게 인식하고 있다는 사실을 의미한다. 이를 뒷받침하는 다른 키워드는 바로 [표 5]의 '사람'과 '기억' 키워드이다. 해당 키워드의 경우 작품에 드러난 재난[54]과 같이 현실의 재난[55]으로 상처받은 사람들에 대한 관객의 관심을 시사한다. 상술한 두 키워드는 관객들이 작품을 통해 재난을 경험한 사람들의 삶을 간접적으로 봄으로써[56] 실제 존재했던 재난의 아픔을 기억[57]하기 위한 차원에서의 '재난 영화'로 〈스즈메의 문단속〉을 수용하고 있음을 알 수 있다.

이상의 세 작품을 키워드로 한 텍스트 데이터의 수집 결과를 비교하였을 때, 비교 분석의 결과 〈너의 이름은.〉, 〈날씨의 아이〉와 〈스즈메의 문단속〉이 재난 모티프를 지닌 연작 관계로 언급되며 세 작품을

54) 작품 속에서 재난은 총 다섯 차례에 걸쳐 일어난다. 첫 번째 재난은 여주인공 스즈메가 살고 있는 규슈의 미야자키현에서, 두 번째 재난은 시코쿠의 에히메현에서, 세 번째 재난은 혼슈의 효고현 고베시에서, 네 번째 재난은 도쿄에서, 마지막 재난은 혼슈의 이와테현에서 발생한다.

55) 여주인공인 스즈메가 유년시절 경험했던 재난은 실제 일본에서 2011년 3월 11일에 일어난 '동일본대지진'을 직접적으로 가리키고 있다.

56) 임지선, 「문을 열고 닫는 일상을 위한 '스즈메의 문단속' … 신카이 마코토 "사회에 책임을 져야했다"」, 『경향신문』, 2023.3.8., https://www.khan.co.kr/culture/culture-general/article/202303081500001 (검색일: 2024.1.8)

57) 강지영, 「[인터뷰] '스즈메의 문단속' 신카이 마코토 "재난 다룬 이유 … 오래도록 잊지 않았으면"」, 『JTBC』, 2023.4.29., https://news.jtbc.co.kr/article/article.aspx?news_id=NB12124392 (검색일: 2024.1.8)

'재난 3부작'으로 칭하는 것[58]과는 괴리가 있다는 사실이 확인되었다. 국내 관람객에게 있어 '재난 3부작'이라는 명칭은 〈스즈메의 문단속〉에서 강하게 인식된 재난 모티프를 중심으로 전작의 재난 모티프가 환기된 결과이지, 전작들이 발표 시점부터 재난 영화로서 파악되고 있었음을 가리키는 것은 아니다.

주목할 점은 〈너의 이름은.〉과 〈날씨의 아이〉에 대한 일본에서의 반응이 국내 관객과 차이를 보이고 있다는 사실이다. 북미에서 〈너의 이름은.〉이 공개되어 현지의 반응을 다룬 일본인 기자의 기사[59]에 따르면 북미에 공개된 〈너의 이름은.〉이 『New York Times』를 비롯한 북미의 비평지에게 어떤 평가를 받고 있는지 서술하며, 재난 영화로서 〈너의 이름은〉의 가치를 강조하고 있다. 또한 일본 현지의 다른 기사[60]에서는 〈너의 이름은.〉에서 재난을 다루고 있는 방식에 대한 일본 관객들의 비판이 있었다는 사실을 알 수 있다. 또한 그러한 문제점을 해결한 영화로서 〈날씨의 아이〉가 재난을 다루고 있다는 내용을 동일한 기사에서 확인하였다. 이를 통해 일본의 관객은 한국의 관객과 달리 〈너의 이름은.〉과 〈날씨의 아이〉를 재난 영화로서 인식하고

58) 정시우, 「신카이 마코토의 '재난 3부작'이 애도를 표하는 방법」, 『시사저널』, 2023.05.05., https://www.sisajournal.com/news/articleView.html?idxno=262688 (검색일: 2024,1.8)

59) 猿渡由紀, 「「君の名は。」がついに北米公開。批評家は何と言っているか」, 『Yahoo! Japan ニュース』, 2017.4.8., https://news.yahoo.co.jp/expert/articles/a6221d2e09c2bd84ef9046cbd463d53fe2c5c924 (검색일: 2024.1.8)

60) 斉藤博昭, 「トロントで目撃した『天気の子』の熱狂: 新海監督、是枝監督らの日本作品はどこまで愛されたのか」, 『Yahoo! Japan ニュース』, 2019.9.19., https://news.yahoo.co.jp/expert/articles/eede0b173143c285ff2cb023674c1b7fa61e5e1a (검색일: 2024.1.8)

있었다는 인식 상의 명확한 차이가 드러난다.

그렇다면 한국 관객과 일본 관객 사이에서 신카이 마코토 감독의 '재난3부작'이 다르게 받아들여지는 이유는 무엇일까? 본고의 가설은 '재난과 관객 사이의 거리'와 '미디어로부터의 발신'이라는 차이가 존재하기 때문에 한국과 일본에서 '재난3부작'의 관객 수용이 다른 형태를 띤다는 것이다. 잘 알려져 있듯이 '재난3부작'은 2011년 3월 11일의 소위 '동일본 대지진' 및 '후쿠시마 원전 사고'를 계기로 만들어진 작품군이다. 하지만 '재난과 관객 사이의 거리'에서 본다면, 두 사회는 완전히 다른 강도와 거리를 갖는다. 일본의 경우, 이 사건들은 자신의, 자신의 가까운 사람들의 사건이자 지금까지 계속 이어지고 있는 것으로서 그 강도가 강하고 그 거리가 매우 가까울 것이다. 반면 한국의 경우에는 2011년 당시 사건에 대한 사회적 관심이 높아졌으나 〈너의 이름은.〉이 개봉했던 2017년(한국 개봉 기준)에 이르면 그 관심(강도와 거리)이 상당히 줄었다. 때문에 2016년(일본 개봉 기준) 일본에서 〈너의 이름은〉이 개봉했을 때 일본 관객들에게는 자연스럽게 '재난'(대지진과 원전 사고)이 연상되었지만, 한국 관객들에게는 그 '재난'이 현실로서 다가오거나 자연스럽게 연상되지 않을 것으로 추정된다. 2019년(한국 개봉 기준) 개봉되었던 〈날씨의 아이〉의 경우에도 국내 관객들은 '비'와 관련하여 '기후 위기'를 언급하는 경우가 가끔 있기는 하지만, 동일본대지진이나 원전사고와 같은 직접적이고 즉각적인 재난을 연상하며 수용하지는 않았다. 이는 한국과 일본 사회에서 그 '재난'들에 대한 사회적인 인식의 '강도'와 '거리'가 다르기 때문에 나타난 현상으로 보여진다. 또한 '운석'에 의한 재난이 그려지는 〈너의 이름은〉, '대홍수'가 그려지는 〈날씨의 아이〉가 상대적으로 비현실적인 측면이 강한 데 비해, '동일본대지진'을 그린 〈스즈메의 문단속〉의 경우는 국내에서도 불과 몇 년전에 사회적 이슈가 되었던 사건으로서 더 '현실성'을 띠고 있다는 점도 관객과 재난 사이의 '거리'를 좁히고 강도를 강하게 만드는 요인이 되었을 것으로 추정된다.

이렇듯 사회적 인식의 강도 및 거리가 문화 콘텐츠의 소비와 수용에도 강력한 영향을 미친다고 한다면, '미디어로부터의 발신'이 그 인식적 강도와 거리에 상당한 영향을 미칠 것이라고 추정해볼 수 있다. 하지만 이는 일정 부분 타당하지만 조금 어긋나는 지점들도 존재한다. 예를 들어 〈너의 이름은.〉이 개봉할 당시의 기사를 보면, 2017년 2월 10일자 한국일본(보)에서는 〈너의 이름은〉의 흥행이 '세월호 참사'와 관련 깊을 것이라는 감독과의 인터뷰 기사를 내보내며 이 작품이 '재난'과 관련되어 있음을 발신하고 있다.[61] 이는 2017년 1월 9일자 매일경제신문의 기사[62]에서도 드러나고 있다. 미디어로부터는 이 작품이 재난에 관한 애니메이션임이 발신되고 있지만, 앞에서 살펴보았듯이 국내 관객들에게는 재난 관련 애니메이션으로 수용되지 않고 있다. 이에 대해서는 조금 더 면밀한 데이터 분석이 필요하지만, 문화 콘텐츠-애니메이션-적어도 신카이 마코토 감독의 애니에서는 주류 미디어로부터의 발신보다 다른 (미디어적) 요소(예를 들면 특유의 영상미를 가진 감독으로서의 지명도, 마니아들의 지지와 관객의 입소문 등)의 영향이 더 큰 것이 아닐까 추정해볼 수 있다.

61) 김표향, 「신카이 「너의 이름은 흥행, 세월호 아픔 영향인 듯」」, 『한국일보』, 2017. 2.10., https://www.hankookilbo.com/News/Read/201702101655938508

62) 김슬기·김시균, 「'상처 위로' 日애니메이션 돌풍... '너의 이름은' 주말 극장가 120만 돌파」, 『매일경제』, 2017.1.9., https://www.mk.co.kr/news/culture/7671668

그렇다면 어째서 〈스즈메의 문단속〉의 경우에만은 국내 관객들이 '재난'에 관련된 작품으로 수용하고 있는 것일까(표5 기준 '재난' 13위, '지진' 44위)? 이는 〈스즈메의 문단속〉이 개봉했던 2023년의 시점이 '원전 오염수 방류'와 맞물려 한국 언론이 대대적으로 보도를 하며 전국민적 관심이 쏠리던 시기였다는 것과 관계가 깊을 것으로 추정된다. 관련하여 〈스즈메의 문단속〉에 대한 기사들 역시 「일본의 집단적 상처 어루만진 '스즈메'… 화해는 공감에서 비롯된다」,[63] 「동일본 대지진 아픔 보듬은 '스즈메'… "영화 흥행 후 책임감 더 느껴"」,[64] 「스크린 속 재난이 현실로…영화는 현대판 '노아의 방주'」,[65] 「신카이 감독이 열었다, 동일본 대지진 치유의 문」[66] 등 이전보다도 더욱 '재난'에 초점을 맞추고 있다. 관련 사회적 사건들의 이슈화, 그에 따른 미디어 보도의 증가라는 사회적-미디어적 환경 속에서 〈스즈메의 문단속〉의 국내 소비자들은 강화된 '재난'의 강도를 현실적으로 인식하면서 그 거리가 좁혀졌고, 애니메이션에 대한 직접적인 미디어 보도 역시 더욱 '재난'이 강조되었으며, 소재 역시 현실로서 바로 연상되는 '동일본대지진'이 사용되면서 자연스럽게 〈스즈메의 문단속〉을 재난 관련 애니메이션으로 수용-소비하게 된 것으로 보인다.[67]

63) 장부승, 『조선일보』, 2023.4.15., https://www.chosun.com/national/weekend/2023/04/15/6P6L2FRMI5D47JISGRDWX4RHYY/?utm_source=naver&utm_medium=referral&utm_campaign=naver-news

64) 라제기, 『한국일보』, 2023.3.8., https://www.hankookilbo.com/News/Read/A2023030815530005465?did=NA

65) 오동진, 『중앙선데이』, 2024.1.13., https://www.joongang.co.kr/article/25221609

66) 김형석, 『중앙일보』, 2023.4.11., https://www.joongang.co.kr/article/25153990

67) 물론 한국 관객들에게 〈스즈메의 문단속〉이 유독 '재난' 애니메이션으로 받아들여지는 이유에는 작품 내적 요소들도 존재할 것이다. 재난 3부작 중에서도 이 작품의 재난

6. 문화 콘텐츠에 대한 능동적 혹은 파생적 소비

〈스즈메의 문단속〉의 키워드 빈도를 보면, 동시기에 개봉한 일본 애니메이션 작품인 '슬램덩크' 또한 신카이 마코토 감독의 영화가 아님에도 불구하고 높은 순위(10위)로 집계되었다. 〈슬램덩크〉[68]와 〈스즈메의 문단속〉이 국내 극장가에서 높은 흥행성적을 기록하자 두 작품의 흥행성적 비교와 더불어 내용, 영상미 등 다양한 측면에서의 비교가 활발히 이루어지는 양상을 파악할 수 있다. 이는 문화 콘텐츠를 단일 텍스트의 소비로 끝내는 것이 아니라, 신카이 마코토 감독의 전

영화적 성격은 유독 두드러진다. 왜냐하면 전작인 〈너의 이름은〉과 〈날씨의 아이〉는 모두 가상의 재난을 상정하여 해당 작품이 명백히 '허구'임을 전면화하고 있는 데 반해, 〈스즈메의 문단속〉의 경우 주인공 스즈메의 설정과 작품 내 주인공의 여정을 볼 때 스즈메의 인물 조형은 허구와 현실의 경계를 넘나들고 있으며, 이로 인해 각 재난의 당사자였던 일본의 관객에게는 리얼리티를 부여하여 재난의 기억을 환기하는 데에 일조하고 있는 것으로 보인다. 한편 국내의 관객에게는 작품 내에서 반복적으로 제시되는 재난의 장면과 더불어, '동일본 대지진'이라는 일본뿐만 아니라 아시아 전역에 영향을 미친 재난이 직접적으로 묘사됨으로써 주제 인식에 영향을 미친 것으로 보인다.

먼저 인물의 설정 부분에서 스즈메는 2011년 동일본 대지진으로 어머니를 잃고 규슈의 이모와 함께 살고 있는데, 이는 가상의 인물이 현실의 재난을 경험함으로써 관객으로 하여금 '스즈메'라는 인물이 일본 어딘가에서 실재할 수도 있다는 리얼리티를 느끼게 하는 설정으로 해석된다. 또한 규슈에서 일어난 재난을 막는 것을 계기로 스즈메는 규슈에서 시코쿠의 에히메, 혼슈의 고베와 도쿄를 거쳐 북단인 이와테현에 이르기까지 각 지역에서 여러 재난을 막게 된다. 이때 스즈메가 막고 있는 재난은 각각 2016년 규슈의 구마모토 지진, 2020년 에히메에서 일어난 산사태, 1995년 한신·아와지 대지진, 1923년 관동 대지진, 2011년 동일본 대지진을 모티프로 하고 있다. 즉 실제의 재난을 가공의 인물인 스즈메가 일어나지 않도록 '예방'하고 있는 셈이다. 〈스즈메의 문단속〉은 20세기 이후 일본의 각 지역에서 발생한 거대 재해를 톺아보는 방식을 취하고 있기 때문에 감독의 전작에 비해 〈스즈메의 문단속〉의 재난 영화적 성격이 전면적으로 드러나고 있음을 알 수 있다.

68) 원제는 〈더 퍼스트 슬램덩크(The First Slam Dunk)〉(2023)이나 키워드와의 통일성을 위해 본고에서는 〈슬램덩크〉로 축약하여 표기한다.

작들(재난3부작 전체에서 순위권에 들어있다)을 찾아보거나 비교하며 소비하고, 동시적으로 흥행한 작품(〈슬램덩크〉)과 비교하며 소비한다는 뜻이 된다. 우리의 영화 감상 경험을 떠올려보면, 보통 단일 영화 하나를 소비하는 경우가 많지만 애니메이션의 경우에는 감독의 이전작들이나 동시적으로 유행한 작품들을 찾아 비교하는 작업 자체가 애니메이션-서브컬쳐 소비의 특성이 아닐까 추정해볼 수 있다.[69] 앞에서 제시한 키워드 빈도 데이터를 보면, '책', '공연' 그리고 '콘서트' 등 애니메이션 작품을 다른 매체로 다시 창작하는 미디어 믹스의 경향이 담긴 키워드들을 순위권에서 확인할 수 있다. 이 역시 애니메이션 콘텐츠의 소비가 단일 텍스트의 단일 시청으로 끝나지 않고 있다는 점을 보여준다. 즉 어떤 단일 텍스트의 시청에 의해 환기된 소비자의 관심이 다른 텍스트, 미디어믹스된 다른 영역의 텍스트로 확장되어간다. 이렇게 파생-확장되는 소비 특징은 '능동적 소비'에 가까워 보인다. 예를 들어 아이돌팬이 그 아이돌 그룹의 무대를 보는 것만이 아니라 그 아이돌에 대한 관심을 매개로 다른 아이돌 그룹에의 관심, 아이돌을 소재로 한 2차창작, 코스튬플레이, 팬클럽 내에서의 다양한 활동과 교류 등 그 관심과 소비 행위 자체를 능동적으로 확장시켜 나가는 것과도 유사해 보인다.

이런 능동적-파생적-확장적 소비의 특징은 위에서 제시한 재난3부작의 키워드들에서 '여행' '도쿄' 등이 순위권에 나타난다는 것에서도 잘 드러난다. 단순 시청 행위로 끝나는 것이 아니라, 애니메이션의

69) 이 부분 역시 흥미로운 지점이지만, 이에 대한 자세한 분석은 더 많은 관련 데이터를 수집하여 추후 분석하도록 하고, 본고에서는 몇 가지 데이터와 정황적 추론만 언급해두도록 하겠다.

배경이 된 현지를 여행하는, 소위 '성지순례'가 하나의 소비 트렌드가 되었고, 이는 수동적 시청-소비 행위를 넘어선 좀더 능동적이고 확장적인 소비 행위라고 할 수 있을 것이다. 분량 관계상 〈너의 이름.〉과 〈날씨의 아이〉의 CONCOR 분석, 키워드 네트워크 시각화 등은 생략하고, 〈스즈메의 문단속〉의 키워드 네트워크 시각화와 CONCOR 분석만을 짧게 언급하도록 하겠다. 관련 클러스터는 다음 [그림 2]과 같이 감상 클러스터, 감독 클러스터, 미디어믹스 클러스터, 그리고 활용 클러스터로 분류됨을 확인할 수 있었다.

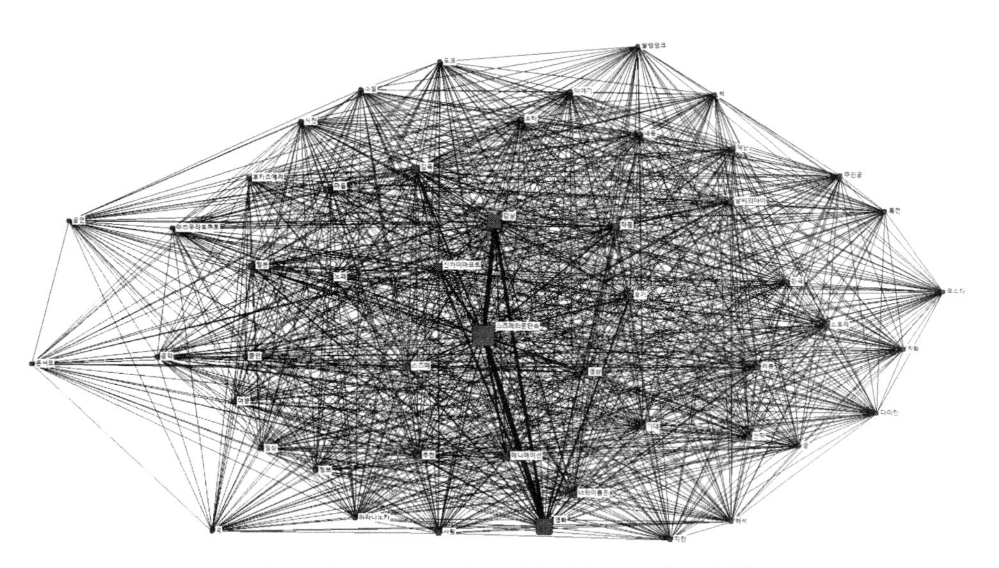

[그림 1] 〈스즈메의 문단속〉 관련 키워드 네트워크 시각화

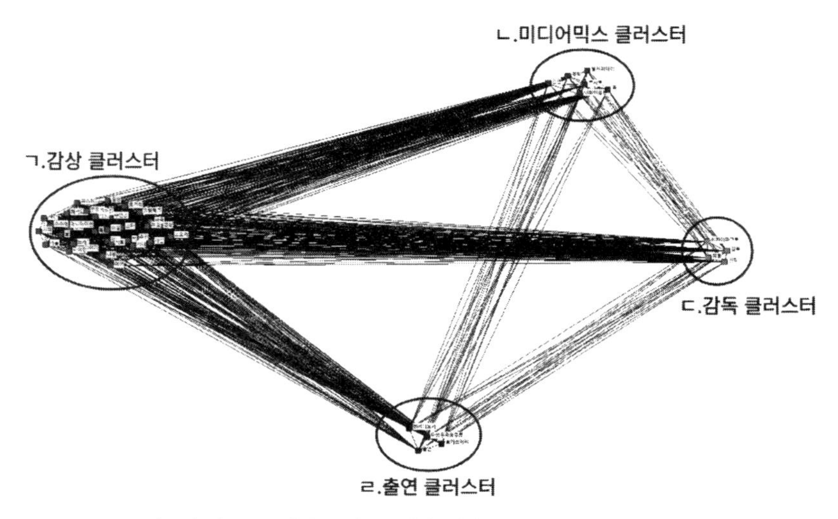

[그림 2] 〈스즈메의 문단속〉 관련 키워드 CONCOR 분석 결과

'감상 클러스터'에는 '일상', '재난', '한국' 등 수용자가 파악한 〈스즈메의 문단속〉의 주제와 관련된 키워드들이 모여 하나의 군집을 형성하고 있음을 발견할 수 있다. 주인공의 이름과 같이 등장인물에 대한 관객들의 관심과 더불어 영화 속 감독의 의도를 사람들이 어떻게 수용하고 있는지를 확인할 수 있다. '감독 클러스터'에는 '신카이마코토', '애니메이션', '일본', '작품' 그리고 '슬램덩크'가 모여 군집을 형성하고 있었다. 이러한 키워드는 감독인 신카이 마코토의 국적, 창작 그리고 영역 등 개인의 신변과 관련된 키워드들이 모여 있었다. 미디어믹스 클러스터에는 '소설', '콘서트' 등의 키워드가 동일한 군집을 형성하고 있었다. 이러한 키워드는 애니메이션 〈스즈메의 문단속〉의 미디어믹스 작품에 대한 국내 관객의 관심을 알 수 있는 키워드임과 동시에, 〈스즈메의 문단속〉이라는 콘텐츠가 다양한 수용 방식을

의미하는 지표로 해석할 수 있다. 〈너의 이름은.〉에서 〈스즈메의 문단속〉에 이르기까지 신카이 마코토 감독의 작품군은 다양한 매체 속에서 그 의미가 형성되고 있음을 추측해볼 수 있는 키워드가 미디어믹스 클러스터 군집을 이루고 있다. 활용 클러스터에는 '노래', '신작', '특전' 그리고 '다이진' 등의 키워드가 군집을 형성하고 있다. 이는 관객이 작품의 감상 경험을 작품의 구성 요소 단위로 분절하여 작품을 향유하고 있는 양상을 지시하는 군집으로 보인다. 관객이 작품의 일부 설정을 경유하여 전체적인 내러티브에 도달하고자 하므로 해당 키워드들이 같은 군집을 이루는 동시에 감상 클러스터와 강하게 연결되어 있는 것이다.

이상의 키워드 네트워크 시각화 및 CONCOR 분석에서도 상술했던 관객의 소비적 성향이 좀더 능동적이고 확장적(파생적)인 방향성으로 이루어지고 있음을 알 수 있다.

7. 마치며

이상으로 텍스톰(TEXTOM), UCINET 6.774과 Netdraw 프로그램을 이용하여 상위 50위까지의 키워드를 중심으로 신카이 마코토 감독의 재난 3부작의 국내 수용 양상에 대하여 고찰해 보았다. 시대의 변화에 따라 미디어 시장에서 창작자와 함께 수용자의 중요성이 점차 증대되고 있다. 이에 기존 선행연구에서의 작품 자체에 대한 분석에서는 알 수 없었던, 소비자에 대한 연구를 통해 문화 콘텐츠 연구 영역을 확장하고자 하였다. 본고는 창작자 층위의 의미와 실제 관객의 수용 양상을 비교하며 창작자의 의도와 수용자가 직접 생성해낸 의미의 관계성을 밝힐 수 있었다. 현대의 관객은 창작자의 메시지를 그대로 받아들이는 수용자를 넘어, 스스로 의미를 생성하고 공유하는 생성자가 되었다. 이러한 미디어 환경에서 소비자의 수용 양상에 대한 연구는, 생성자로서의 소비자의 역할, 작품과 소비자의 상호작용, 창작 의도와 수용 양상의 관계성 등을 밝히는 것에 큰 기여를 할 것으로 기대하였다.

이러한 소비자의 수용 양상을 분석하기 위해, 텍스트 마이닝 기법을 사용하였다. 이는 비구조적인 텍스트 데이터를 구조화된 자료로 변환시키는 것으로, 빅 데이터 수집 및 분석 프로그램인 텍스톰을 활용하였다. 네이버 블로그를 데이터 수집 매체로 하여, 용언을 제외한 명사를 중심으로 의존명사와 불필요한 숫자, 기호나 작품 자체의 감상과 무관한 키워드 등은 수집에서 배제하였다. 수집된 데이터는 '빈도 분석' 방법과 'CONCOR' 분석 방법을 활용하여 분석하였으며, UCINET 6.774과 Netdraw 프로그램을 통해 데이터의 소셜 네트워크를 시각화하였다.

첫 번째 〈너의 이름은.〉 데이터 분석 결과, 감독 그 자체나 포트폴리오가 수용 양상에 중요하게 작용하는 현상이 드러났다. 이는 전작에서 보여준 감독 특유의 작화와 감성, 영상미가 〈너의 이름은.〉의 수용에 큰 영향을 준다는 사실을 드러낸다. 스토리나 대사 등 작품의 내재적 의미가 수용 양상에 영향을 주는 현상도 확인되었으나, 그럼에도 '재난'으로의 수용은 나타나지 않았다. 즉, 재난 3부작의 포문을 연 작품인 것과는 별개로, 재난 영화로 수용되는 양상은 보이지 않았던 것이다. 작품의 실제 배경지에 방문하는 성지순례 등, 작품의 감상 경험을 관광 콘텐츠로 활용하는 콘텐츠 투어리즘의 수용 형태도 확인할 수 있었다.

두 번째 〈날씨의 아이〉 데이터 분석 결과, 전작 〈너의 이름은.〉의 영향이 신작 수용에 큰 영향을 주는 현상이 나타났다. 재난 3부작의 시작인 전작 〈너의 이름은.〉의 흥행이 〈날씨의 아이〉 관람 계기로 작용한 것이었다. 이는 신카이 마코토 감독에 대한 평가와 신작의 감상 사이에 지속적인 상호작용이 이루어지고 있는 것으로 해석할 수 있었다. 특징적으로 '사랑'이 상위 키워드로 수집되기도 하였다. 재난 모티프의 주제 설정과는 별개로, 수용자들은 〈날씨의 아이〉라는 작품을 '남녀 주인공이 시련을 극복하고 함께이길 선택하는 아름다운 사랑 이야기'로 받아들이고 있음을 파악할 수 있었다. 이는 〈날씨의 아이〉를 둘러싼 창작자 층위에서의 논의와도 상충하며 전작인 〈너의 이름은〉과의 비교에 있어서도 기존의 논의와 차이를 보이는 특징적인 현상이었다. 추가적으로 미디어믹스 콘텐츠와 더빙판, 콘텐츠 투어리즘 등이 작품 수용에 영향을 주는 양상도 포착되었다.

세 번째 〈스즈메의 문단속〉 데이터 분석 결과, 재난 관련 키워드의 빈출이 특징적이었다. 재난 3부작의 다른 두 작품과는 다르게, '재난', '지진' 등의 키워드의 수집이 크게 두드러졌다. 이는 한국 관객의 재난 모티프 인식 정도에 큰 차이가 있다는 점을 보여준다. 〈스즈메의 문단속〉은 현실 재난을 시각화한 작품으로, 재난으로 상처받은 사람들이 이를 기억하고 치유받는 작품으로 인식되고 있다. 각 작품에서 수집된 데이터의 관계를 통해, 〈스즈메의 문단속〉을 특히 '재난 영화'로 읽어내고 있다는 수용 양상을 확인할 수 있었다. 즉 한국에서 〈스즈메의 문단속〉은, 다른 두 작품과 달리, 실재했던 재난의 상처를 치유해나가는 차원의 '재난 영화'로 받아들여지고 있다는 것이었다.

세 작품의 데이터 비교 분석 결과, 세 작품이 '재난 3부작'으로 총칭되는 것과는 상이한 사실을 확인할 수 있었다. 주목할 점은, 한국 관객과 일본 관객의 수용 양상 차이였다. 세 작품을 모두 재난 애니메이션으로 인식하는 일본 관객에 비해, 한국 관객은 〈스즈메의 문단속〉 이전의 전작들을 재난 영화로 파악하지 않았다. 이는 동일본 대지진과 후쿠시마 원전사고 등은 국내에서도 화두가 되었던 '현실'적 소재를 사용했다는 점, 〈스즈메의 문단속〉이 개봉할 때 오염수 방출과 관련하여 폭발적인 미디어의 발신과 사회적 이슈화가 되었다는 점 등을 통해 이루어진 결과로 볼 수 있다. 이 점에서 신카이 마코토 감독의 애니 및 애니메이션 문화 콘텐츠의 소비가 사회적 문맥 속에서 이루어지고 있다는 점을 확인할 수 있다.

또한 '재난 3부작'(좀더 확대하면 애니메이션)을 소비하는 주체들은 이런 커다란 영역에서의 사회적 문맥 위만 서 있는 것이 아니라, 이를 즐기는 소비 집단의 문맥 속에서 좀 더 능동적이고 확장적인 소비 행위를 전개하고 있다는 것도 확인할 수 있었다. 한국 관객은 '재난 3부작'의 미디어믹스에 대해, 그 범위를 점차 확장해나가며 유연하게 받아들였다. 미디어믹스 작품을 애니메이션 콘텐츠 이외의 '미디어 콘텐츠'로 인식하고, 다양한 매체를 통해 적극적으로 수용하는 양상이 돋보였다. 캐릭터 굿즈 상품 등의 소비 콘텐츠에도 깊은 관심을 보이는 모습이 공통적으로 드러났다. 그뿐만 아니라 각 작품의 수용에서 성지순례, 즉 '콘텐츠 투어리즘'과 관련한 특징이 보이는데. 이는 좀더 능동적이고 확장적으로 콘텐츠 소비 경향이라고 할 수 있을 것이다.

마지막으로 본고의 한계 및 추후 과제에 대해 간단히 언급해두겠다. 본고에서 활용한 텍스톰 프로그램은 일본 매체의 수집 서비스를 제공하지 않아, 현지 관객과의 구체적인 수용 양상 비교가 불가했다는 한계가 존재하기도 하였다. 별도의 프로그램 제작을 통해 일본 매체의 빅 데이터 수집 및 분석이 가능해진다면, 국내와 현지 관객의 인식 차이와 그 원인 해석에 더욱 유의미한 성과를 도출할 수 있을 것으로 기대된다. 또한 본고에서는 네이버 블로그에 한하여 데이터를 수집하였기에, 최근 개인의 감상이 활발하게 공유되고 있는 인스타그램, 유튜브, 페이스북 등의 자료를 수집할 수는 없었다. 더불어 본고에서 제시된 데이터들이 투박한 면이 있다는 점을 인정하고, 좀더 세분화한 데이터를 새롭게 수집하여 본고에서의 논의를 확장하는 작업도 추후 과제로 남겨둔다. 예를 들어 〈스즈메의 문단속〉을 '재난' 관련 애니메이션으로 인식한 국내 관객-소비자들은 이전 작품들에 대해 소급하여 재난 애니메이션으로 인식하게 되는지, 그렇다면 기존의 감상평과는 어떤 다른 지점들을 표출하는지 등도 좀더 면밀히 분석해나갈 필요가 있어 보인다. 혹은 본문에서도 짧게 언급했듯이 소비자 혹은 감상자(관객)이라는 카테고리 역시 좀더 세분화하여 연령이나 성별, 마니아인지 단순 소비자인지 등을 나누어 비교 검토하는 작업도 소비자층의 특수성을 좀더 세밀하게 파악한다는 점에서 필요한 작업이라고 할 수 있을 것이다.

이러한 관점에서 수집 범위의 한계를 수정하고 좀더 세밀한 가설들을 세워 그에 맞는 구체적 데이터들을 새롭게 수집-추출하여 후속 연구를 진행한다면, '재난 3부작'을 넘어 현대 애니메이션 소비자의 특성에 대한 인사이트를 얻을 수 있을 것이고 기대한다.

이 글은 「텍스트 마이닝을 통한 신카이 마코토 애니메이션의 국내 관람객 감상 경험 분석: 〈너의 이름은.〉, 〈날씨의 아이〉, 〈스즈메의 문단속〉을 중심으로」, 『일본연구』 41, 고려대학교 글로벌일본연구원, 2024, pp.367~402를 본서의 취지에 맞추어 가필 수정한 것임을 밝힌다.

제4장

미야자키 하야오의 「바람이 분다」에 대한 청중반응과 스토리텔링 전략

'이야기하는' 문학에서 '보여주는' 애니메이션으로의 어댑테이션

김효순

1. 들어가며

2013년 미야자키 하야오(宮崎駿)는 아니메 제작자로서 「바람이 분다(風立ちぬ)」를 공개하며, '반세기에 걸쳐 아니메에 종사했고, 감독으로서도 약 40년 활동을 하며 전세계 어린이들과 아니메 팬들에게 꿈을 주어 왔지만, 현재 공개 중인 「바람이 분다」가 장편영화로서는 마지막 작품이 될 것이다'라고 '은퇴'를 선언했다.[1] 이러한 아니메 「바람이 분다」는, 제34회 보스턴영화비평가협회상, 제37회 일본아카데미상 최우수 애니메이션작품상 등 다수의 애니메이션 영화부문상을 수상하는 등 높은 평가를 받았다. 또한 흥행면에서도 일본 전국 454개 스크린에서 공개되어, 2013년 7월 20일, 21일 이틀간 흥행수입 9억6088만 엔, 관객동원 74만 7451명을 기록, 영화 관객동원 랭킹(흥행통신사 조사)에서 첫 등장 1위가 되었으며, 2014년 1월 28일 시점

1) 「宮崎駿:長編映画製作から引退へ「風立ちぬ」が最後の作品に」, 『毎日新聞』, 2013.9.1.

에서 흥행수입 120.2억 엔을 돌파하는 등 성공적이었다 할 수 있다.

다만 비평적 평가는 '「바람이 분다」 관람. 압권! 관동대지진에서 패전에 이르는 일본인의 긍지, 비행에 대한 꿈, 기술자의 의지, 순애… 너무나 아름답다. 그렇지만 사상적으로는 약점투성이. 상당한 비판이 예상된다. 주인공의 순수함, 아름다움을 돋보이게 하기 위해 전투기 설계자로서만 묘사하여 전투기=전쟁의 가해성에 면죄부를 주었다'라는 지적과 같이,[2] 미학적, 표현기술적으로는 절찬을 받고 있지만, 사상적으로는 비판의 대상이 되고 있다. 특히 한국을 비롯한 아시아 각국에서는 '우익영화'로 공개 전부터 비판의 소리가 이어져서 일부에서는 공개 중지의 위기도 부상하였다. 그리하여 미야자키는 스튜디오 지브리에 직접 한국의 미디어를 불러 작품 비판에 대해, '전쟁의 시대를 열심히 산 사람이 단죄(断罪)되어도 되는 것인지 의문을 품었다', '호리코시(堀越)는 군의 요구에 저항하며 산 인물이다. 그 시대를 살았다는 것만으로 죄를 지었다고 할 수 있을까'라고 반론하였다.[3] 그러나 공개 후에도, '미야자키 하야오 감독의 「바람이 분다」는 일본의 전후 역사에 대한 태도를 잘 드러낸다. 전쟁의 끔찍함은 인정하고 있지만, 그러한 끔찍한 결과를 일으킨 전쟁 속에서 자신이 어떤 역할을 했는지에 대해서는 인정하지 않고 있다. 내 입장에서 보면 이 영화는 매우 부도덕하다'라는 비판적 성명이 발표되어 일본 국내외에서 화제

2) 中森明夫, 「風立ちぬ』観了」, 2013.6.27, X (旧Twitter), (검색일: 2024.4.15)https://x.com/a_i_jp.

3) 「ジブリ「風立ちぬ」韓国公開が危機:ゼロ戦題材に「右翼映画」批判止まず」(『J-CASTニュース』2013.08.12), (검색일: 2024.4.12)https://www.j-cast.com/2013/08/12181362.html?p=all.

가 되기도 했다.[4] 이와 같이 미야자키의 반론에도 불구하고 사상적 논쟁은 끊이지 않았고,[5] 작품의 공식 홈페이지에는 '자신의 꿈을 향해 똑바로 나아간 인물을 그리고 싶었다. 꿈은 광기를 품고 있는 그 독도 숨겨서는 안 된다. 지나치게 아름다운 것을 동경하는 것은 인생의 덫이기도 하다. 미에 치우치는 것에 대한 대가는 적지 않다. 지로(二郎)는 갈가리 찢기고 좌절하였으며 설계자 인생은 끝장이 난다. 그럼에도 불구하고 지로는 독창성과 재능 면에서 가장 뛰어난 인간이다. 바로 그 점을 그리고자 한 것이다'[6]라는 기획의도가 실리기도 한다.

「바람이 분다」의 사상성을 둘러싼 이러한 논쟁은 왜 끊이지 않는 것일까? 이 문제를 생각하기 위해, 이 글에서는 한국, 일본의 영화 리

4) 「韓国系評論家、宮崎駿の「風立ちぬ」を痛烈批判=「非常に不道徳」「真の目的を覆い隠している」」(米国: *Record China*, 2013.12.11), (검색일: 2024.4.12)https://www.recordchina.co.jp.

5) 이러한 사정으로 한국에서는 미야자키의 「바람이 분다」가 공개되고나서, 「강관수·유진우, 「〈붉은 돼지〉와 〈바람이 분다〉에 나타나는 기계의 미학」, 『Journal of The Korean Society of Illustration Research』 42, 2015.; 박기수, 「〈바람이 분다〉, 풍경과 꿈의 붕괴된 파토스」, 『한국언어문화』 57, 2015.; 박상도, 「『바람이 분다』를 둘러싼 전쟁미화와 반전의식」, 『韓日軍事文化硏究』 20, 2015.; 정경운, 「미야자키 하야오의 『바람이 분다』에 드러난 '아름다움'과 '살아야 함'의 의미연구」, 『감성연구』 12, 2016.; 박선영, 「지브리 영화 〈바람이 분다〉 다시 읽기」, 『일본학보』 11, 2017.; 오동일, 「미야자키 하야오의 애니메이션 스토리텔링: 신화적 공간에 나타나는 대립과 공존의 미학」, 『JDCS』 18(4), 2017.; 정연욱, 「일본의 영상문화콘텐츠 국가 브랜딩 전략과 전쟁기억의 망각 연구」, 『日本語文学』 80, 2019.; 이지현, 「대중문화에 나타난 일본 내셔널리즘 표현구조: 미야자키 하야오의 〈바람이 분다〉재고」, 『日本思想』 39, 2020. 등 많은 연구가 나왔으며, 최근에는 스토리텔링 전략이나 표현방법, 미학 등에 주목한 새로운 연구나 나오고 있다. 그러나 '태평양전쟁이나 식민지지배에 대한 아픈 기억과 청산되지 않은 우리의 역사에 대한 문제제기로서 의미가 있다'(박기수, p.193)처럼 역사나 전쟁 등 사상의 문제에서 자유롭지 못하다.

6) 「企画書」, 「風立ちぬ」公式ホームページ, (검색일: 2024.4.12)https://www.ghibli.jp/kazetachinu/message.html.

뷰에 나타난 청중 반응을 검토하고, 그것이 감독의 스토리텔링 전략과 어떤 관련이 있는지를 분석하고자 한다. 이러한 검토에 의해 미야자키의 아니메에 대한 철학과 40년간의 작품활동의 총결산의 의의가 명확해질 것이며, 이를 통해 이 작품의 사상성을 둘러싼 논쟁을 재고하는데 필요한 단서를 제공할 수 있을 것이라 생각된다.

2. 미야자키 하야오의 「바람이 분다」에 대한 한일 청중의 반응

이 장에서는 미야자키의 「바람이 분다」에 대한 평가가 한일 양국의 청중반응과 어떻게 관련되는지를 검토하기 위해, 한일 양국의 대표적 영화 리뷰 사이트의 청중반응을 분석해 본다.

우선, 한국의 경우는 영화 추천 서비스 '왓차피디아'의 리뷰를 TEXTOM을 사용하여 분석해 보았다. 그 결과는 [그림 1]과 같으며,

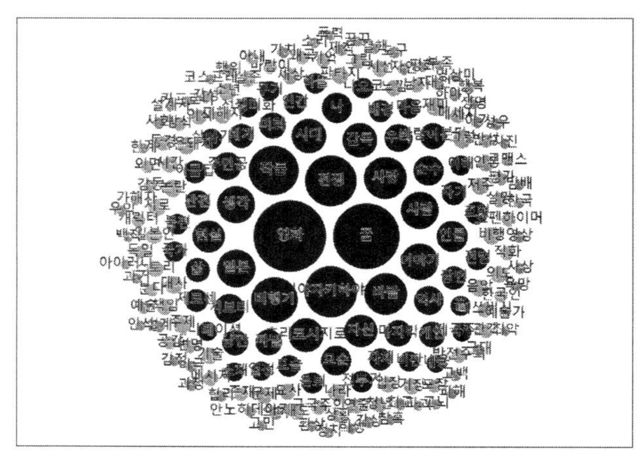

[그림 1] 「바람이 분다」의 [왓차피디아]리뷰 추출어 출현 빈도

청중은 의외로 미야자키의 제작의도 대로 젊은이들의 '사랑', '꿈', '사랑', '순수'라는 어휘로 반응하고 있음을 알 수 있다. 물론 그와 동시에 '전쟁'이나 '비행기' 등과 같은 어휘도 눈에 띄지만, '미화', '모순', '피해자', '전범(戦犯)' 등과 같은, 역사적 사실에 대한 부정적 가치판단을 드러내는 어휘는 가장자리로 밀려나고 있다.

일본의 경우는 영화 평점 사이트 filmarks의 리뷰를 KH·CODER와 Tableau를 사용하여 분석해 보았다. 그 결과는 [그림 2]와 같은데, 첫째 '전쟁'이나 '비행기', '설계', '기술' 등 주인공의 모델인 호리코시 지로(堀越次郎)의 이미지나 역사적 사실과 직접 관련지어 반응하고 있음을 알 수 있다. 둘째로 눈에 띄는 것은, '감독(監督)', '은퇴(引退)', '성우(声優)', '안노(庵野)', '히데아키(秀明)' 등과 같은 어휘로, 감독 자신의 발언이나 주인공 지로의 목소리를 연기한 안노 히데아키(庵野秀明) 등 작품의 제작과정이나 캐스팅과 같은 작품의 외적 배경과 관련된 반응을 보이고 있음을 알 수 있다. 작품의 내용에 대해서도 '나오코(菜穂子)'나 '연애(恋愛)', '다쓰오(辰雄)', '사랑(愛)', '눈물(涙)' 등,

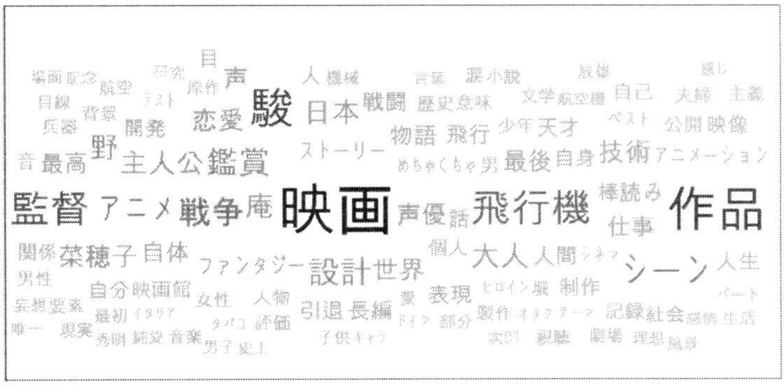

[그림 2] 「바람이 분다」 의 [filmarks]리뷰 추출어 출현 빈도

또 한 사람의 모델인 호리 다쓰오(堀辰雄)의 소설「바람이 분다(風立ちぬ)」와 관계되는 정보를 바탕으로 반응하는 경향을 보이고 있다.

이와 같은 한일양국의 청중반응을 비교해 보면, 한국의 경우는 작품 그 자체에 대한 직관적 반응이 우선되고, 역사 문제 등 작품의 외적 배경에 대한 반응은 부차적임을 알 수 있다. 그에 반해, 일본 쪽은 역사적 사실이나 제작 과정, 캐스팅 혹은 호리 다쓰오나 그의 소설「바람이 분다」 등 작품의 외적 정보에 기반한 반응을 보이고 있음을 알 수 있다. 이러한 반응 방식의 차이는 작품의 비평적 평가와 어떻게 관련이 될까. 그것은 미야자키의 메시지 구현 전략과 관련지어 생각해 볼 수 있을 것이다.

3. 미야자키 하야오가「바람이 분다」를 통해 전하고 싶었던 메시지

미야자키의「바람이 분다」는 위에서 언급한 바와 같이, 현실의 인물을 모델로 했을 뿐만 아니라, 많은 문학 작품의 어댑테이션(adaptation=각색, 번안)이라 할 수 있다. 어댑테이션이란 작품을 다른 미디어나 장르의 형태로 바꾸는 것을 일컫는 말이며, 그것은 '반복이지만, 복제를 하지 않는 반복'이며, 그 '배후에는 확실히 다른 많은 의도가 있을 수 있는'[7] 것으로, 원작과의 대화라고 할 수 있다. 즉 '이

7) リンダ ハッチオン(著), 片渕悦久·鴨川啓信·武田雅史(翻訳),『アダプテーションの理論』, 晃洋書房, 2012, p.9.

의를 담은 경의'[8]를 표하는 행위이며, '이문화간, 그리고 서로 다른 시대간 커뮤니케이션 행위'[9]이기도 하다. 그런 의미에서 이 작품은 다이쇼(大正, 1912~1926), 쇼와(昭和, 1926~1989) 시대의 비행기 설계자 호리코시 지로(堀越次郎, 1904~1982)와 문학자 호리 다쓰오(堀辰雄, 1904~1953)라는 역사적 인물과 아니메의 거장 미야자키 자신, 혹은 '오늘날의 일본'을 살아가는 '젊은이'와의 대화라고 할 수 있다.

미야자키는 '관동대지진, 세계공황, 실업, 빈곤과 결핵, 혁명과 파시즘, 언론탄압과 전쟁의 연속, 다른 한편으로 대중문화가 개화하고 모더니즘과 니힐리즘, 향락주의가 횡행한' 시대에 '자신의 꿈을 향해 충실하게 똑바로 나아간 인물'로서 두 사람에게 경의를 표한다고 크레디트에서 명시하고 있다.[10] 그렇다면 호리코시와 호리는 어떤 삶을 산 인물이며, 미야자키가 그들에게 표한 '경의'란 무엇이고 제기한 '이의'는 무엇이었을까?

호리코시는 태평양전쟁 시 '가미카제폭격기(神風爆擊機)' 즉 '제로센(ゼロ戦)'의 설계자로서 알려져, 한국을 비롯한 동아시아에서는 전쟁의 가해자로서 비판을 받고 있는 인물이다. 호리는 관동대지진으로 어머니를 여의고, 그 충격으로 늑막염과 폐병에 걸려 1953년 폐결핵으로 사망했다. 뿐만 아니라 약혼자인 야노 아야코(矢野綾子, 1911~1935)도 폐질환을 앓아 한때 함께 새너토리움에 입원하여 치료를 받

8) Greenberg·Harvey R., Raiders of the Lost Text: Remaking as Contested Homage in *Always*, In Horton and McDougal, 1998, p.115.

9) Bassnett, Susan, *Translation studies*, 3rd ed. London: Routledge, p.9.

10) 「企画書」(「風立ちぬ」公式ホームページ, (검색일: 2024.4.12)https://www.ghibli.jp/kazetachinu/message.html.

았지만, 그녀도 병세가 악화하여 죽고 만다. 그와 같은 개인적 불행과 전시 하의 불안한 시대에도 불구하고, 그는 시류에 영합하지 않고, 그러한 절망적 실생활의 체험을 바탕으로 「바람이 분다」(1937)나 「나오코(菜穂子)」(1941) 등을 집필하여 독자적 문학세계를 구축한 작가이다. 미야자키는 비행기 설계자로서의 호리코시와 작가로서의 호리를, 아름다운 꿈을 실현하기 위해 충실한 삶을 산 인물, 아름다운 작품을 남김으로써 삶에 대한 강한 의지를 보인 작가로 파악하고 그것을 아니메 감독, 예술가로서의 자신의 모습에 비추어 공감하고 경의를 표하고 있는 것이다.

그러나 위의 두 인물의 삶은 아름답기만 한 것은 아니었다. 미야자키가 보기에, 호리코시는 아름다운 비행기를 설계하고 싶은 꿈을 실현하고자 하였지만, 그것은 결과적으로 '광기를 품은' 것으로 비행기가 가장 잔혹한 무기로 사용된 전례가 되었을 뿐이다. 거기에는 '독'도 있어, 결국 '저주받은 꿈'이 되어 갈기갈기 찢기는 악몽과 같은 기억을 남긴다.[11] 그러나 그것은 비단 호리코시에 국한된 이야기는 아니다.

인류는 예부터 하늘을 날며 전능감(全能感)과 자유를 맛보고 싶은 꿈을 꾸며 문명을 발전시켜 왔다. 그러나 하늘을 나는 것은 고대에는 신의 영역으로 여겨져서, 아버지 다이달로스가 새의 깃털로 만든 날개를 밀랍으로 몸에 붙이고 하늘을 난 이카로스는 신의 형벌을 면하지 못했다. 그럼에도 불구하고 하늘을 날고 싶다는 인간의 욕망은 끊이지 않아, BC.1500년 경의 페르시아 왕 카이 카우스를 비롯하여, 852

11) 위와 같음.

년의 코르도바의 아랍인 학자, 1020년의 영국인 베네딕트 수도사, 1495년 뉘른베르크 세니치오, 1503년 이탈리아 수학자 지오반 바티스타 단티 등 수 많은 사람들은 상상력을 동원해 날고 싶은 꿈을 실현하고자 했다. 그와 같은 꿈은 추락과 실패를 거듭하면서 풍선과 비행선의 발명으로 이어졌고, 1797년에는 양력(揚力)을 입증하는 레오나르도 다빈치의 스케치가 발견되어 비행기구의 새로운 지평이 열렸으며, 1903년에는 마침내 라이트 형제가 비행에 성공하여 오늘날의 비행기의 기원이 된다. 비행기란, 날개의 곡률로 공기의 흐름을 조절하여 발생하는 상승력=양력으로 전진할 수 있게 되어 발명된 문명의 산물인 것이다.

그런데 그와 같은 항공기 발전의 기폭제가 된 것은 아이러니하게도 제1차 세계대전이다. 그 시기에 항공력과 제공권 장악의 중요성이 대두되고 전쟁의 필요에 따라 비행기의 설계와 생산은 획기적으로 발전했다. 1911년 이탈리아와 터키 전쟁에서 이탈리아의 파일럿이 터키 진영에 폭탄을 투하함으로써 비행기는 처음으로 공격용 무기로 사용되었고, 독일의 융커스(Junkers)사는 1918년 처음으로 전체를 금속 제작한 단엽 전투기를 제작했다. 카프로니(Caproni, 1886~1957)도 1915년 이탈리아가 전쟁에 참전한 후 폭격기의 설계 및 제작에 전념한다. 이와 같이 전쟁을 거치면서 항공기술은 눈부신 발전을 이루지만, 전쟁이 끝나는 1918년 경에는 수천 대의 군용 비행기가 남아돌고, 훈련을 받은 파일럿도 수천 명에 달하게 되었다. 이러한 상황에서 항공기는 상업성을 인정받아, 1919년 처음으로 민간항공산업이 시작된다.「바람이 분다」에서 소년 시절의 지로가 동경하여 비행기 설계의 꿈을 품게 한 카프로니도 그렇고, 지로(次郎)들이 군부의 명령으로 비행기 설계 기술을 배우기 위해 방문한 융커스사도 그렇고, 이 시기에 여객기를 개발하여 항공운항을 개시한다.

이와 같이 문명과 예술은 인류를 자유롭고 아름답게 하기 위해 진보해온 것이지만, 과학이라는 학문의 응용으로 발전되는 문명은 전쟁이라는 특수한 목적에 부합하여 변질됨으로써 인류의 생명을 위협하거나 파괴하기도 하는, 오용과 남용이 빈번하게 일어나는데, 그것을 웅변적으로 보여주는 것이 바로 항공기술이다. 인류가 비행기라는 항공기술을 개발한 이래, 그 발전의 역사는 『비행기의 역사』의 목차[12]에서도 확인할 수 있듯이, 전쟁의 역사와 맥을 함께 하며, 전쟁과 전쟁 사이의 부수적 결과임을 알 수 있다.

1. 초기의 시도	14. 훈련기
2. 비행선	15. 일반 항공
3. 공기보다 무거운 기계	16. 유럽의 전투기
4. 제1차 세계 대전	17. 베트남 전쟁
5. 상용 항공의 출현	18. 중동 전쟁
6. 수상기와 장거리 비행	19. 대형 정기 여객기
7. 제2차 세계 대전과 연합군	20. 70년대의 전투기
8. 제2차 세계 대전과 추축군	21. 커뮤터기와 리저널기
9. 최초의 제트기와 한국 전쟁	22. 걸프, 코소보, 아프가니스탄 전쟁
10. 대형 수송 항공기의 시대	23. 에어버스와 보잉
11. 50년대의 대형 전투기	24. 오늘과 내일
12. 냉전	25. 우주선
13. 헬리콥터	

[그림 3] 『비행기의 역사』의 목차

날아서 태양으로 다가가려한 이카루스가 신의 형벌을 면치 못하고

12) 리카르도 리칼리 저, 유자화 번역, 임상민 감수, 『history of FLIGHT(비행기의 역사): 레오나르도 다빈치의 비행 기계에서 우주 정복까지』, 예담, 2007, 목차.

추락과 실패를 경험했듯이, 자유와 아름다움을 추구하는 인간의 꿈과 새로운 것을 창조하고 싶은 의지에 의해 진보한 문명으로서의 비행기는, 바람이라는 자연과 조화와 균형을 유지하지 않으면 어떤 형벌을 받을지 모른다. 그런 만큼 인간은 바람의 흐름 = 자연의 이치에 주의를 기울여야 한다.

그러한 문명의 한계는 호리 자신의 삶 혹은 그의 문학에서 그려지는 인물에 대해서도 마찬가지이다. 미야자키는 호리에 대해서, '나그네 길에서 병들어 죽어가는 시대(旅に病み死んでいく時代)'[13]의 시인이라고 표현하고 있는데, '나그네 길에서 병들어'라는 구절은 마쓰오 바쇼(松尾芭蕉, 1644~1694)의 '나그네 길에서 병들어 꿈은 마른 들판을 찾아헤메네(旅に病んで夢は枯野をかけ廻る)'(『笈日記』上, 『枯尾花』에 수록)[14]라는 노래에서 유래한 것이다. 이 노래는 바쇼가 죽기 나흘전 심야의 '병중(病中)' 상황에서 읊은 '세상 하직의 노래'로 알려져 있다. 그러나, 다른 세상 하직의 노래와 달리 '죽음에 임하여 슬퍼하는 심경이 드러나서 오히려 더 세상 하직의 노래 같지 않은 점에' '바쇼의 세상 하직의 노래의 면목'이 나타나며, '목숨이 단석(旦夕)에 임박함에도 불구하고 여전히 여행을 그리워하며 풍아(風雅)를 추구하는 강한 심지'[15]가 느껴진다고 해석되고 있다. 삶에 대한 강한 의지를 읊은 노래라는 것이다. 미야자키가 문학자 호리의 삶을 이 노래를 빌려 표현한 것은, 병중임에도 강한 삶의 의지를 보인 점에 공감했기 때문이라고 추측할 수 있다. 호리는 대지진의 여파로 얻은 폐결핵에 시달

13) 주10과 같음.
14) 大谷篤藏·中村俊定 校注, 『日本古典文学大系45: 芭蕉句集』, 岩波書店, 1971, p.216.
15) 井本農一 編著, 『日本古典鑑賞講座第十八巻: 芭蕉』, 角川書店, 1958, p.246.

리는 가운데에도 같은 절망적 상황에 있는 약혼자와 함께 새너토리움에 들어가 마지막까지 사랑을 추구하며 작품활동을 계속했다. 새너토리움(Sanatorium)이란 결핵치료 전문 요양원으로, 결핵균 발견에 의한 정확한 병리학적 지식의 확산에도 불구하고 적당한 치료법이 없어서 의학적 지식보다는 안정이나 충분한 영양 섭취, 해수욕, 산보 등의 섭생으로 결핵에 대응했던 공간을 말한다. 의사가 기후나 운동, 식이 요법을 권장함으로써 '의학의 무력'을 드러내는 아이러니한 공간인 새너토리움은, 근대문명의 한계와 죽음을 기다리는 절망적인 상황을 표상하는 문화코드라고 할 수 있다. 미야자키는, 이와 같이 대지진이나 불치의 병에 시달리면서도, 전시하 불안한 시대의 흐름에 강하게 저항하지는 못했다 하더라도, 마지막까지 사랑을 추구하고 그것을 바탕으로 독자적인 문학세계를 구축함으로써 자신의 존재를 증명한 호리의 삶에 공감을 한 것이다.

이상과 같이 미야자키가 두 인물의 삶에서 인정한 것은, 인간이란 사랑이나 꿈을 추구하는 존재이지만, 한편으로는 그 과정에서 바람의 움직임이나 자연의 이치에서 벗어나 파괴나 파멸을 불러일으키는 모순을 드러내기도 하고 자연재해나 질병 앞에서 무력한 한계를 드러내기도 하는, 나약하고 불완전한 존재라는 것, 따라서 비행기가 바람과 조화와 균형을 유지하지 못하면 추락하는 것과 마찬가지로 인간은 자연과 우주의 이치, 바람의 흐름에 주의를 기울여야 한다는 것이다.

그러나 그 바람은 쉽게 눈에 보이는 것은 아니다. 미야자키는 그것을 작품의 예고편에서 크리스티나 로제티(Christina Georgina Rossetti, 1830~1894)의 시 「누가 바람을 보았나요(Who Has Seen the Wind?)」를 빌려 보여주고 있다.

누가 바람을 보았습니까
나도 당신도 보지 못했습니다
하지만 나뭇잎을 떨게 하며
바람은 지나갑니다
바람은 날개를 흔들며 당신 곁에 다다릅니다[16]

바람 그 자체는 눈에 보이지 않는다. 우리 인간은 로제티가 말하는 '나뭇잎의 떨림'처럼 그 흔적을 볼 뿐이다. 그런데 그 바람의 흔적은 일정하지가 않고 실로 다양한 모습으로 나타난다. 쉽게 보이지도 않고, 보여도 그 모습이 다양하기 때문에, 그것을 포착하기 위해서는 매우 주의를 기울여야 한다. 그것을 말로 표현하는 것은 더 어렵다. 감독은 그러한 바람의 다양한 모습을 아니메를 통해 보여주겠다고 예고하는 것이다.

4. 「바람이 분다」의 스토리텔링 전략

이상과 같이 '바람'과 같은 인생은, 눈에 보이지도 않고 그 모습도 다양하기 때문에 그에 대한 메시지를 전하는 것은 어렵다. 여기에서 미야자키의 메시지 표현 전략에 대해 생각해 보자. 린다 허천은 스토리를 전하는 방법에 따라 문화 미디어를 말하기, 보여주기, 인터랙티

16) Christina G. Rossetti, *Sing-Song: A Nursery Rhyme Book*, London: George Routledge and Sons, 1872, p.93. 마지막의 '바람은 날개를 떨며 당신 곁에 다다릅니다'는 미야자키가 추가한 것이다.

브의 세 가지 양식으로 나누고, 문학은 말하기(storytelling) 양식, 연극, 영화, 오페라, 뮤지컬, 발레 등은 보여주기(storyshowing) 양식, 테마 파크, 게임 등은 상호작용하기(storyinteracting) 양식이라고 정의한다. 그리고 '말하기' 양식에서는 주로 묘사, 기술, 회화를 재료로 하고, '보여주기' 양식에서는 행동, 동작(발화, 행위, 음향, 시각이미지)을 사용하기 때문에, 이들 미디어간, 장르간 스토리가 이동을 하면, 각 미디어의 물리적 특수성이나 고유의 문법에 따라 어댑테이션이 일어난다고 설명하고 있다.

이러한 의미에서 미야자키는 폴 발레리(Paul Valéry, 1871~1945)의 시와 호리의 소설에서 '말하여진' 메시지를 호리코시의 삶을 소재로 '보여주기' 미디어인 아니메로 각색한 것이다. 그 과정에서 '말하여진' 메시지는 아니메의 문법인 발화, 움직임, 시청각 이미지로 바뀐다. 즉 미야자키의 작품에서 인간의 삶은 '바람'에 비유되어 그 다양한 모습이 등장인물의 행동이나 발화, 시청각 이미지로 표현된다는 것이다.

우선 미야자키는 「바람이 분다」라는 제목을 사용함으로써, 이 작품이 발레리의 시나 호리의 소설의 어댑테이션임을 전면에 내세우고 있다. 이 제목은 인간의 운명을 바람에 비유하여 읊은 발레리의 시 「해변의 묘지(Le Cimetière marin)」에서 온 것이다.

해변의 묘지

(전략) 견실한 보고(寶庫), 미네르바의 간소한 신전이여 / 조용하지만 눈에 보이는 저장고, / 솟구쳐오르는 물이여, 불꽃의 베일 아래 / 하 많은 잠을 네 속에 간직한 눈이여 / 오, 나의 침묵!… 영혼 속의

신전이여, / 하지만, 수천의 황금 기와가 물결치는 높은 빌딩의 '지붕' 이여!

(중략) 자신에 대한 사랑인가, 아니면 미움인가? / 그 구더기의 감춰진 이빨은, 모든 이름이 / 그에 어울릴 정도로 나에게 가깝다! / 무슨 상관이랴! 그것은 보고, 바라고, 꿈꾸고, 만진다! / 내 육체가 마음에 들어 침상 위에서조차 / 나는 이 생물에 소속되어 살아간다!

(중략) 바람이 분다!… 살아야 한다! / 광대한 바람이 내 책을 펼치고 다시 덮는다 /파도는 비말이 되어 바위들 사이에서 세차게 부숴지며 뛰어나온다! / 날아가라, 온통 눈부신 책장들이여! / 파도여 부서져라! 기뻐서 뛰노는 물살로 부서져라 / 삼각 돛배가 먹이를 쪼고 있던 이 조용한 지붕을![17]

이 시는 발레리가 프랑스 남부의 도시 세트 해변에 있는 조상의 묘지를 방문하여 쓴 것이다. 이 시에서 인간은 문예, 의학, 학문의 신인 '미네르바'의 '신전'과 같아도, 실은 죽으면 구더기에게 먹혀 분해되고 흙과 먼지가 되어 사라져가는 육체를 지닌, 약하고 유한한 운명의 존재이다. 동시에 책장을 넘어 파도가 되어 바다에 부딪히며 움직임으로 그 존재를 나타내는 바람처럼 날거나 추락하거나 앞으로 전진하거나 뒤로 밀리거나 부딪히며 자신의 존재를 드러낸다.

절망적 상황에서도 마지막까지 사랑을 추구하고 작가로서 독자적인 문학세계를 구축하고자 한 호리는, 위와 같은 발레리의 시에 공감하며 그것을 차용하여 자신의 작품에 「바람이 불다」라는 제목을 붙인

17) 이 인용문은, Paul Valéry, 「Le cimetière marin」, 『the Nouvelle Revue Française』 1920.(Éditions de la N.R.F., 『œuvres de Paul Valéry』 O.C.3, 1933, pp.157~163)을 김현 옮김, 『해변의 묘지』(민음사, 2022)를 참고로 하여 인용자가 번역한 것이다.

것이다. 그리고 미야자키 역시 발레리와 호리에 공감하여 자신의 작품에 같은 제목을 붙인 것이다. 미야자키의 작품에서 '바람'은 추락의 두려움을 알면서도 아름다운 것을 만들고 싶다는 꿈을 추구함으로써 그 존재를 나타내는 나약한 인간의 운명의 메타퍼로서, 작품 전체를 일관하는 키워드이다.

그러나 그와 같은 바람의 모습=인간의 운명은, 로제티가 읊은 것처럼 쉽게 눈에 보이지 않는다. 그러한 사실은 바람에 날린 지로의 모자를 잡은 나오코(菜穂子)와 지로가 발레리의 시를 주고 받는 열차에서의 대화에 암묵적으로 나타난다. 그 장면에서 두 사람은 발레리의 시를 '르 방 쎄 르브', '일 포 당떼 드 비브'라는, 일본의 청중도 알아들을 수 없는 말로 주고 받는데, 그에는 자막도 없다. 그것이 'Le vent se leve', 'Il faut tenter de vivre'라는 프랑스어의 일본어 발음이며, 작품의 제목에 사용된 발레리의 시임을 청중이 알기 위해서는 상당한 관심과 주의를 기울여 알아봐야 한다. 미야자키는 바람의 모습은 눈에 보이지 않기 때문에 그것을 말로 표현하는 것은 어려우며 그것을 번역으로 전하는 것은 더 어렵다는 사실을 이와 같은 대화방식을 통해 암묵적으로 보여주고 있는 것이다.

이리하여 미야자키는 그러한 바람과 같은 인생을 아니메의 강점인 시청각 이미지로 구현하여 '보여주기' 전략을 취한다. 우선 시각 이미지화한 '바람'=인생의 모습을 살펴보자. 로제티의 시에 덧붙인, '바람은 날개를 흔들며 당신 곁에 다다릅니다'라는 싯구와 같이, 바람은 전차에서 모자를 날려 전혀 모르는 나오코에게 전달해 주기도 하고 ([그림 4]), 우산을 날려 두 사람을 재회시키기도 하며([그림 5]), 지로의 마음을 담은 종이비행기를 날려 나오코에게 사랑을 전달하기도

[그림 4] 전차에서 모자를 날리는 바람

[그림 5] 우산을 날리는 바람

[그림 6] 종이비행기를 날리는 바람

([그림 6]) 한다.

그외에도 지로의 꿈 속에서 카프로니 백작의 꿈을 실현하는 삼엽비행정(三葉飛行艇)의 행복한 모습, 카프로니를 동경하며 성장한 지로의 제로센이 무리지어 날아가는 모습 등, 바람은 한없이 아름다운 시각 이미지로 보여진다. 이는 아니메 감독으로서의 미야자키의 본령이 발휘된 결과라고 할 수 있다. 그러나 감독은 바람의 아름다움만을 보여주는 것은 아니다. 동시에 지진으로 무너진 도쿄의 건물 사이에서 심하게 불꽃을 옮겨 끔찍한 파괴를 불러일으키는 것([그림 7])도 바람이며, 갈기갈기 찢긴 수많은 제로센의 비참한 모습을 연출하는 것([그림 8])도 오용된 바람의 작용이다.

[그림 7] 불을 옮기는 바람

[그림 8] 제로센을 추락시킨 바람

이렇게 미야자키가 바람의 위험성을 함께 보여주는 것은, '1941년 생인 탓'[18]으로 전쟁을 포함한 근대일본의 역사에서 자유롭지 못한 아니메 감독으로서 '폐색감(閉塞感)이 보다 더 격심한 시대'를 살아가는 당대의 젊은이들의 삶이 얼마나 어려운지를 직시하고 그것을 이야기해야겠다고 생각했기 때문이라고 할 수 있다. 주목할 점은 그러한 위험성을 시각 이미지 만이 아니라 지로의 삶의 몇몇 국면에서 '대화'나 '행동'으로도 보여준다는 사실이다. 그것은 첫째, 부모를 기다리는 아이들에게 카스테라를 주었다가 거절당하는 장면에서 보여진다. 지로가 배고픈 아이들에게 카스테라를 준 것은 호의이다. 그것은 관동대지진 때 다쳐서 움직일 수 없던 기누(絹)를 도와줄 때의 따뜻한 마음과 같은 성질의 것으로, 지로는 그러한 호의를 거절하는 아이들의 마음을 이해할 수 없어, 동료인 혼조(本庄)에게 이야기한다. 혼조는 그에 대해, '그것은 위선이다', '배를 주리고 있는 아이들이라면 이 골목에만 해도 몇십 명이나 있다', '이번 기술도입으로 융커스사'에 지불하는 돈은 '전국의 아이들에게 덮밥과 카스테라를 매일 먹이고도 남을 금액이다', '가난한 나라가 비행기를 가지고 싶어 한다. 그래서 우리는 비행기를 만들 수 있는 것이다'라고 하며, 그것은 '모순'이라고 지적한다.[19] 그럼에도 불구하고 혼조는 '나는 주어진 기회를 놓치지 않을 생각이다'라는 의지를 보이며, 자신들이 처한 상황에 대한 명확한 인식을 촉구한다. 그러나 정작 지로가 그 상황에 대해 충분히 납득을 했는지 여부는 애매한 상태로 끝나 버린다. 둘째로, 비행기 설

18) 宮崎駿, 『風の帰る場所: ナウシカから千尋までの軌跡』, インタヴュー渋谷陽一, 2002.8, p.17.

19) 宮崎駿, 「風立ちぬ」, スタジオジブリ, 2013, 43:55~44:24.

계 실패 후에 방문한 휴양지에서 한스 카스트로프(Hans Castorp)를 만난 장면을 보자. 그 휴양지는 지로가 지진 때 우연히 만난 나오코와 재회하여 사랑을 나누는 행복의 공간이다. 그곳에 나타난 카스트로프는 그 휴양지를 '마의 산'이라는 휴양지에 비유하며, 돌연 '융커스 박사가 쫓긴다', '독일도 파멸한다, 국제연맹을 탈퇴한다, 세계를 적으로 돌린 것을 잊는다, 일본은 파멸한다'라고 하며, 지로에게 일본이 처한 현실에 대한 경계를 촉구한다. 그는 토마스 만(Thomas Mann, 1875~1955)의 『마의 산(Der Zauberberg)』(1924)의 주인공으로, 이 작품은 만이 아내의 결핵으로 경험한 다보스(Davos)의 새너토리엄 생활을 바탕으로 집필한 소설이다. 작품에서 카스트로프는 사촌동생 요아힘(Joachim)이 체재하는 새너토리엄을 찾았다가 자신도 결핵진단을 받고, 7년에 이르는 새너토리엄 생활을 한다. 그곳은 유럽 각국에서 모여든 결핵환자들이 치료를 위해 요양을 하는 곳으로, 그곳의 환자들은 좋은 영양을 취하면서 음악, 철학, 과학, 종교 등을 논하고, 운동, 오락 등을 즐기며 이상적인 생활을 하느라 아래의 현실 세계를 잊게 되는 '마(魔)의 산'이다. 그렇게 요양생활을 하며 정신적 성장을 이룬 카스트로프이지만, 제1차세계대전이 발발하자 단숨에 전장으로 달려가 허무하게 비참한 죽음을 맞이하다. 그의 죽음은, '악마처럼 으르렁대며 날아온' '지옥의 탄환'과 '거대한 폭탄', '무시무시한 원추형(円錐形)의 덩어리'에 '육체는 찢어지고 피투성이가 되어 없어져' 버렸고, '포악해진 과학의 산물이 가장 무서운 힘을 숨기고 날아와서' '악마의 화신처럼' '산산조각이 난 인체를 공중으로 분수처럼 퉁겨 올렸다'[20]라고 묘사되고 있다. 7년 동안 결핵 치료에 진력하였지만, 전쟁 앞에서 허무하게 죽어버리는 인간의 비참함과 모순을 그리고 있는 것이다. 제1차세계대전은 최초의 세계대전이자, 새로운 근대과학 무기의 등장으로 가장 처참한 사상자를 낸 전쟁이다. 이러한 근대문명의 모순을 드러내는 인물로, 작품에서 허망하게 비참한 죽음을 맞이한 카스트로프를, 미야자키는 소환하여 지로에게 현실을 확실하게 인식할 것을 경고하게 하는 것이다.[21] 그러나 정작 중요한 장면에서 나오코의 병세를 알리는 그녀의 아버지가 등장하면서, 지로가 그 경고를 어떻게 받아들였는지는 밝혀지지 않고 지나가 버린다. 세 번째는, 지로가 특고경찰(特高警察)에게 쫓기는 장면이다. 그의 상사 구로카와(黒川)는 지로에게 경찰이 쫓고 있다고 알리며 그를 자신의 집에 숨겨 주지만, 이 장면에서도 지로는 자신이 왜 쫓기는지 그 이유를 파고드는 자세는 보이지 않으며, 일본이 아직 근대국가라고 생각하느냐는 반문에 대해서도 반응이 없다.

다음으로 미야자키는 바람 = 삶의 모습을 음악으로도 잘 보여주고 있다. 첫째, 메인 테마곡 「여로(旅路)」는 히사이시 조(久石譲)의 작곡으로, 그는 1984년의 영화 「바람 계곡의 나우시카(風の谷のナウシカ)」 이래로 「이웃집의 토토로(となりのトトロ)」, 「벼랑 위의 포뇨(崖の上のポニョ)」, 「그대들은 어떻게 살 것인가(君たちはどう生きるか)」(2023년) 등 미야자키 작품의 거의 대부분의 음악을 담당했다. 즉, 미야자키가 자신의 작품 세계를 가장 잘 이해하고 음악으로 구현해 왔다고 신뢰하

20) 토마스 만, 『마의 산』, 곽복록 역, 동서문화사, 2012, p.916.

21) 한국의 선행연구에서는 카스트로피의 대사에 대해 '잊어라'라고 번역된 자막을 바탕으로 지로가 자신이 처한 현실을 잊으려고 했다고 해석되고 있지만(강관수·유진우, 앞의 책, p,21), 원작에서는 독일인 카스트로피의 서투른 일본어를 표현한 것으로 휴양지의 위험성에 대한 경고의 의미로 읽는 것이 타당하다.

는 작곡가로, 그는 이 작품에서도 인생의 아름다움이나 슬픔을 포함한 바람의 다양한 이미지를 훌륭하게 청각화하고 있다.

둘째로, 주제가인 아라이 유미(荒井由実) 작사, 작곡「비행기 구름(ひこうき雲)」(EMI Records Japan)도 삶의 다양한 모습을 바람의 이미지로 표현하고 있다. 이 노래는 고등학교 때 근디스트로피라는 병으로 죽은 아라이의 초등학교 동급생 소년의 죽음을 모티프로 제작된 것으로, 스즈키 도시오(鈴木敏夫)에게서 이 노래에 대한 이야기를 들은 미야자키는 '야, 이거 주제가네. 딱이야'라고 하며 주제가로 채택했다고 한다.[22] 미야자키가 이 노래에 공감한 것은 무엇보다도 '하늘을 동경하여/하늘을 달려가는/ 그 아이의 목숨은 비행기 구름'이라는 가사일 것이며, 그것은 비행기 설계자로서 자신의 꿈을 쫓았지만 결국 참담한 경험을 하게 된 지로의 운명을 이야기하기에 충분하다고 생각했기 때문일 것이다. 아라이의 눈에 비친 요절한 친구의 운명은, 비행 후 흰 구름을 남김으로써 자신의 존재를 드러내는 바람과 같은 것이며, 그것은 감독에게 호리코시라는 인물의 운명과 같은 것으로 생각되었을 것이다.

셋째로, 이 작품에는 흥미로운 곡이 또 하나 등장한다. 그것은 휴양지에서 카스트로프가 부른 노래이다. 파멸을 향해가는 일본의 상황에 대해 지로에게 경고하는 장면과는 이질적으로 밝고 명랑하여([그림 9]) 위화감이 느껴지는 노래이지만, 그것이 어떤 노래이고 어떤 맥락

22) ユニバーサル・ミュージック合同会社, 「映画「風立ちぬ」主題歌「ひこうき雲」、宮崎駿が贈った18枚の絵。“ユーミン×スタジオジブリ”豪華絵本仕様40周年記念盤『ひこうき雲』発売決定！」(검색일 : 2024.10.9), PRTIMES, https://prtimes.jp/main/html, 2013年6月25日16時35分.

[그림 9] 「그것은 단 한 번뿐이에요」를 부르는 장면

에서 불리워졌는지, 작품에는 아무런 정보가 없다. 그것은 로버트 길버트(Robert Gilbert, 1899~1978) 작사, 작곡의 「그것은 단 한번 뿐이에요(Das gibt's nur einmal)」라는 독일어 노래이다. 길버트는 히틀러의 유대인 차별정책으로 유럽 각지를 떠돈 후, 미국에서 망명생활을 하면서도 창작활동을 계속한 독일의 음악가이다. 그는 제1차세계대전 마지막 해에 군인으로 근무하면서 사회주의와 공산주의 사상을 접했고, 히틀러가 독일을 장악한 이후에는 정치 캠페인이나 데모에 참가한다. 그리고 1933년, 유대인이 연극이나 영화, 음악, 예술, 엔터테인먼트 직업이나 공연장에서 일하는 것을 금지하는 뉘른베르크법이 제정되자, 가족과 함께 베를린을 떠나 빈에서 지냈으며, 1938년 히틀러의 영향력이 오스트리아에까지 미치자 1939년 프랑스를 거쳐 미국으로 탈출한다. 그러나 그와 같은 절망적 상황에서도 그의 창작활동은 끊이지 않아, 「그것은 단 한번 뿐이에요」, 「베를린에는 지금도 스프레 강이 흐른다(Durch Berlin flieβ t immer noch die Spree)」와 같은 불후의 명곡을 작사하였고, 「주유소의 세 사람(Die Drei von der Tankstelle)」(1930), 「춤추는 의회(Der Kongress tanzt)」(1931)와 같은 뮤지컬, 오페레타를 쓰는 한편, 강력한 정치적 캬바레곡, 반파시스트시를 발표한다. 이러한 그의 곡은 전후 유럽으로 돌아오자 크게 환영을 받는데, 그와 같은 절망적 상황에서 1931년에 만들어진 곡이 「그것은 단 한 번뿐이에요」이다. 그 가사는 다음과 같다.

(전략) 그것은 현실이라기엔/너무 아름답죠/마치 기적처럼/천국에서 금빛 빛이 내리듯

(중략) **그것은 단 한 번뿐이에요/그런 일은 다시 오지 않아요/어쩌면 꿈일지도 모릅니다/인생에 그런 일을 단 한 번뿐이에요/어쩌면 내일 끝날 수도 있습니다/인생에 그런 일은 단 한 번뿐이에요/매 봄마다 오월은 한 번만 찾아오니까** (후략)[23]

아니메에서 불리우는 부분은 고딕체 부분뿐이지만, 노래 전체의 의미를 이해하기 위해 일부 원문을 추가하였다. '사랑, 태양, 기쁨으로 가득한 세상'은 '기적처럼' '천국에서 금빛 빛이 내리듯' 아름답고 소중한 것이다, 그것은 영원한 것은 아니다, 꿈처럼 내일 끝날지도 모르는, 덧없는 것이다, 그러나 그것은 1년 동안 가장 아름다운 5월이 한 번 밖에 없는 것처럼 인생에 한번 밖에 없는 소중한 것이다, 라는 의미이다. 나치 치하에서 유대인으로서 창작 활동이 불가능한 망명중에도 예술가로서 자신의 꿈을 좇아 창작활동을 계속한 음악가로서의 삶이 잘 나타나 있다. 봄이 오면 나무들이 아름다운 꽃을 피우듯, 젊은 시기는 한번밖에 없는 소중한 시간이기 때문에 있는 힘껏 살아야 한다고 노래하는 것이다. 카스트로프는 이 노래에서 불리워지는 삶처럼, 불

23) Robert Gilbert, 「Das gibt's nur einmal」(宮崎速雄, 「風立ちぬ」, 1:21:51~1:23:31). 원문은 다음과 같다.

Das ist zu schön um wahr zu sein./So wie ein Wunder fällt auf uns nieder vom Paradies ein gold'ner Schein.//Das gibt's nur einmal, das kommt nicht wieder, das ist vielleicht nur Träumerei./Das kann das Leben nur einmal geben, vielleicht ist's morgen schon vorbei./Das kann das Leben nur einmal geben, denn jeder Frühling hat nur einen Mai.(Robert Gilbert, 「Lilian Harvey-Das gibt's nur einmal(1931)」 YouTube, https://www.youtube.com/watch?v=LYtLXxTeuIM, 검색일 : 2024.10.8).

치의 결핵에 걸린 나오코에 대한 지로의 '사랑'에 대해, '피서지의 사랑은 금방 끝나버린다'[24]고 경고를 하면서도 '아름답다'고 축복을 한다. 그러나 여기에서도 지로는 카스트로프의 경고에 대해, '그럴지도'라는 애매한 반응을 보일 뿐이다.

이상과 같이 미야자키는 인생의 본질과 그 아름다움이나 위험성에 대해 그것을 바람에 비유하여 아니메의 문법, 즉 대화나 행동, 시청각 이미지로 보여주는 전략을 취하고 있는데, 그 위험성이나 한계에 대해서는 암묵적으로 애매한 상태로 끝냄으로써 청중에게 위화감을 불러일으키고 있음을 알 수 있다.

5. 맺음말

이상의 검토를 통해, 미야자키는 아니메 작가로서 인생의 총결산인 「바람이 분다」에서, 어려운 시대에 꿈의 실현을 위해 충실하게 산 호리코시의 삶을 재해석하여, 자유와 아름다움, 사랑을 꿈꾸며 살아가는 것이 얼마나 아름답고 가치 있는 일인지, 동시에 인간이란 불완전한 존재로, 꿈을 좇기 위해서는 위험성도 있으니 주변을 살피며 바람의 흐름과 균형을 유지하는 것이 얼마나 중요한 일인지라는 메시지를 전달하고자 했음을 알 수 있었다.

그리고 로제티나 발레리의 시와 호리의 소설 등 문학에서 '바람'에 비유하여 '말하여진' 그와 같은 메시지를, 미야자키는 아니메 고유의

24) 宮崎駿, 「風立ちぬ」, スタジオジブリ, 2013, 1:23:26.

문법인 대화나 행동, 시청각 이미지로 '보여주는' 전략을 취했고, 그것은 아니메 작가로서의 역량이 충분히 발휘되어 훌륭하게 성공했다고 할 수 있다. 그러나 문제는 그가 이 작품에서 처음으로 현실의 인물을 소재로 삼은 점에 있다. 아니메란 무엇인가라는 질문에 대해, '엔터테인먼트임을 기본적인 작품의 톤'으로 하여, '사람들을 기쁘게 하는 것이 좋다'[25]고 대답한 미야자키에게, 아니메란 꿈과 희망을 판타지 세계에서 구현하여 가능성을 보여줌으로써 즐거움을 추구하는 것으로, 현실의 세계를 있는 그대로 그리는 것은 어울리지 않는다. 정치적, 윤리적 당위성의 주장과는 거리가 있는 것으로, 그 본질은 헐리우드를 대표하는 디즈니의 애니메이션에 극명하게 드러나서, '디즈니 이데올로기의 내재화'나 '즐거움을 극대화하기 위한 탄력적 서사'[26]를 추구하는 예술이다. 전후 세대로서 일본의 정치적, 사회적 현실은 도처에서 모순과 약점을 드러내고 자신을 포함하여 인간도 역시 모순적이고 나약한 존재라고 인정은 해도, 정치나 윤리와 관련되는 사상의 문제를 직접적으로 이야기하는 것은 아니메 작가로서의 그의 철학과는 어울리지 않을지도 모른다. 그렇기 때문에 그는 작품에서 현실의 위험성이나 비참함에 대해서는 청중이 이해할 수 없는 말로 표현하거나 애매한 채로 끝내는 암묵적인 방법으로 표현하는 전략을 취한다. 이로 인해 청중은 위화감을 느끼고 상당한 주의를 기울이지 않으면 그 의미를 이해하기 힘들게 된다.

이러한 미야자키의 전략은 한일 양국 청중 반응의 차이와 평가를

25) 宮崎駿, 『風の帰る場所: ナウシカから千尋までの軌跡』, インタヴュー渋谷陽一, 文藝春秋, 2002, p.17.

26) 박기수, 『문화콘텐트 스토리텔링의 구조와 전략』, 논형, 2022, pp.215~217.

둘러싼 논쟁을 불러일으키는 원인의 하나가 된다. 작품의 외적 배경에 비교적 익숙한 일본의 청중은 아니메를 보면서 작품의 외적 정보를 바탕으로 사상이나 윤리의 문제에 대해 생각할 기회를 부여받고, 말을 해야 하는 것을 말하지 않거나 애매한 상태로 끝내 버리는 것에 대해 의식적이게 된다. 따라서 일본의 청중으로서는 이 작품의 사상이나 윤리의 문제는 역사나 정치적 문제를 은폐, 왜곡시키는 것이라기보다는 불철저하고 애매한 것으로 느끼게 된다. 그에 반해 작품의 정보에서 비교적 거리를 두고 있는 한국의 청중은 시청각 이미지에 대한 직관적 반응이 우선되어 작품의 외적 배경에 대한 반응은 주연화된다. 그렇기 때문에 비평의 측면에서 청중을 상대로 전쟁이나 역사의 문제를 왜곡, 은폐했다고 하는 비판적 평가가 나오게 되는 것이 아닐까.

이와 같이 아니메 작가로서 미야자키의 전략은 한일 양국의 청중반응의 차이를 불러일으켰고, 그것이 비평적 논쟁으로 이어졌다고 할 수 있다. 그러나 오히려 바로 그 점에 미야자키가 이 작품을 통해 말하고 싶었던 메시지가 역설적으로 드러나는 것이 아닐까? 청중은 빵을 건네받는 소녀가 왜 화를 내는지, 융커스 박사나 자신이 쫒기는 이유는 무엇인지, 독일이나 일본은 왜 파멸에 이르게 되는지 등에 대해 지로가 조금 더 주의를 기울였기를 바란다. 그와 마찬가지로 감독은 주인공들이 주고받는 발레리의 시나 길버트의 노래의 의미에 대해 청중들도 더 주의를 기울이기를 바랬을 것이다. 즉 자유, 아름다움, 사랑이라는 꿈을 추구하며 살아가는 인생이란 아름다운 것이지만, 그것은 바람과 같아서 쉽게 눈에 보이지 않기 때문에 그 움직임이나 소리에 신경을 쓰며 밸런스를 유지하라는 것이, 미야자키가 이 아니메를 통해 청중에게 '보여주고' 싶었던 메시지라고 생각된다.

이 글은 「宮崎駿の「風立ちぬ」への聴衆反応とストリテリング戦略－－「語る」文学から「見せる」アニメへ」(東アジアと同時代日本語文学フォーラムx高麗大学校グローバル日本研究院『跨境・日本語文学研究』 19, 2024, pp.43~58)를 본서의 취지에 맞추어 한국어로 옮기고 가필 수정한 것이다.

제5장

텍스트 마이닝을 통해 본 한일 콘텐츠 투어리즘 양상

엄인경

1. 한일 투어리즘의 현황

2020년부터 2022년에 이르는 만 3년 동안 COVID19 팬데믹으로 전 세계 사람들과 물품의 이동에 큰 영향을 미쳤던 현상이 일단락되면서, 2023년 이후 일본과 한국 간의 상호 방문은 크게 회복되고 있다. 2023년 여름 기사에 따르면 한국에서는 1년 이내에 해외여행을 계획하고 있는 사람들이 증가했으며, 그 중 가장 선호하는 여행지는 일본[1] 이라고 했다. 또한, 2023년 들어 1월부터 5월까지 한국을 방문한 방문객의 19.2%가 일본인 관광객이어서 가장 큰 비중을 차지했다[2]는 보도도 있었다. 방문 목적도 다양해지는 가운데, 2024년에 이르러서도 서로의 어떤 모습을 찾아 일본과 한국 사이를 오가는 사람들이 늘어나고 있다는 것은 틀림없는 사실로 보인다.

1) 「'1년 이내 해외여행 의향' 증가 … 일본 여행 선호도 더욱 늘어」, 『서울경제신문』, 2023.7.3. https://www.sedaily.com/NewsView/29RZKLEPHJ

2) 「1~5월 日관광객 66만명 한국 찾아 … 최다 방한 관광객」, 『연합뉴스』, 2023.7.9. https://www.yonhapnewstv.co.kr/news/MYH20230709002900641?input=1825m

이 글에서는 문화콘텐츠 관광이라고도 불리며, 최근 '성지순례'[3]라는 표현으로 자주 사용되고 있는, 콘텐츠 투어리즘이 한국과 일본의 상호 방문에서 어떻게 나타나는지 고찰하려는 것이다. 즉 '핵 개인의 시대'[4]에 부합하는 새로운 투어리즘의 형태에 대중 문화 콘텐츠가 관여하는 양상을 분석해 보는 것이 목적이다. 콘텐츠 투어리즘은 문화콘텐츠가 사회의 모빌리티에 관여하고 서로 영향을 미치는 뚜렷한 현상이라고 간주되기 때문이다. 이는 문학 경험과도 비슷하다 할 수 있는데, 현실이 아닌 가상의 콘텐츠에 매료되어 이야기의 세계(그 배경이나 무대가 된 곳)에 물리적으로 직접 또는 정신적으로 이동하려 한다는 점에서, 예전부터 이루어져 왔던 자연경관을 보기 위한 관광과는 다르다고 할 수 있다.

그래서 우선 콘텐츠 투어리즘이 문화 이해를 바탕으로 한 관광 연구의 새로운 분야라는 측면에 초점을 맞추어, 콘텐츠 투어리즘의 역사와 관련된 선행 논의 등을 살펴본다. 그리고 최근 일본과 한국의 대중문화 '성지순례' 관련 동향이나 특성 등을 텍스트 마이닝[5] 방법으

3) 岡本亮輔, 『聖地巡礼: 世界遺産からアニメの舞台まで』, 中央公論新社, 2015, pp.1~228. 이 책에서는 종교와 관광이라는 테마를 놓고 현대의 종교 양식의 변화 및 성지의 허구성 등 성지순례(pilgrimage)의 변용에 관해 폭넓으면서도 상세히 기술하고 있다.

4) 송길영, 『시대예보: 핵개인의 시대』, 교보문고, 2023. p.22.현재 한국의 대표적 마인드 마이너(mind miner)로 불리는 송길영은 이 책에서 현 시대를 읽는 키워드로 '핵' 개인이라는 개념을 도출하여 풀이하고 있다.

5) 텍스트 마이닝은 텍스트 데이터를 대상으로 그 사이에 내재된 암묵적인 정보를 추출하는 과정이라고 할 수 있다. 문학 텍스트를 기계로 수치화하여 읽는 작업을 시도해 온 호이트 롱(Hoyt Long)은 최근 저서에서 '우리가 오늘날 살고 있는 글로벌 정보화 시대에서 텍스트에 운용 가능한 통계적 사실 및 모델과 문학연구의 관례가 재협상할 수 있는' 분석 공간을 모색한 바 있다. ホイト·ロング 著, 秋草俊一郎·今井亮一·平野圭介 訳, 『数の値打ち: グローバル情報化時代に日本文学を読む』, フィルムアート社, 2023,

로 파악해 보고자 한다. 대상 콘텐츠로는 전 세계적으로 인기를 끌고 있는 일본과 한국의 대표적인 대중문화인 애니메이션, 즉 Japanimation과 드라마, K-drama를 선정하였고, 상호 관광과 어떻게 연결되는지를 텍스트 마이닝이라는 방법으로 비교해 볼 것이다. 이를 통해 동아시아의 이동과 관광을 촉진하는 한 요소로서 문화콘텐츠를 상정하고, 투어리즘이라는 적극적인 이동 행위가 어떠한 요소와 관련되는지, 한일 상호 콘텐츠 투어리즘의 현황이 어떠한지를 파악함으로써 문화와 관광의 관련성 및 향후를 가늠하는 하나의 시도로 삼고자 한다.

2. 콘텐츠 투어리즘의 현재

1) 콘텐츠 투어리즘이란?

콘텐츠 투어리즘이라는 용어의 의미부터 생각해보자. 먼저 법률적 정의에 따르면 '콘텐츠'란 '영화, 음악, 연극, 문예, 사진, 만화, 애니메이션, 컴퓨터 게임 기타 문자, 도형, 색채, 음성, 동작 혹은 영상 혹은 이들을 조합한 것 또는 이들에 관한 정보를 전자계산기를 통해 제공하기 위한 프로그램(전자계산기에 대한 지령으로, 하나의 결과를 얻을 수 있도록 조합된 것을 말한다.)으로서, 인간의 창조적 활동에 의해 만들어진 것 중 교양 또는 오락의 범위에 속하는 것'[6]을 일컫는다. 일반적으로

---

p.16. 필자는 이에 공명하는 입장에서 텍스트 마이닝이라는 방법에 도전하였다.

6) 일본이 2004년에 발표한 「콘텐츠의 창조, 보호 및 활용 촉진에 관한 법률(コンテンツの創造、保護及び活用の促進に関する法律)」 제2조 정의에 따른 것으로 필자가 번역하여 제시함. https://elaws.e-gov.go.jp/document?lawid=416AC1000000081_202109

는 정보 내용이라는 의미를 가지며, 현재 이 용어가 널리 사용되게 된 배경에는 디지털화와 네트워크화의 급격한 진전이 거론된다.[7] 또한, 미디어믹스에 의해 미디어와 미디어 사이에 흐르는 정보 내용을 표현하기 위한 용어로서 콘텐츠를 자주 사용하게 되었다.

다른 용어와 마찬가지로 '콘텐츠'라는 것도 시대의 콘텍스트를 반영하면서 해당 시기의 논의에 따라 최적의 형태로 정의되지만, 그 중핵을 이루는 특징으로는 '정보가 어떤 형태로든 창조, 편집된 것이며, 그 자체로 소비함으로써 즐거움을 얻을 수 있는 정보 내용'[8]으로 볼 수 있다. 더 나아가 그것이 현실 공간에서 실현되면 아날로그 콘텐츠가 되고, 정보 공간에서 실현되면 디지털 콘텐츠가 된다.[9] 요컨대 콘텐츠는 현대인들이 즐기고 있는, 서사성을 지닌 모든 대중문화를 가리킨다고 해도 과언이 아니다.

다음은 투어리즘(Tourism)이다. 투어리즘은 관광의 번역어로 널리 사용되므로 '관광'이라는 말의 역사부터 살펴보기로 한다. 애초 '관광(觀光)'은 '국가의 위광을 관찰한다'는 의미에서 출발했는데, 그 어원으로 언급되는 것은 『역경(易經)』의 '관국지광이용빈우왕(觀國之光利用賓于王, 나라의 빛을 봄으로써 왕에게 이롭게 사용한다)'이며,[10] 한자어는 이 의미에서 유래한 것으로 전해진다. 유래는 이러하지만 오늘날 통용되는 관광이란 명백히 근대적인 것으로, '시선' 및 '미디어'와

01_503AC0000000036 (검색일 : 2024.11.30)

7) 長谷川文雄·福富忠和 編, 『コンテンツ学』, 世界思想社, 2007, pp.5~8.

8) 岡本健, 『n次創作観光』, NPO法人北海道冒険芸術出版, 2013, p.41.

9) 위와 같음.

10) 김종은, 『관광학 원론』, 현학사, 2000, pp.19~20.

의 연관성이 점차 높아지고 중요해지는 행위가 되었으며, 관광지를 해석하는 시선은 미디어에 의해 구축, 재생산된다는 인식[11]은 일반화 되었다.

일본에서 '관광'이라는 말은 메이지 시대(明治時代, 1868~1912년)부터 사용되었고, 다이쇼 시대(大正時代, 1912~1926년) 이후부터 영어 'tourism'의 번역어로 사용되기 시작한 것으로 확인되며, 한국에서는 식민지 시기에 '관광'이라는 말이 널리 퍼졌다.[12] 옛날부터 있었던 '여행'에 비해 관광은 분명히 근대적인 행위로서, 존 어리는 미셸 푸코에 의한 타인의 시선이라는 개념을 사용하여 근대 관광 현실을 파악하고, 관광이란 일상에서 벗어난 경치, 풍경, 음식 등에 시선을 던지는 것이라 간주하고, 그 이동의 특징을 '모빌리티의 패러다임'[13]으로 정리했다.

이 개념들을 합한 것이 바로 '콘텐츠 투어리즘'이다. 2005년에 일본의 국토교통성·경제산업성·문화청에 의해 작성된 『영상 등 콘텐츠 제작·활용에 의한 지역진흥 방안에 관한 조사』에서는 「제3장 지역에 관련된 영상 등 콘텐츠 활용에 의한 지역진흥 방안」에서 다음과 같이 명기하고 있다.

11) 존 어리·요나스 라슨 지음, 도재학·이정훈 번역, 『관광의 시선』, 소명출판, 2021, p.42, pp.179~217. 영국의 사회학자 존 어리(John Urry, 1946~2016)는 1990년에 *Tourist Gaze*の초판을, 2002년에 개정판 *The Tourist Gaze. Second Edition*을, 2011년에 요나스 라슨과 개정증보하여 *The Tourist Gaze 3.0*을 간행함으로써 투어리즘의 변화를 반영하였다. 이 책은 *The Tourist Gaze 3.0*의 한국어 번역본이다.

12) 문옥표 외, 『동아시아 관광의 상호시선: 근대 이후 한중일 관광 지형의 변화』, 한국학중앙연구원출판부, 2016, pp.5~47.

13) 존 어리 지음, 강현수·이희상 옮김, 『모빌리티』, 아카넷, 2014, pp.7~532. 원서는 John Urry, *Mobilities*, Cambridge: Polity, 2007.

「관광입국행동계획」을 통해 「관광입국」, 「한 지역 한 관광거리」의 노력이 추진되는 가운데, 지역의 매력 있는 콘텐츠의 효과적인 활용이 주목받고 있다. 지금까지도 NHK 대하드라마를 비롯하여, 영화·드라마의 무대를 관광자원으로 활용하려는 노력은 많았지만, 최근 〈러브레터〉, 〈겨울연가〉, 〈세상의 중심에서 사랑을 외치다〉 등의 화제작이 등장하면서 새삼 그 가능성이 주목받고 있다. 또한, 영화를 테마로 한 테마파크(유니버설 스튜디오), 애니메이션을 활용한 마을 만들기 등의 예에서 볼 수 있듯이, 집객 요소로서의 콘텐츠 활용은 현실 세계를 대상으로 한 영화·드라마에 그치지 않고, 만화·애니메이션·게임까지도 포함하여 확대되고 있다.

여기서는 **이러한 지역과 관련된 콘텐츠(영화, 텔레비전 드라마, 소설, 만화, 게임 등)를 활용하여 관광과 관련 산업의 진흥을 도모하는 것을 의도한 투어리즘을 「콘텐츠 투어리즘」이라고 부르고자 한다.**

콘텐츠 투어리즘의 근간은 지역에 「콘텐츠를 통해 형성된 지역 고유의 분위기·이미지」로서의 「이야기성」「테마성」을 부가하고, 그 이야기성을 관광자원으로 활용하는 것이다.[14)]

강조한 부분처럼 국가 보고서가 콘텐츠 투어리즘을 정의하고 있다. 그리고 대중문화 콘텐츠의 '이야기성', '테마성'의 부가가치, '관광자원으로 활용하는 것'이라는 기술 등을 통해, 지방 관광 진흥의 핵심은 사물이 아니라 콘텐츠, 즉 이야기성을 띤 것임을 명시하고, 콘텐츠 투어리즘의 인식을 확장한 점에서 획기적이라 할 수 있다. 이는 공식적인 정의 및 인정에 해당하는데, 최근 한국과 일본에서 매우 널리 사용

14) https://www.mlit.go.jp/kokudokeikaku/souhatu/h16seika/12eizou/12eizou.htm 전문이 PDF파일로 공개되어 있으며 인용부는 본편 p.49의 일부를 필자가 번역한 것(이하 원문 일본어의 한국어 제시는 모두 필자가 번역한 것)이다.

되는 말인 '성지순례',[15] 이른바 팬이 콘텐츠 작품에 관심을 품고 그 무대를 찾는 것,[16] 애니메이션이나 만화, 영화, 게임, 캐릭터 등의 콘텐츠를 계기로 한 여행 행동이나 이를 활용한 관광 진흥,[17] 콘텐츠에 의해 동기 부여된 일련의 다이내믹한 투어리즘 실천 및 경험으로, 콘텐츠 투어리스트는 콘텐츠를 통해 끊임없이 확장되는 이야기 세계에 접근하고 그것을 체화하려 시도하는 것[18] 등의 의미가 제시되고 있음을 확인할 수 있다.

존 어리 이후로 관광사회학 연구자들은 관광객이 관광지를 해석하고, 미디어에 의해 시선이 구축되며 재생산된다고 보고 있다. 이는 관광에 따르는 즐거움에 대한 기대가 영화, TV, 신문, 잡지, 비디오 등의 비관광적인 실천을 통해 형성되고, 관광의 시선이 의도되며, 또한 관광 경험의 해석이 이루어짐을 의미한다. 매스 투어리즘에 의해 일상의 생활공간과 관광지가 공간적으로 분리되고, 시각 중심주의의 영상 콘텐츠에 의해 관광의 명소가 된 현상을 설명할 수 있다.[19] 다시 말해 콘텐츠 투어리즘은 다양한 콘텐츠를 계기로 한 이동을 일으키거나 또는 '콘텐츠'를 활용한 관광, 지역 진흥을 가리키는 것이며, 대중문화 콘텐츠와 관련된 곳으로 향하는 통용어 '성지순례'로 파악해 두고자

---

15) 주3)과 같은 책, pp.10~14.
16) 増淵敏之, 『物語を旅するひとびと: コンテンツ·ツーリズムとは何か』, 彩流社, 2010, p.11.
17) 岡本健, 「序文」, 岡本健 編, 『コンテンツツーリズム研究〔増補改訂版〕: アニメ·マンガ·ゲームと観光·文化·社会』, 福村出版, 2019, p.3.
18) 山村高淑·フィリップ·シートン 編著, 『コンテンツツーリズム: メディアを横断するコンテンツと越境するファンダム』, 北海道大学出版会, 2021, p.16.
19) 주8)과 같은 책, pp.34~35.

한다.

2) 콘텐츠 투어리즘의 역사와 연구 흐름

현재 세계적으로 유명한 콘텐츠 투어리즘으로는 영국[20]이나 아일랜드에 산재해 있는 〈해리 포터〉나 〈셜록 홈즈〉 등의 관련 장소에 끊임없이 관광객이 찾아오는 사례를 들 수 있다. 둘 다 대중에게 엄청난 인기를 끌었던 문학서에서 출발한 콘텐츠인데, 콘텐츠 투어리즘으로 유명해진 것은 역시 영화화나 드라마화된 이후의 현상이기도 하다. 뉴질랜드에는 〈반지의 제왕〉이나 〈호빗〉 등의 촬영지에 영화의 무대가 된 세트나 시설이 조성되어 있어 관광 수입원이 되고 있다는 것도 잘 알려진 케이스이다. 즉 영어권에서의 콘텐츠 투어리즘의 주된 흐름은 필름 투어리즘이라 할 수 있다.

그런데 콘텐츠 투어리즘에 관한 선행연구를 섭렵해 본 바, 그 연원에 대해 천 년 전까지 거슬러 올라가 논하고 있는 것은 역시 일본뿐이다. 마스부치 도시유키는 『이야기를 여행하는 사람들(物語を旅するひとびと)』에서 그 시작으로 우타마쿠라(歌枕)[21]를 언급[22]하며, 아주 예

20) 영국은 서유럽 국가 중에서도 특히 콘텐츠 투어리즘을 비롯한 콘텐츠 산업이 발달했다고 볼 수 있다. 『콘텐츠 투어리즘(コンテンツ·ツーリズム)』(山村高淑·フィリップ·シートン 편저)의 「제1부 문학세계의 콘텐츠화(第1部 文学世界のコンテンツ化)」에서는 제인 오스틴과 브론테 자매 등의 브랜드 파워를 다루며 일찌감치 문학 콘텐츠의 관광화에 주목하였다. 역사와 전통 문화에 강점이 있으며 드라마와 영화 산업도 발달한 나라이므로, 아시아의 콘텐츠 투어리즘을 비롯한 콘텐츠 산업 측면에서 대조 연구하기에 적합한 대상으로 생각된다. 또한 'Creative'라는 개념과 산업 간의 접목, 'Cool Britannica'와 'Innovation' 측면에서 일본과 한국에 미친 영향도 고찰할 가치가 크다.

21) 우타마쿠라(歌枕)란 일본의 와카(和歌)나 하이쿠(俳句)같은 전통 시가에서 자주 사용

전에 이루어진 시가 문학이 만들어낸 이미지의 연상과 확대에서 콘텐츠 투어리즘의 개념을 읽어내고 있다. 또한, 헤이안 시대(平安時代, 794~1185년)의 대표적 일기문학인 『사라시나 일기(更級日記)』의 저자로 알려진 스가와라노 다카스에노무스메(菅原孝標女)는 『겐지모노가타리(源氏物語)』에 심취하여 이야기의 세계를 동경했던 것으로도 유명하다.[23] 『사라시나 일기』에 나오는 스가와라노 다카스에노무스메의 우지(宇治) 방문이나 그곳에서의 감상 등은 바로 콘텐츠 투어리즘의 고전적인 형태라고도 할 수 있겠다.

아울러 문학 텍스트와 공간을 연결 지어 생각하는 데 있어 『도시공간 속의 문학(都市空間のなかの文学)』을 비롯한 마에다 아이(前田愛)의 여러 저작들[24]은 시사하는 바가 매우 크다. 마에다가 이를테면 '작가의 애착이 배어 있는 지명의 집합 그 자체가 도시라는 텍스트에서 잘려나온 메타텍스트를 구성하고 있다'[25]고 한 것처럼, 개별적인 사람에 의한 문학산책이나 문학기행의 행위는 이야기를 지닌 콘텐츠 투어리즘과 상통하는 매우 인문학적인 모빌리티이다. 또한 마스부치가 지적하듯이,[26] 이미지의 대량 생산이 상상력과 관념에 영향을 미치고, 대

되는 관용구나 정형구로, 특정 지명이나 자연물 등과 연관된 표현을 의미한다.

22) 주16)과 같은 책, p.29.

23) 片山明久, 「響け! ユーフォニアム」, 주17)과 같은 책, p.166. 김수희, 「일본고전문학과 성지순례」, 『일본어문학』 98, 일본어문학회, 2022, pp.305~322.

24) 마에다 아이(前田愛)의 저서 『都市空間のなかの文学』(筑摩書房、1982), 『近代日本の文学空間: 歴史・ことば・状況』(新曜社, 1983), 『幻景の街: 文学の都市を歩く』(岩波書店, 2006) 등에는 문학 투어리즘이라고 할 만한 내용이 가득하다.

25) 前田愛, 『都市空間のなかの文学』, p.24. 또한 이 책에서는 '허구의 "공간"임에 틀림없지만 그럼에도 불구하고 그 허구의 "공간"은 텍스트의 행을 좇는 시선의 운동이 지속되는 한 상상력의 작용에 의해 끊임없이 생기가 불어넣어진다'(pp.11~12)고 말한다.

26) 増淵敏之, 『物語を旅するひとびとⅢ: コンテンツツーリズムとしての文学巡り』, 彩流社,

중의 욕망에 맞춰 미디어가 제조하는 사실을 '의사 이벤트(疑似イベント)'[27]라고 한 요시미 슌야(吉見俊哉)의 설명과도 상당히 가깝다. 즉 여행자는 현실에 의해 이미지를 확인하는 것이 아니라 이미지에 의해 현실을 확인한다는 관점의 전환을 경험하게 되는 것이다.

이처럼 새로운 관광의 형태로 부상하고 있는 콘텐츠 투어리즘인데, 그 학술적 고찰과 연구사를 보면 역시 일본이 가장 앞서 있다. 애니메이션 성지순례로 볼 수 있는 행위가 1990년대부터 있었고, 2000년대에 들어서는 초창기의 대표적인 현상으로 일컬어지는 사이타마현(埼玉県) 와시노미야초(鷲宮町)의 〈러키☆스타(らき☆すた)〉(애니메이션은 2006년에 방영) 성지순례가 화제가 된[28] 이후, 이를 학술적으로 해명하려는 작업이 2007년 무렵부터 활발해졌다. 그리고 연구서로서 선구적으로 콘텐츠 투어리즘의 특징을 고찰해 나간 것이, 위에서 여러 번 인용한 2010년부터의 마스부치 도시유키의 시리즈 저작[29]이다.

관련 학술지로는 콘텐츠 투어리즘 학회(コンテンツツーリズム学会, The

2014, p.23.

27) 吉見俊哉, 「疑似イベント」, 『情報学辞典』, 弘文堂, 2002, p.208. 이 부분 설명에 따르면 '의사 이벤트(擬似イベント, pseudo-event)'는 미국 역사학자 부어스틴(Boorstin, D.J.)에 의한 용어라고 했다.

28) 〈러키☆스타〉 등장인물이 신사의 무녀를 하는데, 와시노미야 신사(鷲宮神社)에 2007년 12만명이던 신년 초 참배객이, 이 애니메이션에 의해 2008년에는 30만명, 2009년에는 42만명으로 급증했던 현상으로 화제가 되었다. 山村高淑, 「アニメ聖地の成立とその展開に関する研究: アニメ作品「らき☆すた」による埼玉県鷲宮町の旅客誘致に関する一考察」, 『国際広報メディア·観光学ジャーナル』 7, 2008, pp.145~164.

29) 마스부치 도시유키(増淵敏之) 관련 서적은 2010년부터 2014년까지의 시리즈, 『物語を旅するひとびとⅠ~Ⅲ』 외에도 『ローカルコンテンツと地域再生』(水曜社, 2018. この書は2023年韓国語に翻訳紹介されている), 『韓国コンテンツはなぜ世界を席巻するのか』(徳間書店, 2023) 등이 있다.

Academy of Contents Tourism)가 2011년 창립되어 2014년부터 『콘텐츠 투어리즘 학회 논문집(コンテンツツーリズム学会論文集)』[30]을 9호까지 내었으며, 홋카이도대학(北海道大学) 관광학고등연구센터(観光学高等研究センター)도 『International Journal of Contents Tourism』을 4호(2016~2019)까지 간행하여 일본어와 영어로 흥미로운 세계의 콘텐츠 투어리즘 사례를 분석하고 있다.

그리고 일반사단법인 애니메이션 투어리즘 협회(アニメツーリズム協会)는 2018년부터 『애니메이션 투어리즘 백서(アニメツーリズム白書)』를 간행해 왔는데, 특히 필자의 주목을 끈 것은 [그림 1]처럼 트위터(Twitter)에서 그 해에 인기 있었던 애니메이션 제목과 성지순례라는 내용이 들어가는 트윗 수와 공기어(共起語, Collocation)를 제시하는 코너가 있다는 점이다. 다만 공기어를 세 단어까지 제시하고 있을 뿐이고 대부분 애니메이션과 지역명뿐이어서 텍스트 마이닝까지는 이

の動向をTwitterで解析

「聖地」or「聖地巡礼」×アニメタイトル 2021年ツイート数ランキング

順位	タイトル	ツイート数	共起語1	共起語2	共起語3
1	ゆるキャン△	33,559	キャンプ	アニメ	山梨
2	ゾンビランドサガ	25,664	Snow Man	アニメ	ツアー
3	『エヴァンゲリオン』シリーズ	13,108	宇部新川駅	山口県	宇部市
4	ラブライブ!	12,538	アニメ	舞台	写真
5	スーパーカブ	9,659	アニメ	北杜市	山梨
6	ゴールデンカムイ	9,571	フォロワー	地域	圧倒
7	あの日見た花の名前を僕達はまだ知らない。	9,368	アニメ	舞台	情報
8	鬼滅の刃	8,823	アニメ	竈門神社	観光
9	ガールズ&パンツァー	7,275	アニメ	大洗町	茨城
10	バキ	6,615	地下	シリーズ3	再現

[그림 1] 트위터에서 애니메이션 성지순례와 세 공기어 제시한 코너의 예

30) 한국에 관해서는, 陸善「韓国産コンテンツによる新たなツーリズムの可能性: アニメーションとマンガを中心に」가 2018년 제5권 pp.58~69.에 수록되어 있다.

르지 못하고 있다. 이는 트위터라는 SNS의 특성 상 긴 텍스트를 얻기 어렵다는 한계가 반영된 것이지만, 분명히 배경이나 무대가 된 지역이 애니메이션 작품과 연결되어 있음은 확인할 수 있다.

또한 영국을 근거지로 하고 있는 British Association for Japanese Studies에서 간행하는 일본연구 영어 잡지 『JAPAN FORUM』도 2015년에는 콘텐츠 투어리즘 특집을 기획하여 『JAPAN FORUM Japanese Popular Culture and Contents Tourism』[31)]을 냈고 조회수가 다른 호에 비해 월등히 높은 수치를 보였다.

한국의 경우 콘텐츠 산업은 2003년 무렵부터 문화의 원형과 결부되어 사용되는 경향이 있으며, 관광 방면에서는 관광문화콘텐츠라는 말이 2010년대부터 대학의 학과명 등에 붙여지는 경우나 서명에 사용되는 현상 등이 눈에 띈다. '성지순례'라는 용어가 대중문화 콘텐츠와 손잡고 용어의 의미 변화가 이루어지는데, 이에 주목한 고찰[32)]이 2020년을 전후해 나오고 있다. 일본의 애니메이션 성지순례와 한국의 BTS 성지순례를 들어 무대 탐방이나 문화적 순례의 행동 양상의 특징을 보여준 사례가 있다. 나아가 빅데이터 분석[33)]이나 텍스트 마이

---

31) 이 잡지는 https://www.tandfonline.com/toc/rjfo20/27/1를 통해 전문을 공개하고 있다. 다만 일본에서 이루어지는 개별 사례가 주된 내용이며, 이문화 비교나 텍스트 마이닝 방법을 이용한 연구는 보이지 않는다.

32) 신광철, 「성지순례 개념의 확장성에 대한 연구: 콘텐츠 투어리즘의 사례를 중심으로」, 『종교문화연구』 32, 2019, pp.69~92. 박규태, 『현대 일본의 순례문화: 시코쿠헨로(四国遍路)에서 도호쿠오헨로(東北お遍路)까지』, 한양대학교출판부, 2020, pp.5~411.

33) Yun-A Sung·Kyung-Won Kim·Hee-Ju Kwon, Big Data Analysis of Korean Travelers' Behavior in the Post-COVID-19 Era(*Sustainability13*, 2021). Open Access링크는 https://www.mdpi.com/2071-1050/13/1/310. 이 논문에서는 Semantic Network Analysis라는 방법으로 Frequent Words와 CONCOR를 시각화해서 보이고 있는데, COVID19 이후 한국의 솔로 여행과 그룹 여행을 대조하고 있어서 관광과 데이

닝 분석을 이용해 관광 양태를 본 논고[34]도 있지만, 역시 일본과 한국의 콘텐츠 투어리즘 현황을 텍스트 마이닝으로 분석한 시도는 아직 없는 것으로 보인다.

이제 이러한 흐름을 바탕으로 일본과 한국의 상호 방문에서 콘텐츠 투어리즘의 양상을 콘텐츠 투어리즘 분석으로 비교해보고자 한다. 다만 콘텐츠 투어리즘이 개인 여행의 경우가 대부분이고 사진이나 동영상 같은 이미지 자료를 중심으로 하고 있어서 문자 텍스트의 통계 등을 선택하거나 스크래핑하기 어려웠던 점, 한국의 경우 이타에마(痛絵馬)[35]나 방문자 노트 등의 기록 문화도 발달하지 않은 점 등 완전히 동일한 위상에서의 비교에는 한계가 있는 측면도 미리 말해둘 필요가 있겠다.

따라서 대상 채널로는 어느 정도 텍스트 길이가 있는 블로그나 카페 성격의 것을 선택하고, 사진의 나열 성격이 강한 모바일 기반의 인스타그램이나 트위터 같은 SNS보다는 감상이나 희망 등 관광하는 사람의 내면을 일정 정도 읽어낼 수 있는 텍스트 기술(記述)이 얻어지도록 했다. 그리고 한국인이 일본으로 관광 갈 때는 목적지의 대중문화 콘텐츠를 애니메이션[36]으로, 일본인이 한국으로 관광 올 때는 목적

터 면에서는 시사점이 많지만, 이 글과는 방향을 달리하고 있다.

34) Oh, Yoo-Ra, 「ニュースからみるツーリズム: 韓国における日本旅行のテキストマイニング分析を中心に」, 『マス·コミュニケーション研究』 99, 2021, pp.191~207.

35) 이타에마(痛絵馬)란 일본 신사에서 기원을 적는 목판화인 에마(絵馬)에 애니메이션 캐릭터나 만화 캐릭터 등을 그려 넣은 현대적인 변형 형태를 말한다.

36) 일본 문화 콘텐츠로서의 대표성, 〈센과 치히로의 행방불명(千と千尋の神隠し)〉이후, 〈너의 이름은.(君の名は。)〉〈귀멸의 칼날(鬼滅の刃)〉, 〈슬램덩크(スラムダンク)〉, 〈스즈메의 문단속(スズメの戸締まり)〉 등 한국에서 역대 일본 애니메이션 흥행순위를 갱신하는 등 최근의 대중적 인기를 고려한 장르 선정이다.

지의 대중문화 콘텐츠를 드라마[37])로 한정했다.

먼저 한국인이 일본으로 애니메이션 성지순례를 갔거나 갈 예정인 경우, 그와 관련된 사항이 어떠한 것인지를 텍스트 마이닝으로 살펴보고자 한다.

3. 한국인 관광객의 일본 애니메이션 성지순례

1) 한국어 텍스트 마이닝의 대상과 방법

한국인 관광객이 일본으로 애니메이션 성지순례를 가는 양상을 텍스트 마이닝으로 고찰하기 위해 다음과 같은 대상과 방법으로 진행했다.

(1) 키워드

먼저, 관련 텍스트를 스크래핑하기 위해 키워드는 '일본'+'애니'+'성지순례'를 선택했다. '애니메이션'을 가리키는 한국어는 보통 '애니메이션'이지만, 그 약어로 '애니'도 널리 사용되고 있으므로 두 단

37) 한국으로의 콘텐츠 투어리즘과 관련된 서적으로 Misa,『韓ドラTrip!: ロケ地巡り完全ガイド』, 東京ニュース通信社, 2022. 韓ドラ姉妹(YU-KA·KOMAKi),『韓国ドラマ聖地巡礼: ドラマで見たあの名所を巡る』, 徳間書店, 2022. 이 두 권이 대표적이다. 우선 전자는 2005년부터 15년 이상 한국 드라마의 로케이션 장소를 다녔다는 저자가 100군데 가까운 곳을 상세히 조회하고 있다. 주로 〈사랑의 불시착(일본 제목 愛の不時着)〉과 〈이태원 클라쓰(일본 제목 梨泰院クラス)〉 두 작품에 초점을 맞추었다. 또한 후자에서도 드라마 13편을 최신 명작으로 거론하고 있지만 계속해서 이야기되는 2대 명작으로 역시 〈사랑의 불시착〉과 〈이태원 클라쓰〉를 꼽고 있다. 이 책들의 시리즈도 있어서 한국 드라마 성지순례 관련서가 최근 일본에서 지속적으로 간행되는 것을 확인할 수 있다.

어가 다 잡힐 수 있도록 '애니'를 검색어로 하였다. 그리고 일본으로 가는 행위와 관련된 키워드로는 '여행'이나 '관광'도 있지만, 그 목적이 다양해지므로 '성지순례'로 한정했다. '무대'나 '배경'이라는 단어도 일단 고려했으나, 애니메이션이라는 콘텐츠에 한정되는 명사로 보기 어려워 한국에서도 널리 사용되는 '성지순례'로 했다. 검색에서 '+'란 겹치는 조건이므로, 이 세 단어를 모두 포함하는 기사의 스크래핑을 시도한 것이다.

(2) 대상 채널

채널의 선택이 상당히 고민되는 지점이었다. 모바일 상의 SNS 이용이 많다는 것은 주지의 사실이나, 이 글의 목적 상 텍스트 마이닝, 즉 사진이나 단편적인 지명의 나열보다는 동기나 과정, 감상 등이 서술되어 있을 가능성이 훨씬 높은 기록이 필요했으므로, 한국에서 가장 이용자가 많은 NAVER와 DAUM의 블로그 및 카페를 스크래핑 대상으로 삼았다.

(3) 기간 설정

스크래핑을 언제부터 언제까지로 할 것인가 하는 기간 문제에서는 애니메이션 〈너의 이름은〉이 한국에서도 메가 히트를 기록하고, 또한 '성지순례'라는 말도 널리 퍼진 시기로 보이는 2017년 1월 1일부터 최근인 2023년 7월 31일까지로 했다. 연간 기록을 스크래핑 조건에 넣은 탓도 있고 작업 개시 시점이 2023년 8월이어서 2023년의 통년 기록이 충분히 들어갔다고는 보기 어렵다.

[그림 2-1]에서 볼 수 있듯이, 기간 설정은 2023년 7월 31일까지

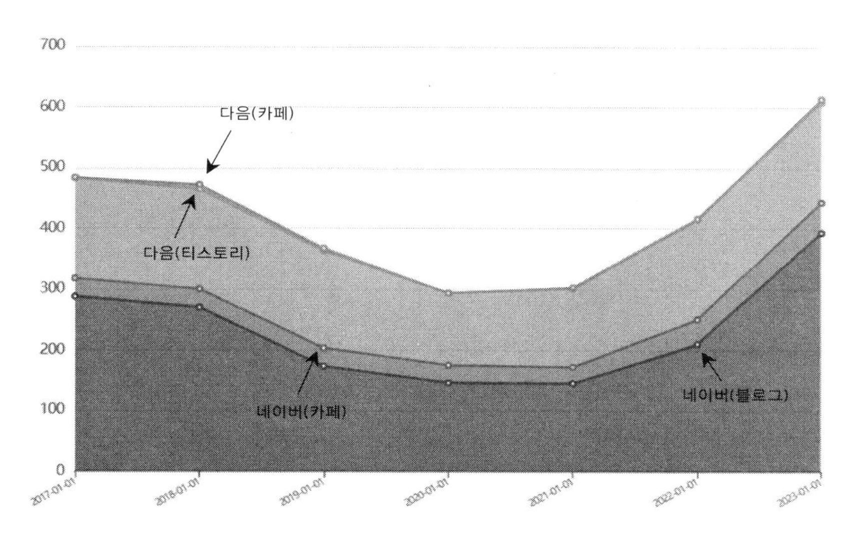

[그림 2-1] 키워드가 들어간 기사수의 시계열

이지만 그래프의 마지막이 2023년 1월 1일로 나타난다. 이 그래프는 「일본」, 「애니(アニメ)」, 「성지순례(聖地巡礼)」 키워드가 포함된 기사의 스크래핑 결과를 시계열로 제시한 것이다.

코로나19로 인해 일시적인 감소가 있었지만, 2022년부터 급격히 증가하고 있음을 알 수 있다. 또한 코로나19로 실제 한일 간 사람들의 왕래가 없었던 기간에도 수백 건을 넘는 기사가 있었다는 점에서, 이 기사들에는 일본의 애니메이션 성지 순례에 실제 다녀간 경험보다는 가고 싶은 마음이나 계획, 예정 등에 관한 내용이 상당 부분 포함되어 있음을 알 수 있다.

(4) 텍스트 마이닝 플랫폼

한국어 자료와 관련해서는 스크래핑부터 정제 작업, 즉 클리닝 작업의 반영, 그것이 완료된 데이터에 대해서는 2-gram부터 빈출도는 물론 다양한 형태로 커스터마이징하는 TEXTOM(텍스톰, 홈페이지는 https://www.textom.co.kr/) 플랫폼을 이용했다.

(5) 데이터 수

TEXTOM을 이용해 ①부터 ④까지의 설정으로 스크랩한 총 기사 수는 2,951건이었다. NAVER 블로그에서 1,628건, 카페에서 238건, DAUM 블로그에서 1,065건, 카페(T-story)에서 20건이었다. 그 결과를 보여주는 그래프가 [그림 2-2]이다.

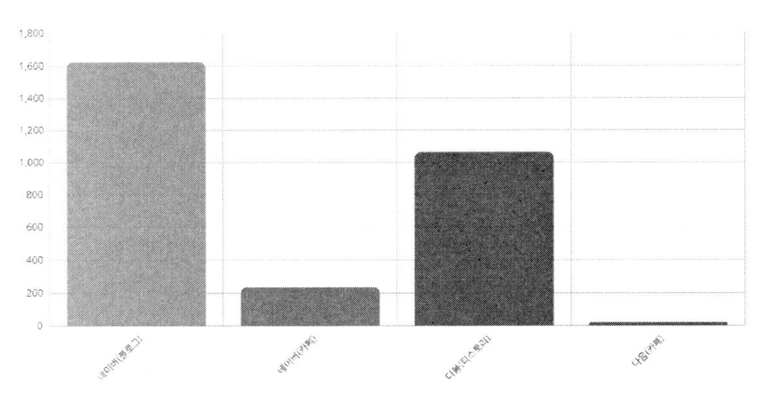

[그림 2-2] 키워드로 스크래핑한 채널별 기사수

그런데 그 모두가 일본으로 애니메이션 성지순례를 가거나 계획한 기사의 내용은 아니었으므로, 그런 기사를 제외하고 데이터 정제 대상으로 삼은 건수는 2,200건이 되었다.

(6) 분석 과정

형태소 분석기는 MeCab[38]을 선택하고, 용언은 제외, 체언을 중심으로 분석했다. 그 결과 명사 58,762개가 출력되었고, 이 단계부터는 용어의 통일, 불용어 삭제, 노이즈 처리와 같은 데이터 전처리(Data Preprocessing)를 수행했다.

2) 한국어 텍스트 마이닝의 결과

이제 그 분석의 결과를 살펴보자.

(1) Term Frequency(이하 TF로 약칭)

먼저, [그림 3]은 TF(단어 빈도)를 상위 30개로 나타낸 것이다.

같은 결과를 왼쪽에서는 막대그래프로 일본어 단어로 번역해 제시하고, 오른쪽에서는 워드 클라우드로 한국어 빈도가 글자 크기에 비례해 나타나 있다. 순서로는 1위가 여행, 2위가 도쿄, 3위가 〈너의 이름은.〉이 빈출하는 것이 눈에 띄며, 키워드나 조건 등과 조응시켜 보면 2017년 이후 한국인의 일본 콘텐츠 투어리즘에 관해서는 다음과 같은 경향을 말할 수 있을 것이다. 즉, '일본 도쿄로 여행을 가서 〈너의 이름은.〉이라는 애니메이션의 성지순례를 했거나 하고 싶어 하는' 사람이 많았던 것이다.

38) MeCab은 일본어와 한국어 형태소 분석기로, 텍스트를 의미 있는 최소 단위(형태소)로 분석하는 오픈소스 도구이다. 일본어와 한국어의 특성을 고려한 형태소 분석 알고리즘 사용하며 무엇보다 빠른 처리 속도와 높은 정확도를 제공하는 장점이 있어 이를 선택하였다.

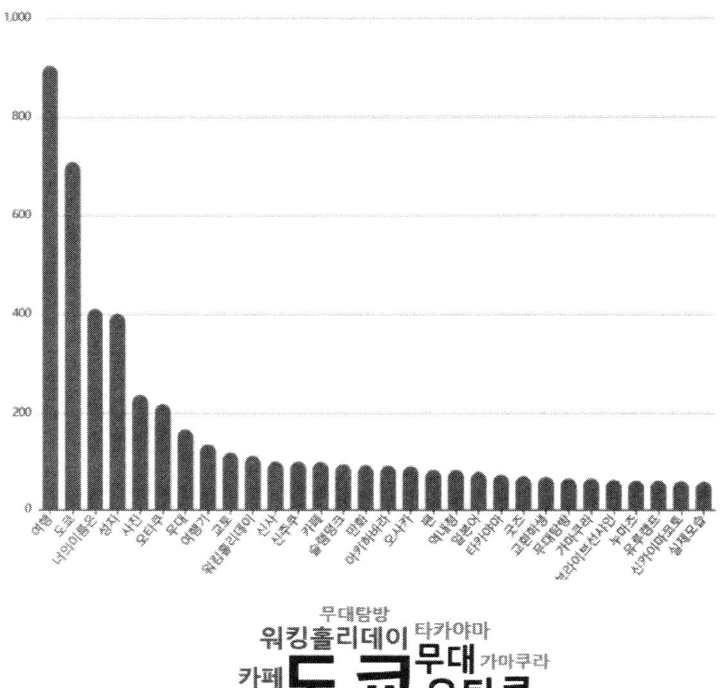

[그림 3] 한국어TF(단어 빈도)의 상위 30단어로 표시한 그래프와 워드 클라우드

일본에 체류하는 기간과 관련된 말로는 '여행',[39] '워킹홀리데이(워

39) 단기 여행에 관해서는 '○박 ○일'이라는 기재를 추출한 텍스트를 확인해 보았다. 3박이 42건, 2박이 28건, 4박이 27건, 6박이 17건, 7박이 16건, 1박이 15건 순으로 확인되었다. 기타 2주, 8박, 20일간, 한 달 등도 10건 내외의 용례가 있었다.

킹 홀리데이, 워홀 포함[40])', '교환학생'이 나와 있어, 단기 체류를 전제로 하는 여행이 가장 많기는 하지만, 반년이나 1년을 단위로 하는 '워킹홀리데이' 및 '교환학생'의 빈도가 10위, 23위로 상당히 높은 점 또한 주목된다. TF 범위를 더 넓히면 어학연수(語學硏修), 유학(留學)이라는 단어도 포함되어 들어오므로, 애니메이션 투어리즘이 일본에서의 장기 체류의 계기나 동기로 이어지는 가능성이 고려된다.

그리고 지명으로는 도쿄(東京, 동경/토쿄 포함), 교토(京都, 쿄토 포함), 신주쿠(新宿, 신쥬쿠 포함), 아키하바라(秋葉原), 오사카(大阪, 오오사카 포함), 타카야마(高山, 다카야마 포함), 가마쿠라(鎌倉, 카마쿠라 포함), 누마즈(沼津) 순서로 고빈도로 나타났다. 신주쿠와 아키하바라는 도쿄에 속하므로, 대도시를 기준으로 하면 애니메이션 성지순례와 관련도가 높은 곳은 도쿄, 교토, 오사카가 된다. 소도시 쪽의 결과가 흥미로운데, 다카야마는 히다(飛騨) 후루카와(古川)와 연결되어 〈너의 이름은.〉 관련지 순례의 요충지로 등장한다. 가마쿠라는 〈슬램덩크〉, 누마즈는 〈러브라이브! 선샤인!!〉의 성지로, TF에서 상위에 등장하는 애니메이션 작품과 조응[41])하는 것이 확인된다.

---

40) 괄호 안에 한국어가 두 가지 이상 제시된 것은 한국에서 일반적이며 비공식적으로 사용되는 일본 고유명사의 표기 및 띄어쓰기가 여러 케이스인 것을 뜻한다. 의미상 같은 사항을 나타내는 것으로 판단한 단어에 관해서는 전처리 과정에서 하나하나 통일하면서 반영하였다. 아래쪽 지명의 괄호 속 표기도 마찬가지이다.

41) 30위까지 나온 단어 중 애니메이션은 〈너의 이름은.(君の名は。)〉, 〈슬램 덩크(スラムダンク)〉, 〈역내청(俺ガイル, 풀 타이틀은〈역시 내 청춘 러브코메디는 잘못됐다(やはり俺の青春ラブコメはまちがっている))〉, 〈러브 라이브! 선샤인!!(ラブライブ！サンシャイン!!)〉, 〈유루캠프(ゆるキャンプ)〉 다섯 작품이다. 특히 〈러브 라이브! 선샤인!!〉의 전작인 〈러브 라이브!(ラブライブ！)〉의 한국 내 인기와 한국인 팬에 의한 콘텐츠 투어리즘 사례에 관해서는 張慶在, 「コンテンツツーリズムと宗教的想像力」(주18과 같은 책, pp.179~194)에 상세하다.

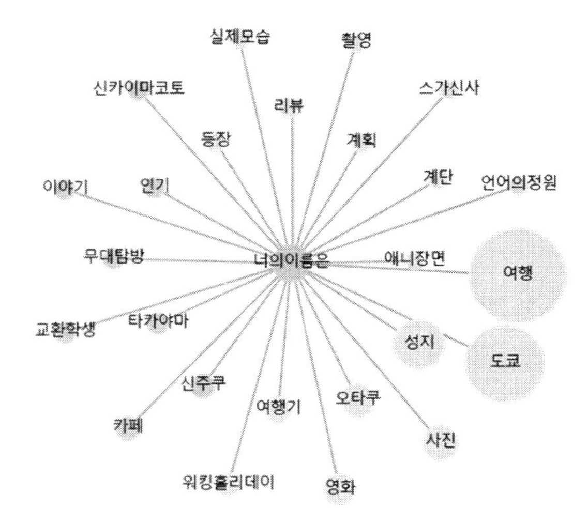

[그림 4] 〈너의 이름은.〉의 에코 네트워크

[그림 4]는 〈너의 이름은.〉을 중심에 둔 경우 어떤 연관어가 떠오르는지를 보여주는 에고 네트워크이다. 떠오르는 요소는 역시 TF 결과와 대동소이하여 도쿄 여행의 서두 또는 목적에 〈너의 이름은.〉 성지순례가 자리 잡고 있음을 알 수 있다. 그리고 이 애니메이션에서 워킹홀리데이나 교환학생 같은 장기체류도 연결되어 있는 것이 텍스트 차원에서는 분명해 보인다. TF 상위에는 없었던 신카이 마코토(新海誠)라는 이름, 감독의 다른 애니메이션인 〈언어의 정원(言の葉の庭)〉(2013)이나 스가신사(須賀神社, 정확히는 스가신사 앞 계단) 등이 〈너의 이름은〉을 중심으로 한 경우 새롭게 견인된 것도 확인할 수 있다.

또한 TF에서 주목할 만한 말은 6위의 '오타쿠'이다. 기능이나 성격으로는 18위의 '팬'과 위상이 같은 용어일 수 있지만, 한국에서 오타쿠는 일본어 발음과 한국어 발음을 겸해서 '오덕후', '덕후', '오덕'

등 다양하게 활용되고 있으며, 지금은 관련된 한국어 파생어(입덕, 성덕, 덕업일치, 덕친 등)도 실로 많아졌다. 한국인 오타쿠 청년의 에반게리온 월드 스탬프 랠리(Evangelion World Stamp Rally)[42]라는 콘텐츠 투어리즘을 소재로 한국 특유의 '오덕 문화'를 그린 장강명의 소설 『열광금지, 에바로드』에서는 한국 '토종 오타쿠'의 자의식과 '사실 이 나라(한국)에서는 젊은 세대 전체가 오덕화하고 있다'는 진단,[43] 더 나아가 '덕'이라는 말의 활용에 대해 2014년 시점에서 이미 자세히 소개[44]하고 있다. 장강명이 아직 기자와 작가를 겸업하던 시절의 소설답게 위에서 언급한 실재 다큐멘터리를 바탕으로 사실:허구=7:3의 비율로 이 소설을 탄생시켰다. 제목의 '열광금지'라는 말에 대해 작가는 '에반게리온만큼은 모에화되지 않기를 바라는 마음에서 "모에금지"라는 말을 만들어 냈는데, 이를 한국어로 어떻게 옮길지 고민하다가 "열광금지"라고 했습니다'[45]라고 술회하고 있다. 일본어 '모에(萌え)[46]'가 지난 몇 년에 걸쳐 한국에서도 일본어 발음 그대로 사용되고 있지만, 그 개념의 본질을 '열광'으로 파악하고 있는 작가와 오버랩되는 화자의 관찰안을 포착할 수 있다.

---

42) 2013년에 실제로 있었던 에반게리온 지구 일주 스탬프 랠리를 말한다. 이 랠리에서 우승한 것이 한국인 애니메이션 오타쿠 청년 두 명이었으며, 그들에 의한 런닝 타임 43분짜리 한국 로드 다큐멘터리 〈THE EVA ROAD(에바로드)〉(2013)도 있어서 한국인의 일본 애니메이션 관련 콘텐츠 투어리즘을 고찰하는 데에 참고가 된다.

43) 장강명, 『열광금지, 에바로드』, 연합뉴스, 2014, p.8.

44) 위의 책, p.9. 여기에서는 여덟 개의 한국산 오타쿠 관련어, 즉 '덕심, 덕부심, 덕질, 덕력, 덕친, 양덕, 밀덕, 탈덕'에 관해 설명하고 있는데, 현재는 여기에 더해 더 많은 한국산 오타쿠 관련 용어가 현실의 구어 속어로서 사용되고 있다.

45) 위의 책, p.272.

46) 모에(萌え)란 주로 애니메이션이나 만화의 캐릭터가 지닌 귀엽고 순수한 매력에 대해 느끼는 강한 애착과 호감을 의미하는 일본 오타쿠 문화의 용어이다.

에반게리온 월드 스탬프 랠리를 완주하고 세계 우승자가 된 다큐멘터리의 두 한국 청년과 소설의 주인공 박정현은 모두 애니메이션 세계에서 생기와 원동력을 얻고 있으며, 랠리 우승으로 자부심을 느끼고 있다. 그 자부심의 한편으로는 뭐라 표현하기 힘든 '창피하다'는 말을 내비치고 있는 점 또한 공통적인데, 이는 일본 애니메이션 오타쿠들이 팬으로서 바치는 마음의 표상 같은 이타에마(痛絵馬), 이타샤(痛車)[47]라는 말에 붙는 부끄러움을 수반한 '아프다(痛い)'는 감각과 상통하는 것으로 읽을 수 있다.

더불어 스탬프 랠리 완주자인 박정현을 앞세워 한국의 88만원 세대[48]와 무의미한 일에 의미를 부여하고 청춘을 바치는[49] 이 소설은 2014년 〈제2회 수림문학상〉 수상작이 되었다. 그때의 '에반게리온 오덕으로 살아온 IT 세대(88만원 세대)가 20대를 보내며 한 시대를 정리하는 성장소설'[50]이라는 심사평에서도, 이 소설이 일본과 한국의 오타쿠 문화를 비교대조하기에 적합한 텍스트임을 추측케 한다.

오타쿠의 행위로 인식되는 콘텐츠 투어리즘이지만, 세계 규모의 에반게리온 성지순례쯤 되고 보면 본고장인 일본인도 아니고 돈 많은 타국인도 아닌 톱 팬이라는 지위는 한국인 오타쿠가 차지한다는 이 소설에 관해서는 향후 상세한 분석의 여지가 있다.

---

47) 자동차 전체에 좋아하는 애니메이션이나 만화의 캐릭터로 래핑한 차를 말한다.

48) 2010년을 전후하여 확산된 말로 한국에서 저임금과 비정규직 고용에 따라 직업 시장을 전전할 수밖에 없었던 20대에서 30대의 청년층을 가리킨다. 2010년대 전반까지 한국의 20대가 처해진 경제적 상황을 의미하는 사회 용어로 널리 사용되었다.

49) 김미현, 「청춘의 역습과 세속화: 장강명의 청춘소설 3부작을 중심으로」, 『한국문화연구』 30, 2016, pp.67~96.

50) 수림문화재단 H.P. http://www.surimcf.or.kr/webzine_honor2_2014.html 에 따른다.

(2) 2-gram 결과

다음은 공기어의 n-gram[51)]인데, 플랫폼을 제공하는 TEXTOM이 2-gram을 도입하고 있어서, 직결되는 두 단어를 한 쌍으로 삼아 50위까지 정리해 보았다.

1	도쿄 여행	18	여행 코스	35	여행 다카야마
2	도쿄 워킹홀리데이	19	슬램덩크 성지	36	스가신사 계단
3	너의이름은 여행	20	여행 아키하바라	37	청춘 역내청
4	도쿄 여행기	21	신주쿠 공원	38	오사카 교토
5	오타쿠 교환유학	22	워킹홀리데이 도쿄	39	슬램덩크 여행
6	교환유학 생활	23	여행 사진	40	가마쿠라고교 슬램덩크
7	역내청 무대	24	일본어 공부	41	무대 도쿄
8	오타쿠 성지	25	누마즈 러브라이브선샤인	42	상품 매장
9	너의이름은 성지	26	도쿄 너의이름은	43	누마즈 여행기
10	너의이름은 도쿄	27	슬램덩크 여행	44	히다후루카와 너의이름은
11	영화 너의이름은	28	너의이름은 언어의정원	45	신카이 마코토 너의이름은
12	콜라보 카페	29	교토 여행	46	여행 신주쿠
13	실제모습 구글지도	30	도쿄 자유여행	47	여행 오사카
14	여행 계획	31	나고야 여행	48	너의이름은 워킹홀리데이
15	도쿄 신주쿠	32	너의이름은 히다후루카와	49	도쿄 일상
16	도쿄 근교	33	혼자 여행	50	청춘돼지 버니걸선배꿈
17	너의이름은 스가신사	34	가마쿠라 에노시마		

그리고 [그림 5]는 이 2-gram을 한국어 결과 그대로 시각화한 것이다. 예를 들어 1의 도쿄(東京)와 여행(旅行)이 오른쪽에서 가장 굵은

51) n-gram은 언어 처리에서 연속된 n개의 항목(단어, 음절, 문자 등)을 하나의 단위로 보는 방법이다. 이 글에서는 텍스트에서 연속된 두 개의 단위(글자, 단어, 음절 등)를 하나의 묶음으로 처리하는 언어 분석 단위인 2-gram을 사용하였다.

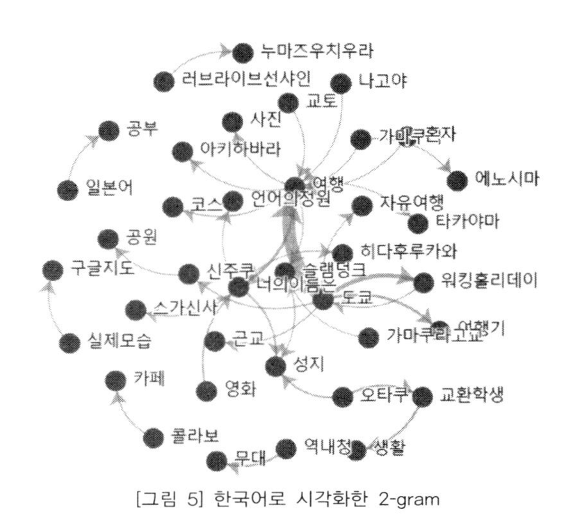

[그림 5] 한국어로 시각화한 2-gram

화살표 선으로 연결되어 있는 것처럼 그려진다. TF에서 알 수 없었던 점으로는 〈너의 이름은〉의 성지로서 히다 후루카와가 등장하는 것, 여행 형태는 "혼자"인 경우도 있으며 기본은 "자유여행"으로 "구글지도"가 그 주된 수단이 되는 것, 애니메이션과 "콜라보"하는 "카페" 방문이 많다는 것, 그리고 일본어와 공부가 결부되어 있다는 점 등을 들 수 있다.

(3) 감성 분석

마지막으로 감성 분석이다. TF와 2-gram은 MeCab을 이용해 명사를 주로 한 체언 추출이었다. 감성 분석에는 일본+애니메이션+성지순례를 키워드로 한 대상 채널에서 스크래핑한 기록의 모든 형용사가 분석 대상이 된다. 그 결과는 [그림 6]과 같다.

먼저 긍정적인 감성이 75%를 넘고 있어 24% 정도의 부정적인 감

구분	빈도(건)	감성강도비율(%)	빈도비율(%)
긍정	398 / 517	75.73 /100.0	76.98 /100.0
부정	119 / 517	24.26 /100.0	23.01 /100.0

호감(good feeling) | 기쁨(joy) | 흥미(interest)

감정분류	빈도(건)	감성강도	빈도*감성강도	빈도비율(%)
사랑스럽다	35	4	140	6.76
감성적이다	32	3.2222	103.1104	6.18
전통적	22	3.3333	73.3326	4.25
자연스럽다	15	4.5556	68.334	2.9
만족	10	2.5556	25.556	1.93
완벽하다	8	2.8889	23.1112	1.54
화사하다	8	2.2222	17.7776	1.54
완전하다	6	2.7778	16.6668	1.16
강추	6	3.1111	18.6666	1.16
정확하다	6	3.7778	22.6668	1.16

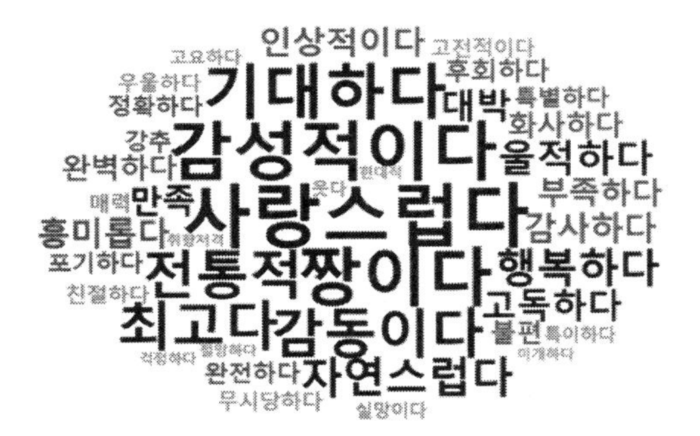

[그림 6] 한국인의 일본 애니메이션 성지순례 관련 기사의 감성분석 결과(아래는 워드클라우드)

성보다 훨씬 높다는 것을 알 수 있다. 그 출현 빈도가 가장 높은 형용사는 '사랑스럽다'이며, '감성적이다', '전통적이다', '자연스럽다', '만족', '완벽하다' 등 긍정적인 형용사가 많다. 부정적으로 파악되는 형용사는 예를 들어 '우울하다', '고독하다', '불편하다' 등인데, 자세히 살펴보면 '부족하다' 이외에는 가치 판단하기에 결정적인 부정적 평가는 그리 많지 않음을 알 수 있다. 물론 일본에 애니메이션 성지순례를 다녀왔거나 갈 계획을 하고 있는 한국인에게는 긍정적인 감성이 압도적으로 높다. 즉, 일본으로의 애니메이션 성지순례에 관해서는 대체로 기대와 만족감을 나타낸다고 할 수 있다.

4. 일본인 관광객의 한국 드라마 로케이션 방문

1) 일본어 텍스트 마이닝에서의 대상과 방법

일본인 관광객이 한국으로 드라마의 로케이션에 성지순례를 하는 양상을 텍스트 마이닝으로 고찰하기 위해 다음과 같은 대상과 방법으로 진행했다.

(1) 키워드

관련 텍스트를 스크래핑하기 위해 키워드는 '韓'+'ドラ'+'ロケ地', 즉 한국과 드라마, 로케이션지로 했다. 일본에서 한국 드라마는 '한국 드라마(韓国ドラマ)'나 '한류 드라(韓流ドラマ)마', 약칭으로 '한드라(韓ドラ)'라고도 불리므로 공통되는 '韓'과 'ドラ'를 넣었다. 또한 성지순례라는 말이 드라마에도 극히 최근 사용되는 경우가 있지만, 촬영지나 배경이 된 곳을 'ロケ地'라고 칭하는 경우나 'ロケ地巡り' 또는 'ロケ地'를 '巡る·巡った'라는 표현이 두드러져서 '韓', 'ドラ', 'ロケ地'라는 세 단어를 모두 포함하고 있는 기사의 스크래핑을 시도했다.

(2) 대상 채널

한국의 경우와 비교하기 위해 채널은 블로그나 카페의 성격을 지닌 것으로 했다. 한국의 NAVER와 DAUM의 블로그와 카페와 똑같다고 할 수는 없지만, 블로그로서는 일본에서 일반적으로 가장 널리 알려지고 사용되는 AMEBA 블로그, 그리고 분야별로 관심사가 모이는 NOTE를 스크래핑 대상으로 하고,[52] 각각 Python으로 코드를 만들어 스크래핑했다.

(3) 기간 설정

이것도 한국의 케이스와 비교하기 위해 2017년 1월 1일부터 2023년 7월 31일까지로 했다. 다만 일본어 텍스트 마이닝을 위한 플랫폼이 달라서 시계열로 기사의 양에 접근할 수는 없었다.

(4) 텍스트 마이닝 플랫폼

일본어 자료와 관련해서는 스크래핑부터 정제 작업, 즉 클리닝 작업의 반영 등에는 텍스트 마이닝 분석 툴인 KHcoder를 이용했다.

(5) 데이터 수

Python 코드를 이용해 ①부터 ④까지의 설정으로 스크랩한 총 기사는 1,475건이며, AMEBA 블로그(ameblo.jp)에서 1,083건, NOTE(note.com)에서 392건이었다. 다만 각각 제목과 내용을 따로 갖고 있어서 Excel을 이용해 제목과 기사 내용을 합치는 과정이 필요했는데, 그 결과 엄밀히는 1,475×2(제목·썸네일과 기사 내용이 서로 상응하므로)=2,950건을 분석한 셈이 된다.

52) AMEBA 블로그는 일본의 인플루언서들이 주로 사용하는 대중적인 블로그 플랫폼이고, NOTE는 창작자들이 고품질 콘텐츠를 발행하고 수익화할 수 있는 미디엄 스타일의 글쓰기 플랫폼이라 선택하였다.

(6) 분석 과정

KHcoder에서 형태소 분석기는 MeCab을 선택하고, 불용어 삭제와 노이즈 처리를 위해 데이터 전처리(Data Preprocessing)를 수행했으며, 동시 출현 네트워크 분석을 실행했다.

2) 일본어 텍스트 마이닝 결과

KHcoder로 형태소 분석을 해 나가면서 불용어 제외와 복합어 등록, 그것을 반영할 때마다 데이터 전처리(Data Preprocessing)를 반복해야 했다. 이하 그 결과를 살펴보자.

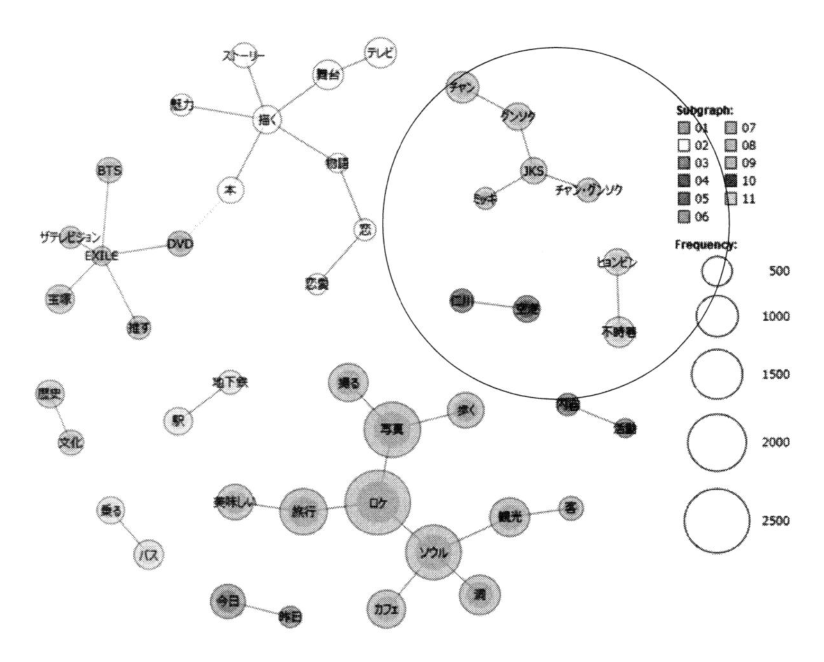

[그림 7] 데이터 작업의 초기 단계

먼저 [그림 7]은 처리의 초기 단계 자료인데, 이른 단계에서 등장하는 한류 드라마와 로케이션에 대한 호기심 또는 경험을 촉발한 인물로 장근석이 보인다는 것을 알 수 있다. 정제해 나가는 가운데 현빈과 〈사랑의 불시착〉 관련 동시 출현 네트워크가 점점 강해지긴 하지만, 처음부터 장근석·JKS 등 장근석을 가리키는 말이 진작 클러스터를 형성하며 나온 것은 확실하다. 한류의 대표적인 배우로서 일본에서는 장근석이라는 배우의 존재가 얼마나 큰지 짐작할 수 있는 장면은 〈미끼(ミッキ)〉[53]라는 연관어의 등장에서도 엿볼 수 있다. 왜냐하면 〈미끼〉라는 드라마는 한국에서는 거의 화제가 되지 않은 채 지나가 버렸기 때문이다.

드라마로서 상당한 빈도를 보이며 등장하는 것이 〈사랑의 불시착〉[54]이다. 2019년 12월 14일부터 2020년 2월 16일까지 tvN에서 방영되었는데, 20%를 넘는 시청률로 COVID19가 심각해지는 가운데 대인기를 끈 드라마다. 일본에서도 2020년 2월 23일부터 NETFLIX에서 배급되어 소재부터 캐릭터에 이르기까지 대단한 화제를 불러일으키고 있으며, 세계적으로도 히트한 드라마가 되었다. 장근석은 물론이고 〈사랑의 불시착〉도 남자주인공인 현빈이 공기어로 나오는 것으로 보아 한국 드라마의 로케이션 순례에는 여성의 비율이 높은 것으로 추측할 수 있다.

[그림 8]과 같이 데이터 전처리를 좀 더 진행해 가는 내에 나타난

53) 〈미끼(ミッキ)〉는 2023년 1월 27일부터 4월 7일까지 쿠팡 플레이에서 공개한 웹드라마인데, 일본에서는 〈미끼〉라는 한국어 발음을 살린 상태로 표기하였다.

54) 〈불시착〉이라고 나온 경우도 원문 확인 결과 예외 없이 드라마 〈사랑의 불시착〉을 가리키고 있는 것을 확인하였다.

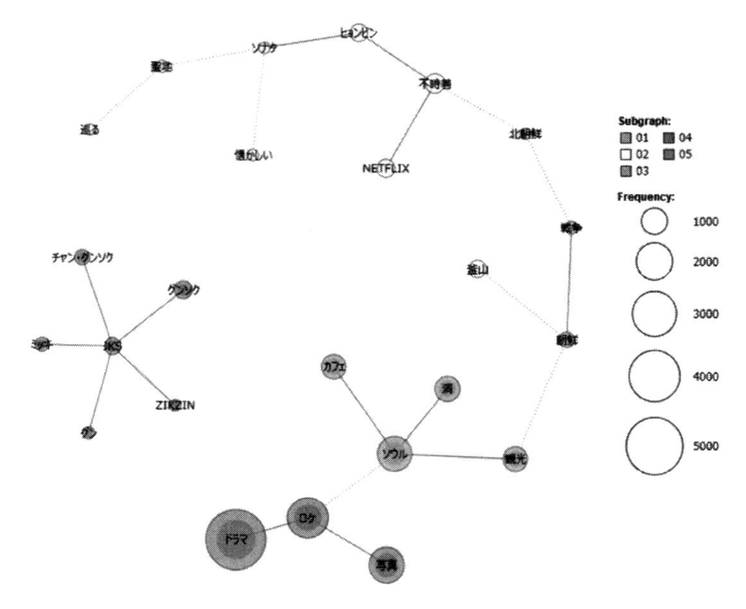

[그림 8] 데이터 작업의 중기 단계

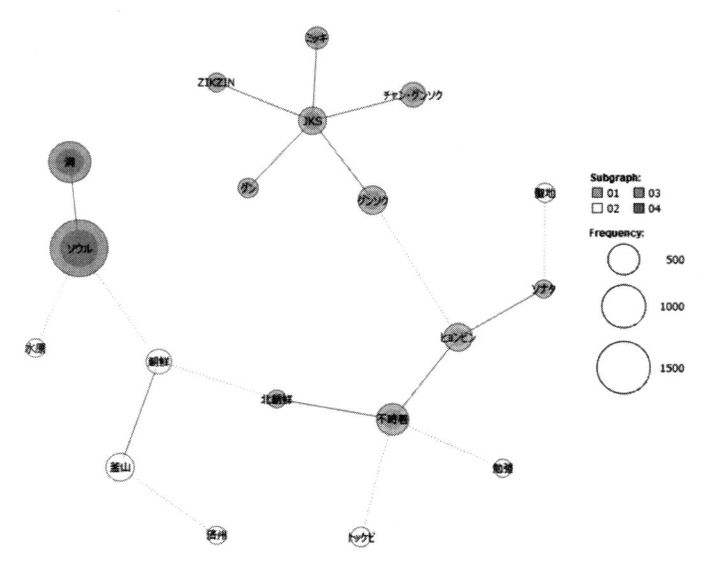

[그림 9] 데이터 작업의 후기 단계

변화로는 먼저 〈사랑의 불시착〉에서 〈겨울연가〉를 연상하는 경우가 많다는 점이다. '소나타'는 음악 장르로도, 한국 자동차 브랜드로도 있을 수 있지만, 원문 텍스트를 확인해 본 바로는 [그림 10]에서 보이는 것처럼 모든 용례가 드라마 〈겨울연가〉임이 확인되었다. 지금 현재의 한류 붐을 4.0이라고 칭하기도 하지만, 2004년을 정점으로 한류 붐을 이끈 〈겨울연가〉를 이 드라마에서 연상하고 있음을 읽을 수 있다. 장소는 압도적으로 서울이 많긴 하지만, 제2의 도시인 부산이 〈사랑의 불시착〉의 연결 위에서 등장하고 있는 것도 확인할 수 있다.

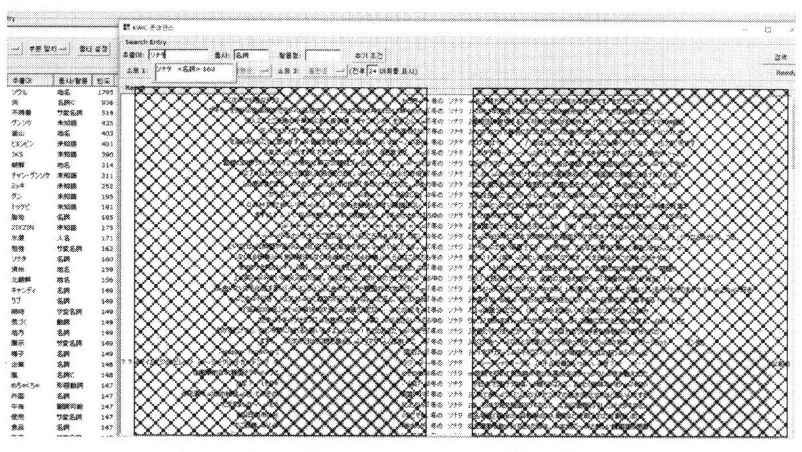

[그림 10] 등장하는 '소나타(ソナタ)' 원문 확인 장면

또다시 데이터 전처리를 반복했는데, [그림 9]에서 알 수 있듯이 로케이션 순례와 관련성이 높은 한국 드라마는 〈사랑의 불시착〉에 이어 〈도깨비〉[55]라는 것이 밝혀졌다.[56] 한국 전통적인 귀신류로서의 불

55) 2016년 12월 2일부터 2017년 1월 21일까지 16부작 시리즈로 tvN에서 방송된 드라마

멸의 존재인 '도깨비'와 '저승사자', '삼신할매'와 같은 한국 특유의 민간신앙적인 존재를 세련된 연출법으로 그려내어, 지상파 방송이 아니었음에도 시청률이 20%를 넘은 인기 드라마였다. 한국에서도 콘텐츠 투어리즘과 결부되어, 한국 국내는 물론 해외 로케이션인 캐나다 퀘벡은 한국인이 동경하는 관광지로서 2017년 시점에서 상당히 화제[57]가 되었다.

또한 앞서 언급한 것처럼 한국어에서 '공부'라는 말은 '일본어'만 결부된 현상을 보이지만, 일본인에 의한 한국 드라마 로케이션 순례에서는 [그림 11]에서 보이는 것처럼 '공부(勉強)'가 한국어나 한글뿐만 아니라 조선사, 조선의 역사, 당쟁의 역사, 조선의 근세사와 같이 한국의 역사나 드라마의 배경, 문화에 이르는 것까지 연결되어 있다. 커뮤니케이션의 기본 수단인 언어, 즉 어학에 대한 관심이 가장 많긴 하지만 한국의 역사나 문화 등에도 관심이 쏠리고 있다는 것이 일본어 데이터에서 읽어낼 수 있는 특징이라고도 할 수 있다. 이는 20년 전 〈겨울연가〉를 연상할 수 있는 일본인의 연령층과 일본 애니메이션에 흥미를 갖고 여행을 염두에 두는 한국인의 연령층 차이에서 오는 '공부'의 대상 차이로 간주할 수 있다.

그리고 드라마의 로케이션과 관련된 장소로는 서울과 부산에 이어

이다.

56) 이른 단계에서 '이(梨)'라는 단독 글자가 등장하는데, 이화여자대학교나 먹는 과일로서의 '배'를 가리키는 노이즈로 판단하여 불용어(不用語)로 삭제 처리했다. 그래서인지 다른 이유 때문인지는 알 수 없지만 〈이태원 클라쓰〉는 아직 등장하지 않는다.

57) 예를 들어 2017년 봄 〈도깨비〉가 방영된 직후 퀘벡으로의 항공권 검색이 한국 국내에서 850%나 증가했다는 기사가 나왔다. 「'도깨비' 방영 후 퀘백 항공권 검색 850% 늘어」(『이데일리』, 2017.3.4.) https://www.edaily.co.kr/news/read?newsId=01272646615860040&mediaCodeNo=257&OutLnkChk=Y)

수원과 제주가 등장하고 있음이 확인된다. 그러나 빈도를 나타내는 단어의 원의 크기로 판단하면 서울 집중 현상이 두드러진다.

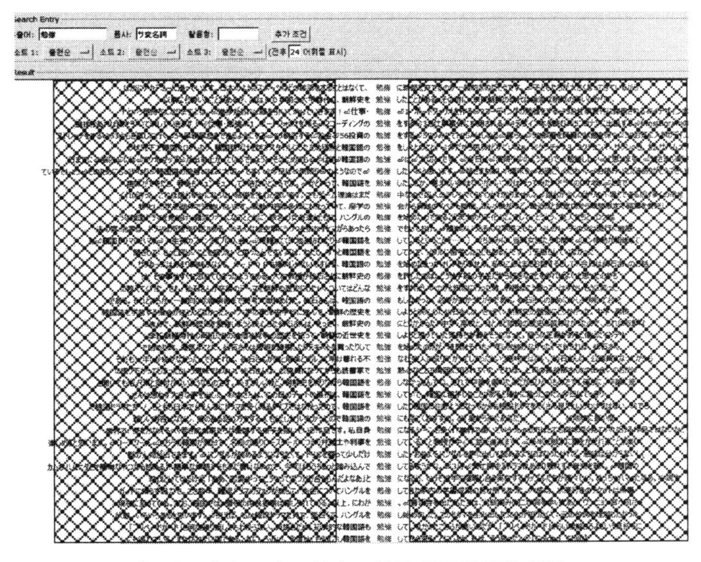

[그림 11] '공부(勉強)'가 포함된 원문의 확인 장면

5. 향후의 과제

이상의 내용을 요약하면, 우선 한국인에 의한 일본 애니메이션 성지순례는 감정분석에서 압도적으로 긍정적인 경향을 보이고 있으며, 워킹홀리데이나 교환학생과 같은 장기체류에 대한 의지가 보이고, 성별과 관련해서는 특정할 수 없지만 애니메이션이라는 대중문화에 익숙한 젊은 세대가 주도하고 있다는 점 등을 들 수 있다.

이와는 대조적으로 일본인에 의한 한국 드라마 로케이션 순례에서는 단기 여행 행동이 주가 되며, 장기체류를 암시하는 말은 공기어로 등장하지 않는다는 것을 지적할 수 있다. 즉, 독신으로 장기 이동이 자유롭지 않은 일정 연령 이상의(사회인이거나 주부로서 〈겨울연가〉 세대까지 거슬러 올라갈 수 있는 범주) 여성들이 주도하고 있다고 판단해도 좋을 듯하다. 이는 양쪽에서 빈도가 높은 공기어로 등장하는 '공부'라는 말이 한국어에서는 일본어라는 언어 공부에 국한되어 있는 것에 반해, 일본어의 경우 '공부'가 한국어, 한국 문화, 한국(조선) 역사, 한국의 습관 등을 대상으로 하고 있는 것과도 연결된다.

또한 지명의 출현 양상에서 보면, 일본에서는 도쿄가 가장 많은 것은 확실하지만, 오사카나 교토 같은 대도시와 함께 지방의 소도시도 애니메이션 관련해서 나오는 특징이 보이는데, 이는 지역재생과 애니메이션의 협력이 부상하고 있는 증거라고 할 수 있으며, 한국의 서울 집중 경향이 두드러진 것과 대조적이다.

한국어 텍스트와 일본어 텍스트를 같은 분석 툴에서 사용할 수 없어서 TEXTOM과 KHcoder라는 다른 플랫폼에서 작업했다는 한계가 있다. 다만, 한일 상호 방문이 성행했던 계기의 콘텐츠(일본의 애니메이션, 한국의 드라마)와 여행 행동을 연계시켜서 대중문화 콘텐츠를 둘러싼 성지순례가 유행하기 시작한 기간의 범주를 같이 설정하고, 채널의 성격을 가능한 한 맞추어 텍스트를 수집하고자 노력했다.

글로벌 디자인호텔 네트워크인 디자인호텔즈[58]에서는 프로마드

58) 독일 기반으로 시작하여 2019년 6월 기준 315군데의 호텔이 가입했는데, 신청하는 호텔의 단 5%만이 가입할 수 있는 호텔 그룹이다. 김다영, 『여행의 미래: 밀레니얼의 여행은 어떻게 달라질 것인가?』, 미래의창, 2020, p.150.

(Promad), 즉 급진적인 유목민(Progressive Nomad)의 출현을 예측하고 있다. 프로마드는 '어디서', '무엇을' 하고 싶은지보다 '왜', '어떻게' 여행할지를 고려하는 새로운 여행자를 의미[59]하는데, COVID19를 거쳐[60] '핵' 개인 시대로 돌입하는 향후에 개인의 목적성이 강화된 콘텐츠 투어리즘은 프로마드의 여행과 밀접하게 연결되지 않을까 추측할 수 있다. 또한 지금의 투어리즘에서는 사회, 타자, 모빌리티, 리스크, 디지털 기술, 환대, 게스트/호스트론, 로컬리티, 퍼포먼스 등을 공통의 키워드로 삼을 수 있다[61]고도 하였다.

한국에서는 2023년 5월 11일에 COVID19의 엔데믹 선언이 있었고, 2024년에는 엔저(円安) 현상에 힘입어 한국인의 일본 방문은 또다시 유의미한 수치를 기록하고 있다. 하드 파워라 할 수 있는 경제, 정치적 이슈에 영향을 받지 않을 수는 없지만, 문화 콘텐츠라는 소프트 파워가 인적 이동과 자본의 유동을 초래하는 현상을 '콘텐츠 투어리즘'에 근거하여 살펴보았다. 이야기와 캐릭터, 예술과 게임의 세계에 이끌린 '성지순례'의 양상이 텍스트 마이닝을 통해 한일 간 미묘하게 차이점을 드러내는 상대적 면모도 확인할 수 있었다. 향후 한일 상호간, 나아가 동아시아로 시야를 넓힌 콘텐츠 투어리즘의 변모 및 글로벌한 투어리즘의 양상 등 콘텐츠가 초래하는 이동의 의미와 대중문화

---

59) https://www.designhotels.com/culture/design/introducing-the-promadic-traveler/과 https://www.designhotels.com/culture/design/what-the-promadic-traveler-wants/ (검색일: 2024.11.30)

60) 遠藤英樹, 「はじめに」, 『アフターコロナの観光学: COVID-19以後の「新しい観光様式」』, 新曜社, 2021. pp.4~6. 이 책에서는 코로나 이후 관광으로 손에 넣을 수 있는 인간사회의 필수불가결한 '이동의 자유', '모일 자유', '놀 자유'가 재부상한다고 보았다.

61) 遠藤英樹, 「1章「歓待を贈与する観光」へのディアレクティーク」, 위의 책, p.21.

콘텐츠가 우리 삶에 끼치는 영향 등에 관해서 지속적으로 고찰하는 것도 흥미로운 작업이 될 것이다.

이 글은「日韓相互コンテンツ・ツーリズムの比較研究 ―― テキストマイニングを用いて」,『跨境・日本語文学研究』17, 高麗大学校グローバル日本研究院, 2023, pp.103~126를 본서의 취지에 맞추어 한국어로 옮기고 가필 수정한 것이다.

제6장

텍스트 마이닝으로 보는 한국인의 〈슬램덩크〉 콘텐츠 투어리즘 소비 양상

빈도수, N-gram, CONCOR 분석을 중심으로

이연우 · 유하영 · 허은지 · 류정훈

1. 서론

짧은 비행 거리와 거부감 없는 비슷한 환경을 이유로 한국인의 일본 여행에 대한 수요는 이전부터 꾸준히 존재해 왔다. 특히 코로나19 팬데믹 이후 해외여행의 수요와 더불어 엔저 현상이 나타나며 일본 여행에 수요가 몰렸다.[1)2)] 이외에도 코로나19 팬데믹 기간 동안 외부 활동이 줄어들며 OTT 서비스의 이용이 활성화되었다. 여기서 OTT 서비스란 온라인 동영상 서비스를 의미하는 Over-The-Top의 줄임말로 톱(top)은 TV의 셋톱 박스(set-top box)를 의미한다.[3)] 특히 OTT

1) 박재하, 「올해 일본 방문 여행객 4년 만에 2000만 돌파 … 한국인이 28% 최다」, news1, 2023.12.21. https://www.news1.kr/articles/5268583(검색일: 2023.12.29)

2) 안세희, 「일본여행 호황에 에어부산 부산~오사카 노선 역대 최고 실적」, 국제신문, 2023.12.13. https://www.kookje.co.kr/news2011/asp/newsbody.asp?code=0200&key=20231213.990990043330(검색일: 2023.12.29)

3) 정보통신용어사전, 「온라인 동영상 서비스, Over-The-Top, OTT」, http://terms.tta.

서비스의 증가로 일본 애니메이션의 해외 시장이 성장하면서 한국 대중들에게도 일본 애니메이션이 보급되었다.[4] 일본 여행 수요의 증가와 일본 애니메이션의 보급은 한국인 일본 관광객으로 하여금 여행에 애니메이션이라는 요소를 접목하도록 하는 계기가 되었으며, 이에 따라 콘텐츠 투어리즘에 대한 관심도가 높아졌음을 추측할 수 있다.

'콘텐츠 투어리즘(コンテンツツーリズム)'은 2005년에 국토교통성 총합정책국 관광지역진흥과와 경제산업성 상무정보정책국 문화정보관련산업과, 문화청 문화부 예술문화과가 발표한 〈영상 등 콘텐츠의 제작과 활용에 의한 지역진흥 방식에 관한 조사(映像等コンテンツの制作·活用による地域振興のあり方に関する調査)〉에서 '지역과 관련된 영화, TV 드라마, 소설, 만화, 게임 등과 같은 콘텐츠를 활용하여 관광과 관련 산업의 진흥을 의도한 투어리즘'을 의미하는 단어로 처음 사용되었다.[5] 본 연구에서는 콘텐츠 투어리즘의 의미를 '영화나 드라마, 애니메이션, 문학, 노래 등 콘텐츠의 배경이 된 장소를 찾아다니는 투어리즘'으로 정의하여 연구를 진행한다. 콘텐츠의 배경을 찾아다니는 콘텐츠 투어리즘은 특정 콘텐츠의 팬덤이 신격화시킨 대상인 콘텐츠 속 성지를 찾아가고 감동하는 행위로서 순례를 하며 콘텐츠에 대한 애정과 관심이 적극적으로 표현한다는 의미로 성지순례라고도 불린다.[6][7] 이러한 점을 감안하여 본 연구에서는 콘텐츠 투어리즘과 성지

or.kr/dictionary/dictionaryView.do?word_seq=051465-3

4) 한국콘텐츠진흥원, 「일본 애니메이션 산업 동향」, 한국콘텐츠진흥원, 2022, pp.5~6.

5) 国土交通省総合政策局観光地域振興課, 経済産業省商務情報政策局文化情報関連産業課, 文化庁文化部芸術文化課, 「映像等コンテンツの制作·活用による地域振興のあり方に関する調査」, 国土交通省, 2005.

6) 김민정, 「'토크 노마드-아낌없이 주도록' '성지 순례중' 가마쿠라행 나선 노마드 멤버

순례를 같은 단어로 간주해서 사용한다.

애니메이션 〈슬램덩크〉는 콘텐츠 투어리즘과 관련하여 다른 작품에 비해 압도적인 인지도를 가지고 있다. [그림 1]은 텍스트 마이닝 프로그램인 텍스톰(TEXTOM)[8]을 통해 2023년 네이버 블로그 데이터를 "성지순례 +일본 -골프 -유적지 -천주교 -기독교 -순례길 -순교자"[9]를 키워드로 데이터 수집한 결과이다.

[그림 1] 2023년 "성지순례+일본-골프-유적지 -천주교-기독교-순례길-순교자" 워드클라우드

전체 결과에서 수집 키워드인 '성지순례', '일본'을 제외하고 결과의 단어 빈도를 나타내는 워드클라우드를 확인하면 '여행', '일', '도쿄' 순으로 많이 언급되는 것을 확인할 수 있다. 콘텐츠 투어리즘과

들!」, imbc연예, 2018.10.27. https://enews.imbc.com/News/RetrieveNewsInfo/246269(검색일: 2023.12.29)

7) 신효령, 「슬램덩크 성지 됐다는데... 배경지역 어디?」, newsis, 2023.03.05. https://www.newsis.com/view/?id=NISX20230305_0002214339&cID=10701&pID=10700(검색일: 2023.12.29)

8) 텍스톰(Textom)은 데이터 수집부터 네트워크 형성까지 텍스트 마이닝의 전반적 작업을 가능하게 하는 온라인 서비스를 의미한다. 이하 텍스톰.

9) 텍스톰에서 키워드를 설정하여 데이터를 수집할 때, +함수는 해당 키워드를 포함한, -함수는 해당 키워드가 포함되지 않은 글을 수집한다. 위 키워드는 일본의 성지순례를 수집하되 콘텐츠 투어리즘과 관련 없는 성지순례를 배제하기 위해 종교와 여가생활과 관련된 키워드를 배제하였다.

함께 언급되는 작품의 이름은 〈슬램덩크〉와 〈너의 이름은.〉이 확인된다. 하지만 언급량에서 '슬램덩크'는 439건, '너의이름은'은 316건으로 차이를 보인다. 이를 통하여 2023년에 언급된 네이버 블로그의 성지순례 글에서 가장 많이 언급된 작품이 슬램덩크임을 알 수 있다. 이와 더불어 〈슬램덩크〉의 만화가 1990~1996년 연재작이고, 애니메이션이 1993~1996년 방영작으로 상당히 오래전 작품임에도 과거부터 꾸준히 인기가 높으며, 한국 기준으로 2023년 1월 영화 〈더 퍼스트 슬램덩크〉가 개봉하는 등 오래 사랑받고 새로운 콘텐츠가 제공된 작품이기에 성지순례와 관련하여 인지도와 정보량이 많은 작품이라고 판단하였다.

이와 같은 결과를 이유로 본 논문에서는 한국인이 소비하는 콘텐츠 투어리즘의 현황을 〈슬램덩크〉라는 작품을 중심으로 확인하고 나아가 한국인이 '슬램덩크 성지순례'를 소비하는 이유에 관해 확인하고자 한다. 따라서 본 논문은 네이버 블로그를 대상으로 2008~2023년도를 3개의 그룹으로 구분하고 애니메이션 〈슬램덩크〉의 성지순례를 텍스트 마이닝하여 한국인이 소비하는 콘텐츠 투어리즘의 현황을 확인하는 것을 목적으로 한다.

2. 선행연구

마키코 스즈키, 부백, 유창석(2019)는 온라인 설문조사를 통해 일본 애니메이션의 시청 경험이 일본 방문 의도 형성에 미치는 영향을 확인했다. 조사 결과, 일본 애니메이션의 시청 만족도가 일본의 국가

이미지와 방문 의도에 긍정적인 영향을 끼친다는 것을 확인했다.[10)]

정수희, 이병민(2020)은 콘텐츠 투어리즘이 SNS와 다양한 플랫폼의 발달 등을 이유로 단순히 미디어에 노출된 이미지를 소비하는 미디어 관광에서 작품에 대한 애정과 경외심을 기반으로 작품의 근원을 찾아 이를 향유하는 콘텐츠 관광으로 변화하는 흐름을 밝혔다. 이와 더불어 콘텐츠 투어리즘의 구성 요소를 확인하며 한국의 콘텐츠 시장에 적합한 콘텐츠 투어리즘의 전략을 제안하였다.[11)]

박문경, 김재범(2023)은 탐색적 단일사례연구 방법을 통하여 〈슬램덩크〉의 출판만화와 극장 애니메이션의 인기 요인과 현지 적응화를 각각 분석하였다. 그 결과, 〈슬램덩크〉의 출판만화는 공감할 수 있는 보편적인 서사와 현지화된 번역 텍스트가, 극장 애니메이션은 만화와 차별화된 시청각 요소와 현지화된 번역과 다양한 소구 정책이 국내에서의 성공 요인으로 작용하였음을 밝혔다. 특히 극장 애니메이션의 섬세한 배경 묘사가 관람객들로 하여금 원작의 배경을 다시 찾아보는 유인을 제공하고, 나아가 모티브가 된 지역인 가마쿠라(鎌倉)가 성지 순례지로 자리잡게 된 맥락을 제시하였다.[12)]

량 위야오(Liang yuyao)(2023)은 중국의 소셜네트워크인 마펑워(马蜂窝)에 게재된 개인의 가마쿠라 기행문의 텍스트 데이터 마이닝을

10) 마키코 스즈키(Makiko Suzuki), 부백(Poe Baek), 유창석, 「일본 애니메이션이 한국인의 일본 국가이미지와 일본 방문의도에 미치는 영향: 콘텐츠 투어리즘을 중심으로」, 『한국콘텐츠학회 2019 춘계종합학술대회』 5, 한국콘텐츠학회, 2019, pp.213~214.

11) 정수희·이병민, 「콘텐츠 투어리즘의 구성요소와 한국형 모델 연구」, 『문화콘텐츠연구』 18, 건국대학교 글로컬문화전략연구소, 2020, pp.209~249.

12) 박문경·김재범, 「문화상품의 현지 적응화 전략에 관한 탐색적 연구: 〈슬램덩크〉 사례를 중심으로」, 『문화경제연구』 26, 한국문화경제학회, 2023, pp.67~86.

통해 관광객들이 가지고 있는 가마쿠라의 이미지를 조사했다. 조사 결과, 중국인 관광객들이 슬램덩크 오프닝의 배경에 나오는 가마쿠라코코마에(鎌倉高校前)역의 에노덴(江ノ電, 에노시마의 전철선) 건널목을 가마쿠라의 이미지로 받아들이고 있다는 것을 명백히 밝혔다. 이와 더불어 코로나로 인해 해외여행이 불가능한 시기에 슬램덩크로 특화된 가마쿠라의 이미지를 구성하는 요소를 해체하고 파편화하여 중국 내에 가마쿠라의 이미지와 비슷한 '소가마쿠라(小鎌倉)'를 만들어 가마쿠라의 이미지를 소비하고 있는 것을 텍스트 마이닝을 통해 확인했다.[13)]

류 시천(Liu Xichen)(2020)은 사전 필드워크, 문헌조사, 설문조사를 통해 중국인을 대상으로 한 슬램덩크 성지순례의 인기 요인에 청춘이라는 작품의 이미지가 큰 영향력을 끼치고 있는 것을 확인했다. 이와 함께 중국인 관광객에게 슬램덩크 성지라고 여겨지는 '가마쿠라코코마에역의 건널목'이 가지고 있는 쇼난(湘南)의 특징적이고 아름다운 경치를 볼 수 있다는 시각적 이점과 유명 관광지인 에노시마(江之島)와 가마쿠라 중간에 자리 잡고 있다는 지리적 이점, 중국에서는 볼 수 없는 이국적인 건널목이라는 문화적 이점을 통해 중국인 관광객의 슬램덩크 성지순례가 활성화되었다고 질적 연구 방법을 통해 결론지었다.[14)]

13) 량 위야오(LIANG Yuyao), 「中国人観光者によって構築される観光地イメージ: メディア作品『スラムダンク』に誘発される「鎌倉旅」を事例に」, 『立命館大学人文科学研究所紀要』 134, 立命館大学人文科学研究所, 2023, pp.47~94.

14) 류 시천(Liu Xichen), 「聖地巡礼による中国人観光客の動向に関する一考察: 『SLAM DUNK』の分析を通して」, 『コンテンツツーリズム学会論文集』 7, コンテンツツーリズム学会, 2020, pp.12~22.

이처럼 콘텐츠 투어리즘에 관한 선행연구는 단일 작품보다는 콘텐츠 투어리즘 자체의 개념에 대해서 다뤘으며, 〈슬램덩크〉에 관한 연구는 작품 그 자체의 인기 요인에 대한 연구가 이뤄졌음을 확인했다. 이와 더불어 중국인의 〈슬램덩크〉 콘텐츠 투어리즘 소비 양상에 대한 질적연구와 텍스트 마이닝을 통한 지역 이미지 연구는 확인할 수 있었으나, 한국인을 대상으로 진행한 연구를 확인할 수 없었다. 따라서 본 연구에서는 〈슬램덩크〉라는 단일 작품에 집중하여 텍스트 마이닝을 기반으로 한국인이 해당 작품의 콘텐츠 투어리즘 소비하는 양상과 그 흐름을 텍스트 마이닝의 방법인 빈도수, N-gram, CONCOR 분석을 통해 확인하고자 한다.

3. 연구방법

1) 수집 대상과 기간 설정

한국인이 〈슬램덩크〉 콘텐츠 투어리즘을 소비해 온 방식의 통시적인 흐름을 텍스트 마이닝을 통해 확인하였다. 이와 더불어 실제로 콘텐츠 투어리즘을 경험한 작품 수용자의 반응과 감상을 파악하기 위해 SNS 데이터를 수집하여 콘텐츠 투어리즘의 수용 양상을 조사하고자 하였다.

다양한 SNS 중 자신의 여행기와 감상을 담을 수 있는 종류로는 네이버 블로그, 트위터(twitter),[15] 다음 블로그 등이 존재하나, 트위터는

15) SNS 플랫폼의 일종으로 트위터(twitter)에서 엑스(X)로 명칭이 변경되었으나, 기존

빠르고 가볍게 작성하는 짧은 글이 주를 이루는 SNS 플랫폼으로 오타나 비문 등이 많아 정제에 어렵다고 판단되었다. 반대로 블로그는 자신의 경험을 정리하여 남기는 글이 주를 이루는 SNS 플랫폼으로 충분한 내용이 담겨있어 키워드 사이의 의미 있는 관계를 찾을 수 있다고 판단되었다. 따라서 블로그를 수집 대상이 되는 SNS 플랫폼으로 선택하되, 접근성 측면에서 용이하여 가장 잘 활성화 되어있는 블로그 플랫폼인 네이버 블로그를 수집 대상으로 텍스트 마이닝을 진행하였다.

데이터 수집에 앞서 수집 키워드를 결정하기 위해 사전에 네이버 블로그에 키워드 검색을 진행했다. 작품의 팬들 사이에서 작품을 보고 팬이 되어 그 작품의 배경이 된 장소를 찾아가는 행위를 지칭할 때, 콘텐츠 투어리즘보다는 성지순례라는 단어를 사용하는 경우가 많았기에 '성지순례'라는 단어로 네이버 블로그 검색을 진행하였다. 검색을 통해 실제 종교의 성지순례 장소와 역사 유적지가 나오는 경우가 많다는 것을 파악하였다. 데이터 수집 과정에서 이를 제거하고 〈슬램덩크〉와 관련된 성지순례 글만을 수집하기 위해 연산자를 사용하여 수집 키워드를 '성지순례 +일본 +슬램 -골프 -천주교 -기독교 -유적지'[16]로 설정하였다.

코로나19와 영화 〈더 퍼스트 슬램덩크〉의 개봉이 〈슬램덩크〉의 콘텐츠 투어리즘에 미친 영향을 보기 위해 데이터 수집 기간을 크게 세

트위터라는 명칭의 보편성을 고려하여 이하 트위터로 서술한다.

16) 실제 일본을 다녀온 데이터를 수집하기 위하여 일본이라는 키워드를 포함하였고 실제 종교에 관련한 성지순례는 제거하기 위해 천주교, 기독교, 유적지가 포함된 문서는 제거하였다. 또한 본고에서 보고자 하는 애니메이션이 아닌 골프와 관련한 성지순례의 경우에도 제외하고자 골프라는 키워드가 포함된 문서 역시 제거하였다.

시기로 설정하였다. 블로그 서비스가 처음 시작한 이래로 〈슬램덩크〉 콘텐츠 투어리즘 관련 글이 나타난 2008년부터 2019년을 첫 번째 시기로 설정하였고 코로나19가 유행했던 2020년부터 2022년까지를 두 번째 시기로 설정하였다. 마지막으로 영화 〈더 퍼스트 슬램덩크〉가 개봉한 2023년 1월부터 10월까지를 세 번째 시기로 설정하여 시기에 따라 콘텐츠 투어리즘 양상이 어떻게 변화하는지를 살펴보고자 했다.

2) 데이터 수집

데이터 수집은 수집 키워드와 수집 기간을 설정한 후 텍스톰 프로그램을 활용하여 진행하고, 수집된 데이터 중 관련 없는 자료들을 제거하는 1차 데이터 정제를 실시하였다. 분석 품사는 체언만을 수집하였으며 직접 〈슬램덩크〉의 배경지에 방문한 데이터인 경우에만 수집을 진행하였다. 〈슬램덩크〉 콘텐츠 투어리즘과 관련이 없는 더미 데이터를 걸러내기 위해 수집 리스트를 텍스톰에서 엑셀(excel) 파일 형식으로 내려 받아 수집된 데이터의 블로그 URL에 접속해 더미 데이터를 지우고 작업을 완료한 엑셀 파일을 텍스톰에 재업로드하였다.

이후 수집된 키워드들을 정제하는 과정을 실시하였다. 텍스톰 프로그램이 처리하지 못해서 분리된 키워드들을 하나로 합하고 '슬램덩크'나 '슬램 덩크'와 같이 동일한 단어를 가리키지만, 띄어쓰기가 달라 동일한 단어로 인식하지 못하는 경우에는 '슬램덩크'라는 하나의 형식으로 통합하는 과정을 거쳤다. 또한, 일본 작품에 대한 콘텐츠 투어리즘의 양상과 관련한 조사이기 때문에 외래어의 등장이 잦았다. 외래어에 대해 사람마다 표기하는 방식이 다른 경우에는 외래어 표기법을 따라 하나로 통일하고 '가마쿠라 고교 앞 역'과 '가마쿠라 코코마에 역'과 같이 같은 장소를 각각 한국어와 일본어 발음으로 읽어서 달라진 경우에는 일본어 발음으로 통일해 주었다.

위와 같은 과정을 거쳐 최종적으로 2008~2019년 125건, 2020~2022년 37건, 2023년 189건, 총 351건의 블로그 데이터가 추출되었다.

3) 분석 방법

본 연구에서는 블로그 데이터를 분석하여 코로나 시기 전후와 영화 〈더 퍼스트 슬램덩크〉 개봉 이후 동안 〈슬램덩크〉 콘텐츠 투어리즘에 관한 텍스트의 변화 양상을 파악하고자 했다. 특히 모든 기간에 걸쳐 지속적으로 나타나고 있는 단어와 기간이 달라짐에 따라 새롭게 등장하는 단어들에 주목하고, 기간별로 버즈량[17]의 변화를 파악하여 각각의 시기가 투어리즘의 관심도와 흥행 추세에 미치는 영향을 확인해 보고자 했다.

위와 같이 수집하고 정제한 네이버 블로그 데이터를 N-gram 분석을 통해 주요 키워드들 사이의 연관관계를 파악하고 슬램덩크 콘텐츠 투어리즘의 핵심 주제를 식별하고, CONCOR 분석을 통해 어떤 분야에 주목하여 작품 수용자들이 투어리즘을 수행하고 있는지를 확인하고자 하였다.

텍스트 마이닝 작업은 텍스톰(Textom) 프로그램을 사용하여 주요 키워드를 발견하고 의미 관계를 도출하기 위해 N-gram 분석과 CONCOR 분석을 시행하였다. 텍스톰은 단어 빈도 목록을 이용하여 텍스트의 핵심어를 파악하고 필요한 단어들을 선정한 후에 매트릭스

17) 인터넷에서 특정한 단어가 언급되는 빈도.

를 생성하는 프로그램이다.[18)]

N-gram 분석은 문서 내에서 단어나 언어 패턴을 분석하여 문서를 분류하는 데 사용된다.[19)] N-gram에서 n은 단어의 개수를 나타내고 gram은 연속된 단어를 뜻한다.[20)] 본 연구에서는 연속적으로 사용된 2개의 단어의 빈도를 확인하였다. 수집과정에서 단어가 문맥과 동떨어져서 수집되기 때문에 N-gram을 통해 단어가 쓰인 맥락과 한 단어가 얼마나 다른 단어와 연결되었는지 파악할 수 있다.

CONCOR 분석은 관련 단어의 사용 빈도와 단어 간 연결망을 분석하는 프로그램이다.[21)] CONCOR 분석은 구조적으로 동일한 위치를 갖는 텍스트로 이루어진 노드들로 하나의 군집을 형성하고 하위 군집의 공통적인 특징들을 통해 군집 간의 관계를 파악하는 데에 사용된다.[22)] CONCOR 분석의 내용은 텍스트 마이닝을 통해 수집한 데이터들의 매트릭스와 Unicet6 32비트 프로그램의 Netdraw 기능을 활용하여 시각화하였다.[23)] 빈도수가 높게 나오는 단어일수록 노드의 크기가 크

18) 김해원, 전채남, 「빅데이터를 활용한 콘텐츠 제작방안에 관한 탐색적 연구」, 『사이버커뮤니케이션 학보』 31, 사이버커뮤니케이션학회, 2014, pp.5~51.

19) 양은혜·강희찬·안우영, 「텍스트마이닝을 활용한 교통영향평가 교통개선대책 분석: 경기도 도시개발사업을 대상으로」, 『한국ITS학회논문지』 22, 한국ITS학회, 2023, pp.182~194.

20) 이창수, 「엔그램(n-gram) 분석을 통한 번역한국어와 비번역한국어간의 어휘묶음 유형 차이 사례 연구」, 『통번역학연구』 15, 한국외국어대학교 통번역연구소, 2011, pp.317~340.

21) 김보경·김미경, 「크루즈 관광 관련 이슈에 대한 키워드 네트워크 분석」, 『Tourism Research』 40, 한국관광산업학회, 2015, pp.1~20.

22) 조우리·김봉제·손지현, 「텍스트마이닝을 활용한 SNS 내 미술 전시 감상 후기 분석」, 『造形教育』 79, 한국조형교육학회, 2021, pp.447~469.

23) 조우리·김봉제·손지현, 「텍스트마이닝을 활용한 SNS 내 미술 전시 감상 후기 분석」, 『造形教育』 79, 한국조형교육학회, 2021, pp.447~469.

고 단어 간의 연결 정도가 긴밀한 경우에는 연결된 선이 굵게 표현되도록 조정하였다.

4. 분석결과

1) 워드클라우드와 빈도수 데이터 분석

(1) 2008~2019년

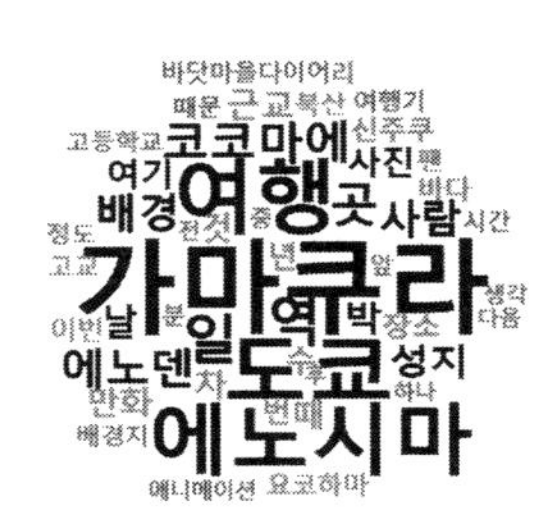

[그림 2] 2008~2019년 워드클라우드

[표 1] 2008~2019년 단어 빈도수

순위	단어	빈도수	순위	단어	빈도수
1	가마쿠라	156	26	여행기	12
2	도쿄	113	27	생각	10
3	여행	102	28	다음	10
4	에노시마	98	29	장면	9
5	코코마에	37	30	우리	9
6	에노덴	33	31	오프닝	9
7	배경	30	32	이야기	9
8	사람	29	33	일본인	9
9	성지	28	34	이곳	9
10	사진	21	35	강백호	9

11	여기	21	36	전철	9
12	근교	21	37	신사	8
13	만화	19	38	친구	8
14	장소	16	39	처음	8
15	신주쿠	15	40	도착	8
16	애니메이션	15	41	코스	8
17	바다	14	42	관광객	8
18	고교	13	43	해변	8
19	북산	13	44	패스	8
20	팬	13	45	추천	8
21	요코하마	13	46	아침	8
22	고등학교	12	47	관광지	7
23	시간	12	48	길	7
24	배경지	12	49	지도	7
25	바닷마을다이어리	12	50	중국인	7

[그림 2]에서 가장 크게 눈에 띄는 단어에는 가마쿠라, 도쿄, 에노시마, 여행이 있다. 한편 [표 1]에서는 '가마쿠라'(156건), '도쿄'(113건), '에노시마'(98건), '코코마에'(37건), '에노덴'(33건) 등 성지순례 장소와 관련된 키워드가 상위에 위치하고 있다. 이는 가마쿠라시에 위치한 에노시마선이 지나는 코코마에 역이 대표적인 성지로서 많은 관광객이 방문하기에 이와 같은 결과가 나온 것을 보이며, 가마쿠라 지역이 대표적인 성지순례 장소로 인식되고 있다고 생각할 수 있다. 또한 '만화'(19건), '애니메이션'(15건), '북산'(13건), '배경지'(12건) 등의 키워드를 통해 애니메이션 혹은 만화의 배경으로 나온 지역들을 중심으로 투어리즘이 이루어짐을 파악할 수 있다.

'사진'(21건)이라는 키워드가 상위에 나타나는 부분도 주목할 만한 부분이라고 할 수 있는데, 만화나 애니메이션의 배경이 된 장소에 가서 애니메이션 주인공을 따라 하여 사진을 찍는 형식으로 콘텐츠 투어리즘을 즐기는 모습에서 나온 키워드일 것으로 추측된다.

실제로 애니메이션의 성지순례는 참여자들이 성지를 가는 과정과 성지의 모습을 사진으로 찍고 이를 SNS에 공유하면서 또 다른 팬들이 성지순례에 관해 관심을 갖게 하는 특징을 가지고 있다. 이를 통해 성지순례는 SNS라는 매체의 공유와 소통이라는 성질을 기반으로 만들어진 새로운 콘텐츠 향유 방식이자 창조적 관광의 한 종류로 볼 수 있다.[24] 즉, 배경지의 사진을 찍고 이를 SNS에 공유하는 것이 성지순례의 방식 중 하나로서 자리 잡았고, '사진'이라는 키워드는 이러한 경향을 반영하여 나타난 것이다.

또한 [표 1]에서 '사람'(29건), '팬'(13건), '일본인'(9건), '관광객'(8건), '중국인'(7건) 등 사람과 관련된 키워드도 등장하고 있다. 사람에 관련된 단어들이 나온 맥락을 파악한 결과, 대체로 사진을 찍으려고 하는데 사람이 많았다는 내용과 성지순례 장소에 가려는 관광객들이 많이 보였다는 내용이 주를 이뤘고 이로 인한 불편을 언급하는 글도 다수 확인할 수 있었는데, 차후에 오버 투어리즘이 나타나는 사례 중 하나로 파악할 수 있을 것이다.

마지막으로, 성지순례 방문 경로에 대한 키워드인 '코스'(8건), '패스'(8건), '추천'(8건), '길'(7건), '지도'(7건) 등의 키워드를 확인할 수 있다. 이는 자신이 간 코스를 다른 사람에게 추천해 주는 과정에서 등장한 키워드로 확인되며 블로그가 자신의 개인적인 기록을 담는 플

24) 장원호·정수희, 「도시의 문화적 공감대로서 콘텐츠씬의 인식: 콘텐츠 투어리즘 사례를 중심으로」, 『한국경제지리학회지』 22, 한국경제지리학회, 2019, pp.123~140.

랫폼인 동시에 팬들 간 정보교류의 장으로 사용되고 있음을 알 수 있는 부분이다.

(2) 2020 ~ 2022년

[그림 3] 2020~2022년 워드클라우드

[표 2] 2020~2022년 단어 빈도수

순위	단어	빈도수	순위	단어	빈도수
1	여행	47	27	주변	4
2	가마쿠라	44	28	열차	4
3	도쿄	34	29	장면	4
4	에노시마	15	30	오타쿠	4
5	에노덴	12	31	이케부쿠로	4
6	배경	12	32	모노레일	3
7	장소	10	33	유명	3
8	사람	10	34	이름	3
9	성지	9	35	여행기	3
10	코코마에	8	36	블로그	3
11	사진	8	37	포스팅	3
12	너의이름은	7	38	실제	3
13	애니메이션	6	39	이야기	3
14	오프닝	6	40	마지막	3

15	바닷마을다이어리	6	41	오늘	3
16	만화	5	42	패키지	3
17	느낌	5	43	강백호	3
18	아침	5	44	바닷가	3
19	숙소	5	45	지도	3
20	서핑	5	46	고등학교	3
21	영화	5	47	혼자	3
22	건널목	4	48	대나무	3
23	구간	4	49	코스	3
24	생각	4	50	당일	3
25	한국	4	51	기차	3

[표 2]에서는 '가마쿠라'(47건), '도쿄'(34건), '에노시마'(15건), '에노덴'(12건), '코코마에'(8건) 등이 높은 빈도로 나타난다. 이를 통해 슬램덩크 배경지와 관련된 장소들이 꾸준히 상위권에 나타난다는 사실을 확인할 수 있다. [그림 3]에도 '가마쿠라', '여행', '도쿄', '에노시마' 등의 키워드가 가장 큰 글씨로 나타나고 있다. 이는 대표적인 성지순례 장소가 완전히 가마쿠라로 정착이 되었으며 이러한 사실이 2020~2022년의 데이터에서도 반영이 되고 있다고 생각할 수 있다.

또한 '너의이름은'(7건), '바닷마을다이어리'(6건) 등 다른 작품 키워드들도 함께 나타나는 것을 통해 콘텐츠 투어리즘의 소비 양상이 슬램덩크의 배경지가 되는 곳을 다녀오면서 함께 주변에 있는 〈너의 이름은.〉이나 〈바닷마을 다이어리〉와 같은 다른 작품의 배경지까지도 방문하는 방식으로 나타난다는 것을 확인할 수 있다. 이는 〈슬램덩크〉의 성지순례 장소가 근교이며 성지순례 장소의 접근성이 좋기 때문에 다른 작품의 성지순례와 함께하기 용이하여 성지순례와 함께 다른 관광도 겸하는 사람이 다수 존재한다고 추측할 수 있다.

반면 '너의이름은'이라는 키워드는 2008~2019년의 단어 빈도수에서는 보이지 않았는데, 이는 〈너의 이름은.〉이 17년도 개봉작으로, 2008~2019년도에는 수집될 수 있는 물리적 기간이 짧았던 반면에 2020~2022년도는 완전히 전 기간에 걸쳐 수집할 수 있었기 때문으로 보인다. 또한 2020~2022년은 코로나19 팬데믹이 일어난 시기로 전체적으로 단어 수 자체가 줄었기 때문에 키워드가 상위로 올라왔다고 볼 수도 있다. 〈바닷마을 다이어리〉가 꾸준히 언급되는 것은 이 작품의 배경지가 된 장소가 슬램덩크의 대표적인 성지순례 장소로 자리 잡은 가마쿠라로 일치하기 때문으로 추정된다.

(3) 2023년 1~10월

[그림 4] 2023년 1~10월 워드클라우드

[표 3] 2023년 1월~10월 단어 빈도수

순위	단어	빈도수	순위	단어	빈도수
1	가마쿠라	250	28	구경	14
2	여행	172	29	해변	14
3	도쿄	154	30	강백호	13
4	성지	68	31	일정	13
5	에노덴	54	32	패스	13

6	사람	47	33	만화	12
7	코코마에	45	34	오늘	12
8	에노시마	42	35	도착	12
9	근교	39	36	한국	12
10	사진	38	37	투어	11
11	바다	24	38	열차	11
12	장소	24	39	감성	11
13	건널목	20	40	친구	11
14	배경	19	41	북산	11
15	오타쿠	19	42	애니	11
16	오프닝	19	43	다음	11
17	생각	18	44	추천	11
18	신주쿠	16	45	스팟	11
19	영화	16	46	더퍼스트	10
20	배경지	15	47	느낌	10
21	장면	15	48	아침	10
22	팬	15	49	참고	10
23	풍경	15	50	줄	10
24	날씨	15	51	마을	10
25	시간	14	52	후기	10
26	고교	14	53	혼자	10
27	길	14			

앞선 분석과 마찬가지로 [그림 4]에서는 '가마쿠라', '도쿄', '여행'이 큰 글씨로 나타났다. 또한 [표 3]에서 '가마쿠라'(250건), '에노덴'(54건), '코코마에'(45건), '에노시마'(42건)와 같은 특정 장소의 키워드가 지속적으로 상위에 나타나는 등 여전히 슬램덩크의 성지 순례 장소로 자주 언급됨을 확인할 수 있다. 이와 더불어 '건널목'(20건)이라는 키워드가 계속하여 등장하는 것을 통해 에노덴 건널목이 슬램덩

크 성지로 가지는 의미가 크다는 것을 확인할 수 있다.

'도쿄'(154건) 키워드도 이전부터 꾸준히 등장하였으며, 전 기간에 걸쳐 많은 버즈량을 차지하고 있는 것으로 일본의 중심인 도쿄는 성지순례를 위한 여행에서도 많이 언급되는 대표적인 관광지역임을 알 수 있다. 또한, 〈슬램덩크〉의 배경지만을 위해 여행을 계획하기보다는 도쿄 여행을 하면서 에노시마를 다녀오는 경향이 나타나는데, 이러한 모습이 나타나는 것은 〈슬램덩크〉의 배경지가 주 관광지에서 가까운 거리에 있고 교통상으로 이점을 가지고 있기 때문일 것이라고 추측할 수 있다. 이에 관해서는 추후 N-gram 분석을 통해 자세히 확인하고자 한다.

앞선 시기와 달리 키워드 '너의이름은'과 '바닷마을다이어리'에 대한 언급은 줄어들어 키워드들이 상위에 등장하지 않는다. 이전까지 슬램덩크 성지순례를 하면서 〈너의 이름은.〉이나 〈바닷마을 다이어리〉의 배경이 된 장소까지도 같이 방문하는 양상을 보였지만, '너의이름은'과 '바닷마을다이어리'에 대한 언급이 줄어든 것은 영화 〈더 퍼스트 슬램덩크〉의 개봉 이후 〈슬램덩크〉가 다양한 연령층에게 인기를 끌면서 〈슬램덩크〉에 관련한 다양한 관광 상품들이 생겨나 다른 애니메이션 장소를 방문할 요인이 줄어들었기 때문으로 보인다. 이는 〈슬램덩크〉라는 주제 하나만으로도 관광을 위한 충분한 콘텐츠 확보가 가능하기 때문이며 이를 통해 슬램덩크가 하나의 관광 주제로 자리잡게 되었음을 파악할 수 있다.

또한, 이전까지는 '오키나와' 키워드가 발견되지 않았으나 2023년 데이터에서는 적은 버즈량이지만 '오키나와'(5건)를 확인할 수 있다. 이를 통하여 영화 〈더 퍼스트 슬램덩크〉 개봉 이전 시기에는 성지순례 장소가 에노덴이나 만화에 나오는 북산 고등학교의 배경이 된 무사시노키타 고등학교(武蔵野北高等学校)로 집중된 경향을 보였으나, 영화 〈더 퍼스트 슬램덩크〉 개봉 이후 오키나와(沖縄) 등의 다른 성지순례 장소에도 관심을 갖게 되었음을 알 수 있다.[25] 따라서 슬램덩크를 활용한 관광 상품이 다수 등장하는 등 다른 작품을 제외하고도 즐길 수 있는 성지순례의 콘텐츠가 많아졌다고 추측할 수 있다.

앞서 2008~2019년의 워드 클라우드를 기반으로 단어 빈도 순위를 도출한 결과인 [표 1]을 확인하면 1위를 차지한 가마쿠라를 시작으로 도쿄, 에노시마, 코코마에, 그리고 에노덴이 상위 키워드에 위치하는 것을 확인할 수 있다. [표 2]와 [표 3]에서도 이전과 마찬가지로 해당 키워드가 상위 5~10위권의 위치를 굳건히 지켜온 것을 보아, 가마쿠라가 대표적인 성지순례 장소로서 그 위상이 높다고 추측할 수 있다.

또한 '중국'과 '중국인'의 키워드의 언급 비율이 2008~2022년에는 약 5~6%대를 유지한 반면, 2023년에는 약 2.1%로 감소하였다. 이와 더불어 실제로 데이터 정제 후 검색된 블로그의 수를 비교하였을 때 2023년은 189건으로, 2008~2022년의 블로그 수를 모두 합친 162건보다 많은 압도적인 버즈량을 보여주었다. 이를 바탕으로 전체 관광객에 대한 중국인 관광객의 비율이 상대적으로 감소하였으며 한국인 관광객의 비율은 증가하였다고 추측할 수 있다. 이에 대한 원인으로는 2023년에 영화〈더 퍼스트 슬램덩크〉가 국내 1월에 개봉했다는 점과 코로나19 팬데믹이 종식에 가까워지며 일본 여행이 가능해진

---

25) 윤슬빈, 「영화 보고 감동했다면 '슬램덩크' 속으로 여행 가볼까[여행기자 픽]」, news1, 2023. https://www.news1.kr/articles/4933670(검색일: 2023.12.31)

점을 꼽을 수 있다. 이에 더해 코로나19 팬데믹이 거의 끝나갈 무렵인 2022년 10월 11부터 일본 당국이 자유 여행 목적의 무비자 입국을 허용된 점 또한 크게 영향을 끼친 것으로 판단된다.[26] 이외에도 실제로 영화 개봉 이후, 슬램덩크를 기존에 만화로 접하지 못했던 10~20대들에게도 많은 호응을 얻으며 기존 팬덤뿐만 아니라, 직접 성지순례를 떠나는 열정 있는 신규 팬덤이 생성되어 〈슬램덩크〉 성지순례의 한국 관광객이 증가했다고 추측할 수 있다.[27]

2) CONCOR 데이터 분석

(1) 2008~2019년

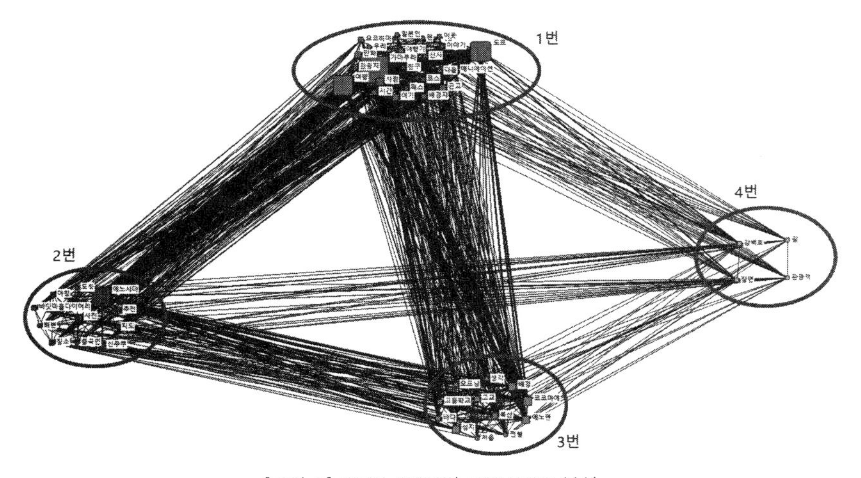

[그림 5] 2008~2019년 CONCOR 분석

26) 프란시스 마오, 「일본, 다음 달 11일부터 자유여행 무비자 입국 허용」, BBC News, 2022.9.23. https://www.bbc.com/korean/international-62977102(검색일: 2023.12.28)

27) 김정진, 「꺾이지 않는 '슬램덩크' 열풍 … 누적관객 400만 돌파」, 연합뉴스. 2023.03.12. https://www.yna.co.kr/view/AKR20230312041300005(검색일: 2023.12.28)

[표4] 2008~2019년 CONCOR 군집 내용

1번 군집	가마쿠라(156건), 도쿄(113건), 여행(102건), 사람(29건), 여기(21건), 근교(21건), 만화(19건), 애니메이션(15건), 팬(13건), 요코하마(13건), 시간(12건), 배경지(12건), 시간(12건), 여행기(12건), 다음(10건), 우리(9건), 이야기(9건), 일본인(9건), 이곳(9건), 신사(8건), 친구(8건), 코스(8건), 패스(8건), 관광지(7건)
2번 군집	에노시마(98건), 사진(21건), 장소(16건), 신주쿠(15건), 바닷마을다이어리(12건), 도착(8건), 해변(8건), 추천(8건), 아침(8건), 지도(7건), 중국인(7건)
3번 군집	코코마에(37건), 에노덴(33건), 배경(30건) 성지(28건), 바다(14건), 고교(13건), 북산(13건), 고등학교(12건), 생각(10건), 오프닝(9건), 전철(9건), 처음(8건)
4번 군집	강백호(9건), 장면(9건), 관광객(8건), 길(7건)

1번 군집에는 '가마쿠라'(156건), '도쿄'(113건), '여행'(102건), '사람'(29건), '배경지'(12건), '여행기'(12건) 등이 나타난다. 이는 슬램덩크의 실제 배경지가 된 장소인 가마쿠라와 그와 가까운 도쿄 여행과 관련된 키워드로, 슬램덩크 성지순례와 도쿄 여행기를 기록한 키워드로 연결할 수 있다.

2번 군집에서는 '에노시마'(98건), '바닷마을다이어리'(12건), '사진'(21건), '장소'(16건), '신주쿠'(15건), '도착'(8건), '해변'(8건), '추천'(8건) 등의 단어가 나타난다. 에노시마의 에노덴이 〈슬램덩크〉의 성지인 동시에 〈바닷마을 다이어리〉의 성지이기 때문에 이와 함께 군집으로 묶여서 형성된 것으로 볼 수 있다. 또한 '사진'(21건), '장소'(16건), '신주쿠'(15건), '도착'(8건), '해변'(8건), '추천'(8건) 등을 통해 에노시마에 간 여행기를 기록한 키워드로 연관지을 수 있다.

3번 군집에서는 '코코마에'(37건), '에노덴'(33건), '배경'(30건), '성지'(28건), '오프닝'(9건), '전철'(9건) 등의 키워드들이 등장한다. 에노덴이 정차하는 가마쿠라 코코마에 역의 건널목이 〈슬램덩크〉의 오프닝에 등장하며 대표적인 성지로서 자리 잡았기 때문에 이 건널목에 대한 성지순례 경험을 이야기하며 등장하는 키워드로 보인다.

4번 군집에서는 '강백호'(9건), '장면'(9건), '관광객'(8건), '길'(7건)이라는 키워드가 등장한다. 이 역시 〈슬램덩크〉의 대표적인 성지순례 장소인 가마쿠라 코코마에 역의 건널목에 대한 키워드로 보이는데, 이 건널목이 〈슬램덩크〉의 주인공인 강백호가 나오는 장면의 배경이 되었기 때문에 그곳에서 본 관광객들에 대한 언급과 관련된 군집으로 해석할 수 있다.

(2) 2020~2022년

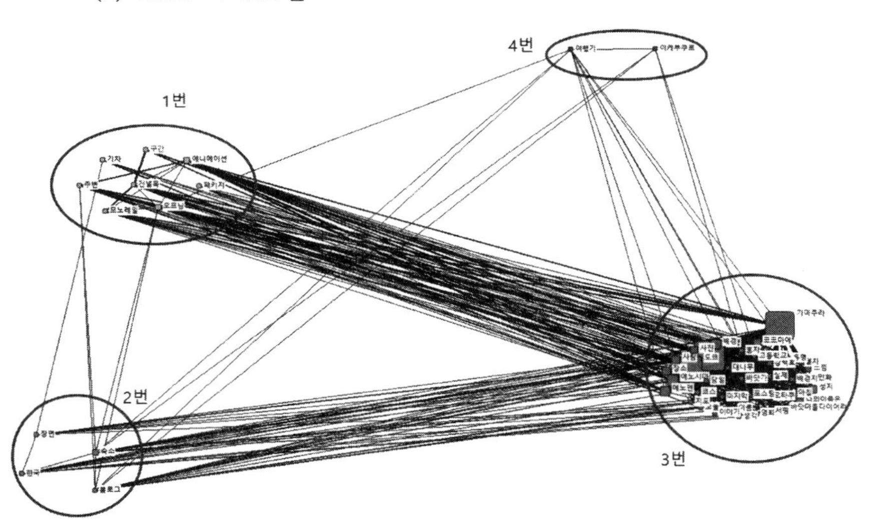

[그림 6] 2020~2022년 CONCOR 분석

[표 5] 2020~2022년 CONCOR 군집 내용

1번 군집	오프닝(9건), 애니메이션(6건), 건널목(4건), 구간(4건), 주변(4건), 패키지(3건), 모노레일(3건), 기차(3건)
2번 군집	숙소(5건), 한국(4건), 장면(4건), 블로그(3건)
3번 군집	여행(47건), 가마쿠라(44건), 도쿄(34건), 에노시마(15건), 에노덴(12건), 배경(12건), 장소(10건), 사람(10건), 성지(9건), 사진(8건), 코코마에(8건), 너의이름은(7건), 바닷마을다이어리(6건), 만화(5건), 아침(5건), 생각(4건), 배경지(4건), 열차(4건), 오타쿠(4건), 이야기(3건), 마지막(3건), 강백호(3건), 지도(3건), 혼자(3건), 느낌(5건), 서핑(5건), 영화(5건), 유명(3건), 이름(3건), 포스팅(3건), 실제,(3건) 오늘(3건), 바닷가(3건), 고등학교(3건), 대나무(3건), 코스(3건)
4번 군집	이케부쿠로(4건), 여행기(3건)

2020년에서 2022년은 코로나로 인해 해외여행이 제한되었기 때문에 블로그 글의 양이 물리적으로 적고 과거에 갔었던 여행을 되돌아보는 형식으로 쓰인 글도 다수 발견했다. 이러한 이유로 CONCOR 군집 결과에서 하나의 글에서 나온 단어들이 한 군집으로 묶이는 경향성도 보였다.

1번 군집에서는 '오프닝'(9건), '애니메이션'(6건), '건널목'(4건), '구간'(4건), '모노레일'(3건), '기차'(3건) 등의 키워드가 등장한다. 〈슬램덩크〉의 오프닝에 등장해 대표적인 성지순례 장소가 된 에노덴의 건널목과 관련한 키워드로 볼 수 있다.

2번 군집에서는 '숙소'(5건), '한국'(4건), '장면'(4건), '블로그'(3건)이라는 키워드가 등장한다. 〈슬램덩크〉의 성지순례 여행에 대한 감상과 기록에 대한 키워드로 보이며 한국이라는 키워드는 여행을 다니며 한국과 비교를 하거나 한국 사람들을 발견하는 등의 언급을 하며 나타난 키워드로 파악할 수 있다.

3번 군집에서는 '여행'(47건), '가마쿠라'(44건), '도쿄'(34건), '에노시마'(15건), '에노덴'(12건), '배경'(12건) 등의 키워드가 나타난다.

이들은 실제로 슬램덩크의 대표적인 성지순례지가 된 가마쿠라 코코마에역의 에노덴에 관련된 키워드로, 성지순례 장소와 그곳에서 볼 수 있는 풍경으로 연결할 수 있다. 또한 3번 군집의 키워드는 다른 군집에서 나타나는 키워드에 비해 키워드의 빈도수가 높은데, 이를 통해 3번 군집이 전체 네트워크의 중심 군집이라고 추측할 수 있다.

4번 군집에서는 '이케부쿠로'(4건), '여행기'(3건)라는 키워드가 나타난다. 〈슬램덩크〉의 성지순례 장소는 가마쿠라로, 이케부쿠로(池袋)에 직접적으로 슬램덩크의 배경지가 되는 곳은 없지만 도쿄 여행과 겸하여 가마쿠라를 찾는 관광객이 다수 존재하며 이케부쿠로역에서 에노덴을 타러 이동하는 것이 가능하기 때문에 함께 언급된 단어로 보인다.

(3) 2023년 1~10월

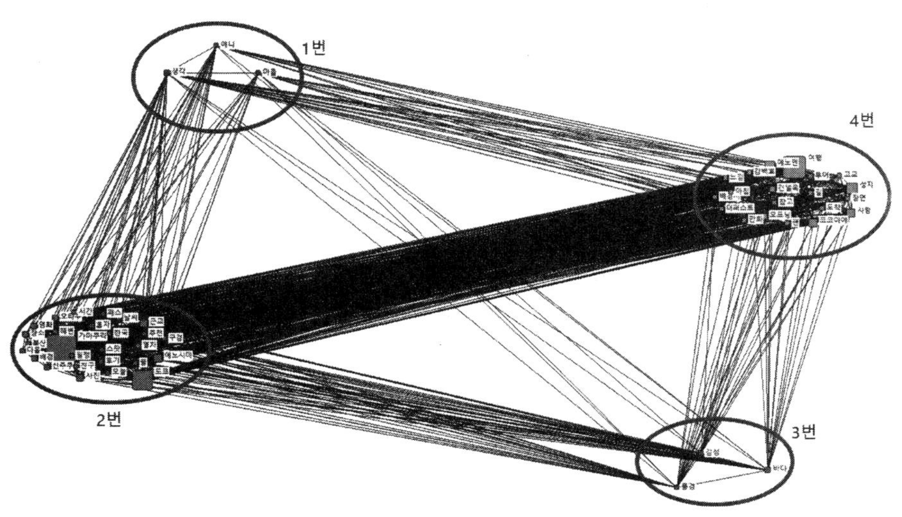

[그림 7] 2023년 1월~10월 CONCOR 분석

[표 6] 2023년 1~10월 CONCOR 군집 내용

1번 군집	생각(18건), 애니(11건), 마을(10건)
2번 군집	가마쿠라(250건), 도쿄(154건), 에노덴(54건), 에노시마(42건), 근교(39건), 사진(38건), 장소(24건), 배경(19건), 오타쿠(19건), 신주쿠(16건), 영화(16건), 날씨(10건), 구경(14건), 해변(14건), 일정(13건), 패스(13건), 오늘(12건), 한국(12건), 열차(11건), 친구(11건), 북산(11건), 다음(11건), 추천(11건), 스팟(11건), 줄(10건), 후기(10건), 혼자(10건)
3번 군집	바다(24건), 풍경(15건), 감성(11건)
4번 군집	여행(172건), 성지(68건), 사람(47건), 코코마에(45건), 건널목(20건), 오프닝(19건), 배경지(15건), 장면(15건), 팬(15건), 시간(14건), 길(14건), 강백호(13건), 만화(12건), 도착(12건), 투어(11건), 더퍼스트(10건), 느낌(10건), 아침(10건), 참고(10건)

1번 군집은 '생각'(18건), '애니'(11건), '마을'(10건)이라는 키워드가 등장한다. 성지순례를 시작하면서 애니메이션 〈슬램덩크〉에 대한 자신의 감상과 생각을 언급하며 성지순례 장소인 마을로 들어가는 내용의 서문에 등장하는 키워드가 나타난 클러스터로 보인다.

2번 군집에서는 '가마쿠라'(250건), '도쿄'(154건), '에노덴'(54건), '에노시마'(42건), '구경'(14건), '일정'(13건), '후기'(10건) 등의 키워드가 등장한다. 〈슬램덩크〉 성지순례의 대표적인 장소로 자리 잡은 지역들과 그곳을 다녀온 개인의 여행을 기록하고 이를 공유하는 과정에서 나온 키워드가 모인 군집으로 볼 수 있다.

3번 군집의 경우 '바다'(24건), '풍경'(15건), '감성'(11건)의 키워드가 나타난다. 〈슬램덩크〉와 직접적인 관계가 있는 단어는 아니지만 성지순례의 장소들이 바다와 가까이 위치해 있어 그 장소에 방문한 관광객들이 그곳에 있는 바다 풍경을 즐기고 그에 대한 감상이 묶여있는 군집으로 볼 수 있다.

4번 군집에는 '여행'(172건), '성지'(68건), '코코마에'(45건), '건널

목'(20건), '오프닝'(19건), '배경지'(15건), '장면'(15건), '강백호'(13건), '만화'(12건), '더퍼스트'(10건) 등의 키워드가 나타난다. 〈슬램덩크〉의 오프닝에 등장하는 배경지인 가마쿠라 코코마에 역의 건널목에 대한 여행 경험이 주를 이루고 있으며, 작품 〈슬램덩크〉와 직접적으로 관련된 장소 키워드들이 모여 군집을 이루고 있다.

[표 4]의 1번 군집, [표 5]의 3번 군집, [표 6]의 2번 군집과 같이 '가마쿠라'를 중심으로 성지순례 장소와 관련된 군집이 형성된 것을 확인할 수 있다. 이와 유사한 관계는 에고네트워크에서도 확인할 수 있다. [그림 8], [그림 9], [그림 10]은 각 그룹의 데이터를 '가마쿠라'를 중심어로 한 에고네트워크로 나타낸 그림이다. 글자의 배경에 있는 원의 크기가 클수록 중심어와 밀접하게 연관되어 있으며 글자 배경의 원이 클수록 높은 연관성을 가지고 있다.

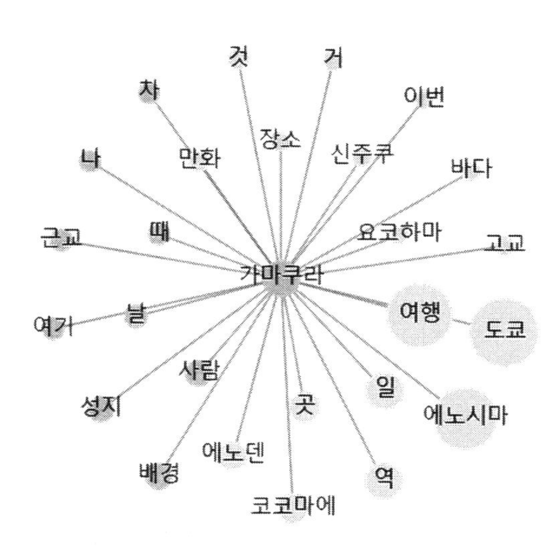

[그림 8] 2008~2019년 에고네트워크

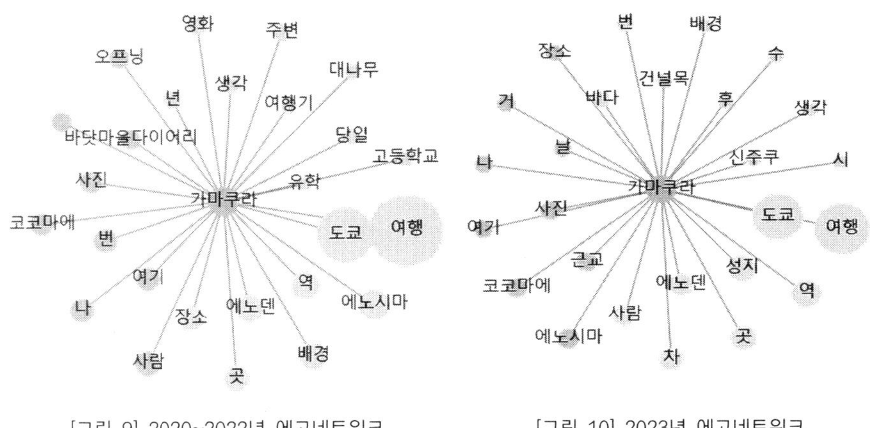

[그림 9] 2020~2022년 에고네트워크

[그림 10] 2023년 에고네트워크

2008~2019년 데이터에서 '가마쿠라'를 중심으로 분석했을 때, [그림 8]과 같이 '도쿄', '여행', '에노시마', '일', '역', '곳', '코코마에', '에노덴'의 순으로 연관성이 높게 나타났으며 주로 슬램덩크의 성지 장소와 같이 언급된 것으로 보인다. 2020~2022년 데이터는 [그림 9]와 같이 '여행', '도쿄', '에노시마', '역', '배경', '에노덴', '곳', '장소'의 순으로 높은 연관성이 나타났으며 마찬가지로 슬램덩크의 성지와 같이 언급된 것으로 볼 수 있다. 2023년 데이터는 [그림 10]과 같이 '여행', '도쿄', '역', '성지', '곳', '에노덴', '차', '사람'의 순으로 높은 연관성이 나타나며, 역시 마찬가지로 슬램덩크의 성지와 함께 언급된 것이 많음을 알 수 있다.

위 세 데이터의 '가마쿠라'를 중심어로 한 에고네트워크에서는 공통적으로 '에노덴', '에노시마', '코코마에'를 확인할 수 있다. 이 단어들은 모두 슬램덩크 성지 장소와 관련된 단어들인데, 2008년부터 2023년 1월 영화 〈더 퍼스트 슬램덩크〉의 개봉 이후까지 가마쿠라와 언급되는 장소의 키워드에는 변화가 없었다. 이를 통해 2008년부터 2023년까지 가마쿠라의 성지순례 장소는 고정적이었으며, 위 장소들과 가마쿠라의 이미지가 결합되어 〈슬램덩크〉 성지순례 그 자체의 이미지를 구성하고 있다고 추측할 수 있다. 특히, 가마쿠라 코코마에역 건널목은 선행연구에 언급된 '소가마쿠라'의 사례와 유사한 제2의 슬램덩크 성지로 불리는 부산 청사포의 기차 건널목의 사례를 통해 한국인이 해당 장소를 〈슬램덩크〉 성지순례 장소로 큰 의미를 두고 있다는 것을 확인할 수 있다.[28)]

[그림 11] 부산 청사포 기차 건널목[29)]

28) 최승희, 「열차 너머 북청색 바다 … 슬램덩크 속 그 곳 빼다박았네: 부산 청사포서 즐기는 하루」, 국제신문, 2023.03.08. https://www.kookje.co.kr/news2011/asp/newsbody.asp?code=1600&key=20230309.22010001981(검색일: 2023.12.28)

29) 백종현, 「청사포까지 난리 … "강백호 이 열차 탔다" 인증샷 넘쳐난 장소 [GO로케]」, 중앙일보, 2023.02.15. https://www.joongang.co.kr/article/25140685 (검색일: 2023.12.28)

3) N-gram 분석

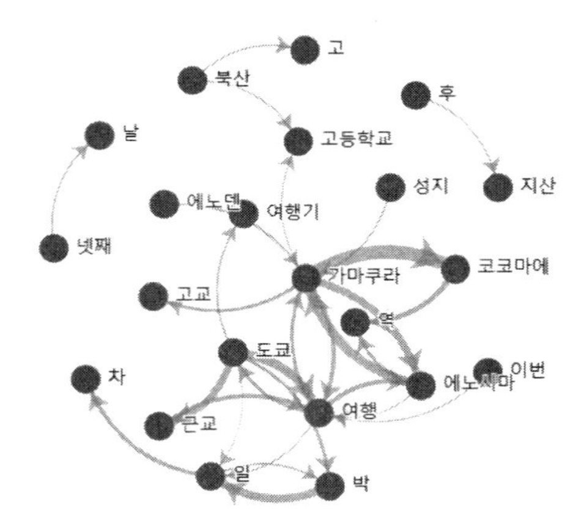

[그림 12] 2008~2019년 N-gram

[표 7] 2008~2019년 N-gram 빈도표

순위	단어(전)	단어(후)	빈도수
1	가마쿠라	코코마에	35
2	에노시마	가마쿠라	24
3	도쿄	여행	24
4	박	일	21
5	가마쿠라	에노시마	20
6	도쿄	근교	19
7	코코마에	역	15
8	여행	에노시마	13
9	가마쿠라	여행	12
10	근교	여행	12
11	여행	가마쿠라	12
12	일	차	12
13	가마쿠라	고교	10
14	여행	도쿄	9
15	에노시마	역	9
16	도쿄	박	9

17	에노덴	가마쿠라	7
18	넷째	날	6
19	도쿄	여행기	6
20	일	박	6
21	북산	고등학교	5
22	북산	고	5
23	가마쿠라	고등학교	5
24	후	지산	5
25	가마쿠라	가마쿠라	5

[그림 12]는 2008~2019년의 데이터에서 확인할 수 있는 N-gram이다. '가마쿠라-코코마에'(35건), '에노시마-가마쿠라'(24건), '도쿄-여행'(24건), '박-일'(21건), '가마쿠라-에노시마'(20건), '도쿄-근교'(19건), '코코마에-역'(15건), '여행-에노시마'(13건), '가마쿠라-여행'(12건), '근교-여행'(12건) 순으로 높은 빈도수를 보였으며, 단어 중 가장 많이 언급되었던 '가마쿠라'를 중심으로 N-gram이 구성되어 있다.

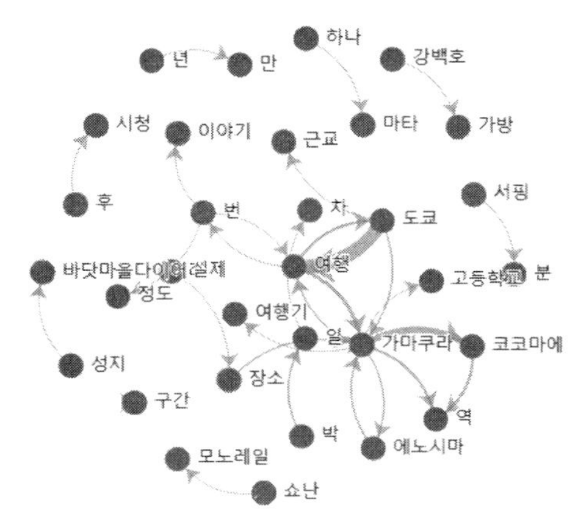

[그림 13] 2020~2022년 N-gram

[표 8] 2020~2022년 N-gram 빈도표

순위	단어(전)	단어(후)	빈도수
1	도쿄	여행	16
2	가마쿠라	코코마에	8
3	여행	가마쿠라	5
4	여행	도쿄	4
5	가마쿠라	역	4
6	코코마에	역	4
7	에노시마	가마쿠라	3
8	박	일	3
9	도쿄	가마쿠라	3
10	장소	가마쿠라	3
11	가마쿠라	에노시마	3
12	가마쿠라	여행	3
13	쇼난	모노레일	2
14	가마쿠라	가마쿠라	2
15	구간	구간	2
16	여행	나	2
17	번	여행	2
18	여행	번	2
19	성지	바닷마을다이어리	2
20	번	정도	2
21	가마쿠라	여행기	2
22	후	시청	2
23	실제	장소	2
24	도쿄	근교	2
25	번	이야기	2

[그림 13]은 2020~2022년 데이터에서 확인할 수 있는 N-gram이다. '도쿄-여행'(16건), '가마쿠라-코코마에'(8건), '여행-가마쿠라'(5건), '여행-도쿄'(4건), '가마쿠라-역'(4건), '코코마에-역'(4

건), '에노시마-가마쿠라'(3건), '박-일'(3건), '도쿄-가마쿠라'(3건), '장소-가마쿠라'(3건) 순으로 높은 빈도수를 보였으며, 적은 데이터로 인해 비교적 분산된 모습을 보이지만 '가마쿠라'를 중심으로 가장 많은 N-gram이 연결되어 있다.

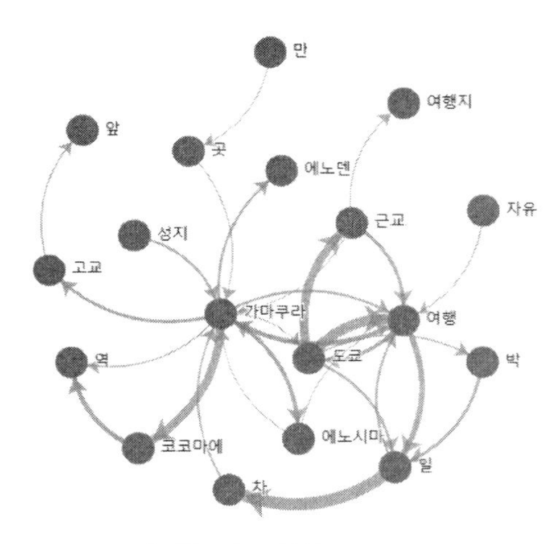

[그림 14] 2023년 N-gram

[표 9] 2023년 N-gram 빈도표

순위	단어(전)	단어(후)	빈도수
1	일	차	47
2	도쿄	여행	41
3	가마쿠라	코코마에	33
4	도쿄	근교	33
5	여행	일	23
6	코코마에	역	20
7	여행	가마쿠라	20
8	가마쿠라	에노시마	17
9	여행	도쿄	17
10	근교	여행	16

11	가마쿠라	고교	14
12	박	일	14
13	도쿄	일	13
14	성지	가마쿠라	12
15	가마쿠라	여행	12
16	가마쿠라	에노덴	12
17	가마쿠라	가마쿠라	11
18	일	여행	11
19	차	가마쿠라	10
20	고교	앞	8
21	가마쿠라	역	8
22	도쿄	박	8
23	곳	가마쿠라	7
24	근교	여행지	7
25	자유	여행	7

[그림 14]는 2023년 데이터에서 확인할 수 있는 N-gram이다. '일-차'(47건), '도쿄-여행'(41건), '일본-여행'(40건), '슬램덩크-성지'(37건), '도쿄-근교'(33건), '가마쿠라-코코마에'(32건), '가마쿠라-슬램덩크'(25건), '코코마에-역'(20건), '근교-여행'(16건), '여행-슬램덩크'(16건) 순으로 높은 빈도수를 보였으며, 마찬가지로 가마쿠라를 중심으로 N-gram이 구성되어 있다. 그 중 '도쿄'의 N-gram과 '일'의 N-gram을 확인하고자 한다.

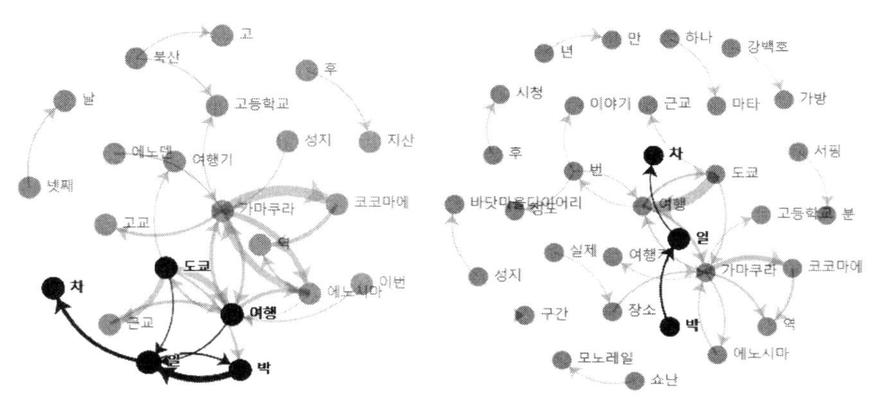

[그림 15] 2008~2019년 N-gram, 도쿄

[그림 16] 2020~2022년 N-gram, 도쿄

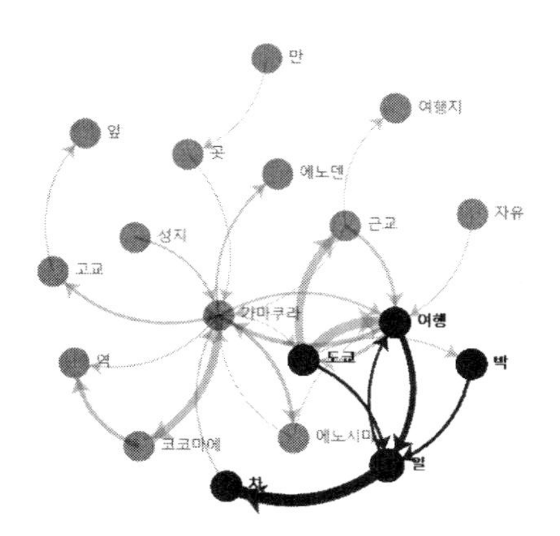

[그림 17] 2023년 N-gram, 도쿄

‘도쿄’를 중심으로 확인했을 때, [그림 15]에서는 ‘도쿄-여행’(24건), ‘도쿄-근교’(19건), ‘도쿄-박’(9건), ‘도쿄 여행기’(6건), ‘도쿄-일’(4건)의 연결을, [그림 16]에서는 ‘도쿄-여행’(16건), ‘도쿄-가마쿠라’(3건), ‘도쿄 근교’(2건)의 연결을, [그림 17]에서는 ‘도쿄-여행’(41건), ‘도쿄-근교’(33건), ‘도쿄-일’(13건), ‘도쿄-박’(8건), ‘가마쿠라-도쿄'(6건)의 연결을 확인할 수 있다. 슬램덩크 성지순례의 블로그 데이터이고 도쿄는 슬램덩크 성지와 직접적인 연관성이 없음에도 '도쿄'라는 키워드가 다수 확인되고 특히 '여행'이라는 단어와의 연결이 공통적으로 확인된다. 이를 통하여 슬램덩크 성지순례를 다녀온 한국인 관광객이 이를 언급할 때 도쿄 여행을 함께 언급하였음을 확인할 수 있다.

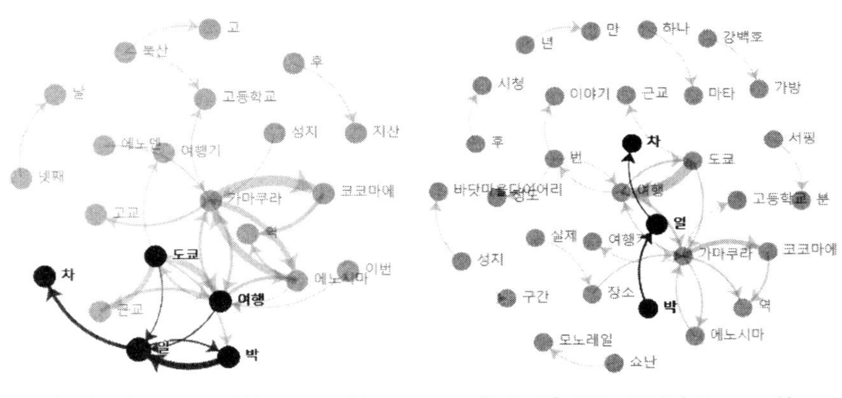

[그림 18] 2008~2019년 N-gram, 일 [그림 19] 2020~2022년 N-gram, 일

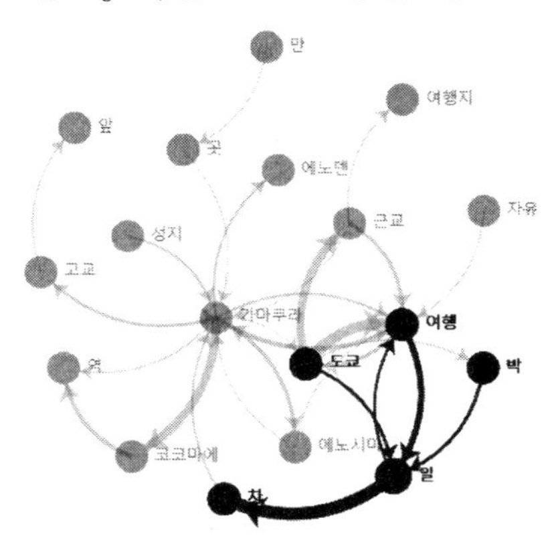

[그림 20] 2023년 N-gram, 일

'일'을 중심으로 확인했을 때, [그림 18]에서는 '박-일'(21건), '일-차'(12건), '여행-일'(5건), '도쿄-일'(4건)의 연결을, [그림 19]에서는 '박-일'(3건), '일-차'(2건)의 연결을, [그림 20]에서는 '일-차'(47건), '여행-일'(23건), '박-일'(14건), '도쿄-일'(13건), '일-여행'(11건)의 연결을 확인할 수 있다. 세 그룹의 데이터에서 공통적으로 '박-일'과 '일-차'의 연결을 확인할 수 있으며 도쿄, 여행과 연결되어 언급되고 있음을 확인했다. 위 연결 관계들은 수집 데이터를 전처리하는 과정에서 숫자가 사라지며 'n박 n일'과 'n일차'의 언급이 단어만 남은 것으로 생각할 수 있다. 이를 통해 슬램덩크 성지순례를 가는 관광객들이 성지순례만을 목표로 일본 여행을 가기보다는 주요 관광도시인 도쿄 여행 일정에 근교이자 〈슬램덩크〉의 성지순례 장소인 가마쿠라 방문 일정을 추가하는 경향을 보인다는 결론을 내릴 수 있다.

4) 〈슬램덩크〉 콘텐츠 투어리즘 현황

빈도수 분석에서 영화 〈더 퍼스트 슬램덩크〉의 개봉 이후 신규 팬덤이 형성되고 한국인 슬램덩크 성지순례 관광객 수가 증가했음을 데이터 건수를 통해서 확인할 수 있었다. 이처럼 성지순례의 시장 규모가 커짐에 따라 슬램덩크 상품화가 활발히 진행되고 있다. 국내에서는 〈더 퍼스트 슬램덩크〉 영화 개봉 이후, 서울 여의도에 위치한 더현대 서울에서 영화에 등장한 선수들의 유니폼, 캐릭터 피규어, 키링 판매와 함께 각종 농구 체험 부스를 운영하는 팝업스토어가 열렸다.[30]

30) 최승주, 「'더 퍼스트 슬램덩크' 관객 '200만 돌파'~ 팝업스토어 '흥행대박'」, 뉴스핌, 2023.02.01. https://www.newspim.com/news/view/20230201001186(검색일: 2023.12.29)

이외에도 오픈 마켓 사이트인 '옥션'도 영화 개봉 이후 온라인 만화축제에서 슬램덩크 원작 만화를 판매하였다.[31] 일본에서는 슬램덩크에 등장하는 '장소' 중심으로 관광 상품화가 활발히 이루어지고 있으며, 그 사례로는 가마쿠라와 아키타(秋田)의 사례를 확인할 수 있다.

[그림 21] 하나투어의 슬램덩크 실제 배경지 관광 홍보 페이지

가마쿠라에서는 슬램덩크 오프닝에 등장하는 해변 앞 철도의 건널목, 강백호가 앉아 있던 해변, 서태웅이 자전거로 다니던 도로 등 앞서 언급된 〈슬램덩크〉 성지순례의 장소들이 투어 패키지에 포함되어 있었다. [그림 21]에서 확인할 수 있듯이 한국 여행사인 하나투어에서 '슬램덩크의 실제 배경의 도시 에노시마 & 가마쿠라 1일 투어'라는 이름으로 〈슬램덩크〉 성지순례 장소에 들르는 관광 패키지 상품이 판매되었다.[32]

31) 박준호, 「옥션, 슬램덩크 열풍 잇는다 … 인기 만화책 130종 판매」, 전자신문, 2023.02.07. https://www.etnews.com/20230207000020(검색일: 2023.12.29)

32) 「[도쿄] 슬램덩크의 실제배경의 도시 에노시마 & 카마쿠라 1일 투어」, 하나투어. https://fnd.hanatour.com/ko/product/kamakura-jp/MHJ-PRD3D29ATQIC.(검색일: 2023.12.29)

[그림 22] ACTIVITY JAPAN의 슬램덩크 배경지 관광 홍보 페이지

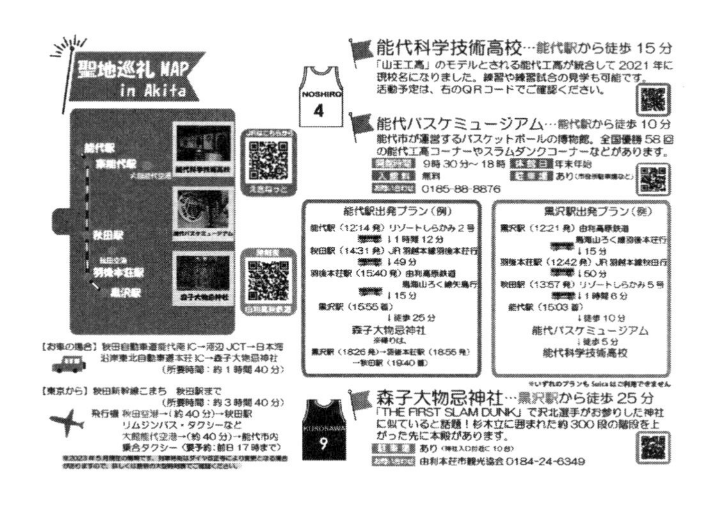

[그림 23] 유리혼조시 관광 홈페이지의 슬램덩크 배경지 홍보

반면, 아키타의 〈슬램덩크〉 배경지와 관련한 관광 상품은 일본에서 제공하는 상품이 주를 이루고 있다. [그림 22]와 같이 일본 여행사인 'ACTIVITY JAPAN'에서는 3500엔을 지불하면 대략 5~6시간 동안

노시로 농구 박물관과 노시로 과학 기술 고등학교를 견학할 수 있는 여행 플랜을 자사 홈페이지에 게시하고 있다.[33] [그림 23]은 유리혼조(由利本莊)시 관광 홈페이지의 캡처 화면으로 아키타현의 슬램덩크 배경지인 노시로 과학 기술 고등학교와 노시로 농구박물관에 관한 간단한 소개와 찾아오는 방법을 상세히 제시하고 있으며, 모리코오모노이미 신사(森子大物忌神社)가 슬램덩크 등장인물이 방문한 장소라는 점을 언급하면서 관광객 유치를 위한 적극적인 홍보를 진행하고 있다.[34] 이를 통해 가마쿠라의 경우는 한국 여행사가 〈슬램덩크〉 성지순례의 장소를 포함하는 패키지 상품을 제공하고 있지만, 아키타의 경우는 일본 여행사와 지자체가 〈슬램덩크〉와 관련이 있는 장소들을 포함하는 패키지 상품을 제공하고 있는 것을 확인할 수 있다.

또한 단어 빈도수 분석에서 '가마쿠라'는 2008~2019년에는 1위(156건), 2020~2022년에는 2위(44건), 2023년에는 1위(250건)로 나타나는 것에 반해, '아키타'는 2008~2019년과 2020~2022년에는 언급되지 않았으며 2023년에는 221위(4건)으로 나타나며, 아키타에 비해 가마쿠라의 단어 빈도수가 높은 것을 확인할 수 있다. 이와 더불어 '도쿄-여행', '도쿄-가마쿠라', '여행-자유'의 유의미한 관계를 N-gram 분석에서 제시하였다. 이외에도 가마쿠라는 도쿄와 신주쿠와 같은 도심부와 나리타 국제 공항에서 환승하지 않고 도착할 수 있는

33) 「【아키타·노시로시】 성지 순례 투어 슬램 덩크의 산왕 공고의 모델? 의 고등학교와 노시로 농구 박물관 견학+45678915 등번호의 기념품 첨부」, ACTIVITY JAPAN, https://ko.activityjapan.com/publish/plan/48645.(검색일: 2023.12.29)

34) 「森子大物忌神社(もりこおおものいみじんじゃ)」, 由利本荘市観光協会, 2023.04.30. https://yurihonjo-kanko.jp/yrdb/moriko/ (검색일: 2023.12.28)

반면, 아키타는 한국 공항과의 직항이 없어 일본의 다른 공항을 경유해야 하는 등 상대적으로 한국인 관광객의 접근성이 떨어진다.[35)36)] 이처럼 가마쿠라와 아키타는 교통 편의성 면에서도 차이를 보인다. 이를 통해 주요 관광지인 도쿄와 가까운 거리에 있는 가마쿠라의 지리상 이점이 실제 성지순례 관광객의 증가로 이어졌다고 추측할 수 있다. 따라서 가마쿠라는 편리한 교통편으로 수많은 외국인 관광객이 자주 방문하는 장소이기에 주로 외국 여행사에서 여행 패키지를 제공하며 일본 여행사의 홍보 유인이 떨어진다는 결론을 도출할 수 있다. 반면 아키타현이 외국인에게는 접근성이 떨어지기 때문에 일본 여행사와 지역 관공청이 아키타현을 대상으로 하는 관광 상품을 제공하며 자국 관광객 유치에 주력하고 있음을 추측할 수 있다.

한편, 가마쿠라는 지리상 이점이 관광 수입으로 이어지는 경제적 효과를 보고 있지만, 거주 인구수의 백배가 넘는 2000만 명이라는 수용 가능 이상의 관광객으로 인해 문제가 발생하고 있다.[37)] 이는 과잉 관광으로 해석되는 '오버 투어리즘'으로 '지나치다'는 의미의 'over'와 '관광'의 의미를 지니는 'tourism'을 결합한 단어이며, 수용력을 넘어서는 관광객이 지역에 몰려들면서 관광객이 도시를 점령하고 주민들의 삶을 침범하는 현상을 의미한다.[38)39)] 가마쿠라의 경우 오버투

35) 「アクセス」, 鎌倉観光公式ガイド. https://www.trip-kamakura.com/feature/3437.html (검색일: 2023.12.31)

36) 「アクセス」, 秋田県公式観光サイト〔アキタファン〕. https://akita-fun.jp/access(검색일: 2023.12.31)

37) 정영효, 「연간 2000만 관광객이 몰려드는 가마쿠라시의 비밀〔글로벌 현장〕'」, 매거진한경, 2023.09.26. https://magazine.hankyung.com/business/article/202309190984b(검색일: 2023.12.28)

어리즘의 사례로 안전 우려와 쓰레기 투기와 같은 거주민 문제가 발생하고 있다.[40] 이에 따라 관광객으로 인한 문제의 예방 방안을 적극적으로 모색하여 대책을 강구할 필요성이 제기되고 있으며, 가마쿠라시는 경비원 추가 배치와 전단지를 배포 등의 대안을 제시하였다.[41]

5. 결론

텍스트 마이닝을 통해 한국인이 소비하는 콘텐츠 투어리즘의 현황을 〈슬램덩크〉라는 작품을 중심으로 확인하기 위해 세 시기로 나누어 핵심어와 그 빈도가 어떻게 나타나는지를 분석하였다. 또한 N-gram과 CONCOR 분석을 사용하여 서로 다른 시기에서 나타나는 콘텐츠 투어리즘의 모습을 비교 분석하였다. 분석을 통해 도출한 결과는 다음과 같다.

먼저, 2008~2019년, 2023년과 비교했을 때 2020~2022년의 데이터의 수집 건수가 이전보다 감소한 것은 코로나 19의 유행에 불매

38) 이시은·심창섭, 「오버투어리즘이 도시민의 장소성 변화인식 및 행동의도에 미치는 영향」, 『관광연구논총』 35(4), 한양대학교 관광연구소, 2023, pp.103~125.

39) 송창룡·류시영, 「트리즈(TRIZ) 기법을 적용한 오버투어리즘 대응 방안에 대한 탐색」, 『관광연구저널』 35(12), 한국관광연구학회, 2021, pp.33~50.

40) 한국관광공사 오사카지사, 「일본의 오버투어리즘 주요 사례와 정부 대책」, 한국관광데이터랩, 2023, p.2. 및 김지수, 「"너무 많은 한국 관광객에 골머리 앓는 일본"... 결국 빼내든 소름돋는 대책」, 여행톡톡, 2023.11.09. https://www.tourtoctoc.com/news/articleView.html?idxno=2926(검색일: 2023.12.29) 참조.

41) 김주희, 「"쓰레기 버리지 마세요" … 日 슬램덩크 성지 '가마쿠라'에 몰려드는 관광객」, JK DAILY, 2023.08.31. https://www.jk-daily.co.kr/news/view.php?bIdx=19259 (검색일: 2023.12.29)

운동까지 겹치면서 일본 여행에 대한 수요가 줄었기 때문으로 보인다. 2020~2022년의 블로그 글들을 보면, 대체로 이전에 갔었던 여행을 회고하여 쓴 것들이 많은 것도 특징이다. 2008~2019년과 2020~2022년 사이에서 도출되는 키워드의 주목할 만한 변화는 발견할 수 없었다. 2020~2022년에 버즈량이 감소하였다가 2023년 영화 〈더퍼스트 슬램덩크〉의 개봉 이후, 다시 증가한 것을 확인할 수 있었는데, 이를 통해 일종의 슬램덩크 붐 현상이 일어났음을 알 수 있었다. 〈슬램덩크〉가 인기를 얻은 지 시간이 지난 작품임에도 불구하고 새로운 콘텐츠를 제작함으로써 젊은 세대와 슬램덩크에 대한 추억이 있는 세대 모두에 걸쳐 인기를 얻었고, 그에 따라 새로운 팬덤이 형성된 것으로 추측할 수 있다.

또한 세 시기에서 모두 '가마쿠라', '코코마에', '에노시마', '에노덴' 등 슬램덩크의 배경 장소와 관련된 키워드가 상위 키워드로 등장하였다. 슬램덩크의 오프닝 배경이 된 가마쿠라 코코마에역의 에노덴 건널목이 슬램덩크 성지의 대표적인 장소로서 역할하고 있음을 파악하였고 어떤 작품에 대해 특정 장소가 연상될 정도로 대표성을 가진 장소가 있는 것이 성지순례를 용이하게 한다고 추측하였다. 이와 더불어 '도쿄' 키워드와 N-gram에서 '박-일' '일-차'와 같은 관계가 나타나는 것을 통해 도쿄 여행과 함께 가마쿠라로 성지순례를 가는 사람이 다수 존재하는 것을 파악할 수 있었다. 이는 성지순례의 장소가 되는 가마쿠라가 도쿄 근교이기 때문에 접근이 용이하여 〈슬램덩크〉 성지순례를 유명 관광지인 도쿄 여행의 일부 일정으로 계획하는 관광객이 많았기 때문으로 판단된다.

이와 더불어 다른 〈슬램덩크〉 성지순례 장소인 아키타현과의 관광 패키지 상품의 비교를 통하여 가마쿠라와 아키타의 관광 상품 제공 주체가 다른 것을 확인했다. 이는 가마쿠라가 주요 관광지인 도쿄와 가까운 곳에 위치하며 교통 편의성을 갖추고 있어 아키타에 비해 외국인 관광객의 접근이 용이하여 상대적으로 외국인을 대상으로 하는 홍보 유인이 높아 발생하는 것으로 추측하였다. 이러한 접근의 용이성은 관광 상품의 활성화와 더불어 오버투어리즘과 같은 사회적 문제가 야기되기에 대책 강구의 필요성이 제기되고 있는 것을 확인하였다.

지금까지 〈슬램덩크〉라는 작품을 통해 콘텐츠 투어리즘의 수용 양상과 콘텐츠 투어리즘의 활성화에 있어서 어떤 요인들이 작동하는지에 대해 파악하였으나 몇 가지 한계점이 존재하였다. 텍스트 마이닝을 이용한 분석의 경우 수집된 데이터의 양이 많을수록 대표성을 띠는 결과를 도출할 수 있다. 이번 연구에서 수집된 데이터의 건수는 각각 125건, 37건, 189건으로, 텍스트 마이닝을 실시하는 데에 있어서 네이버 블로그만을 수집 플랫폼으로 설정하였기 때문에 데이터 수가 부족한 경향이 있었다. 또한 블로그의 플랫폼 특성상 정제된 정보가 주를 이루고, 직접적인 반응 혹은 정제되지 않은 정보를 확인하기 위해서는 블로그 외의 트위터와 같은 플랫폼의 결과도 확인해야 한다. 따라서 추후의 연구에서는 트위터나 다른 포털사이트의 블로그 등 다른 SNS 플랫폼의 데이터 분석이 필요할 것으로 보인다. 다만 트위터를 플랫폼으로 지정하여 데이터 분석을 하는 것에는 기술적인 한계가 존재하므로 이를 보완할 필요성이 있다. 이외에도 〈슬램덩크〉라는 하나의 작품에 대한 연구를 전체 콘텐츠 투어리즘의 동향으로 일반화하기에는 한계가 존재하기 때문에, 다른 작품들의 콘텐츠 투어리즘 관련 데이터를 확인하여 콘텐츠 투어리즘의 동향과 관련한 데이터 기반을

쌓아나가는 것이 앞으로 콘텐츠 투어리즘 소비 양상을 분석하는 것에 있어서 중요할 것으로 보인다.

이 글은 「텍스트 데이터 분석을 통해 본 한국인의 콘텐츠 투어리즘 소비: 〈슬램덩크〉 사례를 중심으로」, 『일본연구』 41, 고려대학교 글로벌일본연구원, 2024, pp.333~366을 본서의 취지에 맞추어 가필 수정한 것이다.

제7장

텍스트 마이닝을 활용한 일본 웹소설 플랫폼 비교연구

'소설가가 되자(小説家になろう)'와 '가쿠요무(カクヨム)'를 중심으로

남유민

1. 들어가며

이전부터 '온라인 소설', '넷 소설' 등으로 불리던 '인터넷에서 읽는 소설'과 2000년대 이후 '웹소설'이라는 이름으로 자리 잡은 소설 간에는 중요한 차이가 있다. 웹소설은 기존 인터넷 소설과 달리, 소설 투고 플랫폼에 투고된 작품이라는 특성을 가지고 있다. 특히 일본에서 웹소설은 가장 큰 플랫폼인 '소설가가 되자(小説家になろう)'[1]를 중심으로 급격히 성장하며 대중적인 인기를 끌게 되었다. '소설가가 되자'의 작품 수는 2023년 3월에 100만 개를 넘어섰으며, 2024년 7월 기준으로 회원 수가 약 260만 명에 달한다. 또한, 이 플랫폼에서는 매월 수백 개 이상의 새로운 작품이 추가되고 있어, 일본 웹소설 생태계에서 매우 중요한 역할을 차지하고 있다. 이렇듯 일본 웹소설은 대체로 무료 서비스 플랫폼을 기반으로 성립되어 작품 수와 이용자 수에

1) 「소설가가 되자」 'https://syosetu.com/' (검색일: 2024.12.1)

서 큰 규모를 자랑하며, 조회수(Page View) 등의 측면에서도 활발한 활동을 보인다. 특히 2010년대에 들어와 본격적으로 존재감을 드러내기 시작한 웹소설 투고 플랫폼은 오늘날 일본 소설 창작과 유통의 새로운 장으로 자리매김하고 있다.

'소설가가 되자'뿐 아니라 2016년에 설립된 카도카와의 '가쿠요무(カクヨム)'[2]도 웹소설 플랫폼으로 큰 성공을 거두며, 일본 웹소설 시장에서 중요한 위치를 차지하고 있다. 2024년 7월 기준으로 '소설가가 되자'에는 약 111만 개, '가쿠요무'에는 약 44만 개의 소설이 투고되어 있으며, 각 플랫폼은 서로 다른 독자층과 콘텐츠를 기반으로 성장해왔다. 이처럼 방대한 규모로 성장한 웹소설 플랫폼들은 이제 단순히 인터넷 소설을 읽고 쓰는 공간을 넘어 다양한 장르와 독자의 요구를 수용하는 다채로운 생태계를 구성하고 있다. 그러나 방대한 작품 수와 복잡한 생태계로 인해 일본 웹소설에 대한 연구는 주로 업계 종사자의 경험이나 특정 작품에 대한 개별 분석에 의존해왔다. 이는 일본 웹소설을 포괄적으로 이해하는 데 한계를 가져왔으며, 웹소설 전반에 대한 일반화가 이루어지기 어려운 원인으로 작용했다.

일본 웹소설에 대한 대표적인 연구로는 출판업계 전문가 이다 이치시(飯田一史)의 저서[3]가 있다. 이다 이치시의 연구는 웹소설 플랫폼의 역할과 출판 시장에 대한 현황을 다루지만, 출판업계 종사자의 시각에서 분석된 결과로서, 객관적 데이터나 학술적 연구에 의한 지표를 제시하지는 않는다는 한계가 있다. 이에 비해 학술적 연구로는 특정

2) 「가쿠요무」 'https://kakuyomu.jp/' (검색일: 2024.12.1)

3) 飯田一史, 『ウェブ小説の衝撃ーネット発ヒットコンテンツのしくみ』, 筑摩書房, 2016.

웹소설 서사에 초점을 맞춘 소수의 연구가 존재한다. 예를 들어, 웹소설과 라이트노벨의 관계성을 다룬 연구[4)]가 있으며, 이는 2010년대 라이트노벨발 웹소설의 서사 구조에 대해 논의하고 있다. 그러나 이러한 연구는 소수 작품에 국한되어 일본 웹소설의 전체적인 특징을 규명하기에는 부족하다는 한계가 있다. 이외에도 'ライトノベル研究会'가 출간한 서적[5)]에서도 웹소설의 일부 특성을 다루고 있지만, 해당 연구 또한 웹소설의 다면적 특성을 모두 포착하기에는 한계가 존재한다.

이렇듯 일본 웹소설의 양적 특성은 일반적인 문학 연구 방법론으로 전체적인 동향을 분석하기 어려운 문제를 제기한다. 이러한 한계를 극복하기 위해 본 연구는 일본의 대표적인 두 웹소설 플랫폼인 '소설가가 되자'와 '가쿠요무'에 투고된 방대한 양의 작품을 대상으로 텍스트 마이닝을 활용하여 정량적 분석을 시도하고자 한다. 텍스트 마이닝은 대규모의 텍스트 데이터를 효율적으로 처리하고 다양한 지표를 도출할 수 있는 방법론으로서 일본 웹소설의 전체상을 분석하기에 적합한 방법이다. 본 연구는 두 플랫폼의 메타데이터를 중심으로 각 플랫폼의 특징을 비교하고 일본 웹소설 시장 전반에 대한 고찰을 시도할 것이다.

연구의 대상이 되는 메타데이터는 '소설가가 되자'와 '가쿠요무'가 제공하는 작품의 장르, 키워드, 줄거리, 첫 투고일 등이다. 웹소설 플랫폼은 독자가 취향에 맞는 작품을 용이하게 찾을 수 있도록 '판타지', '로맨스', '이세계 전생', 'SF' 등의 다양한 장르를 구분하고, 작

4) 남유민, 「2010년대 라이트노벨과 현대 일본의 젊은 세대: 웹소설 투고 사이트 발신 작품을 중심으로」, 『日本學報』 116, 한국일본학회, 2018.

5) 大橋崇行·山中智省, 『小説の生存戦略ライトノベル·メディア·ジェンダー』, 青弓社, 2020.

가가 직접 입력한 키워드와 줄거리를 제공한다. 이를 통해 독자는 작품을 읽기 전에 해당 작품의 내용을 사전에 파악할 수 있으며, 플랫폼은 독자에게 적합한 작품을 추천하는 데 중요한 역할을 한다. 본 연구에서는 이러한 메타데이터를 중심으로 텍스트 마이닝을 수행하여 각 플랫폼의 투고 수 변화와 장르 분포, 그리고 주요 키워드의 빈도수를 비교할 것이다. 특히, 일본 웹소설 시장에서 두 플랫폼이 각기 다른 역할을 수행하고 있음을 메타데이터 분석을 통해 입증하고, 일본 웹소설 전체에 대한 종합적 고찰을 수행하는 것에 본 연구의 목적이 있다.

2. 연구방법 및 대상

본 연구는 일본의 대표적 웹소설 플랫폼인 '소설가가 되자'와 '가쿠요무'의 메타데이터를 대상으로 하여, 텍스트 마이닝을 통해 일본 웹소설의 전체적 특성을 분석하고자 한다. '소설가가 되자'는 2004년 설립된 일본 최대의 웹소설 플랫폼으로, 2024년 7월 기준 약 111만 개의 작품이 투고되어 있다. 이는 플랫폼의 방대한 작품 수와 사용자의 규모로 미루어 볼 때, 일본 웹소설 시장에서 중요한 위치를 차지하고 있음을 보여준다. 특히, '소설가가 되자'는 '되자 디벨로퍼(なろうデベロッパー)'[6]라는 개발자용 API(Application Programming Interface)[7]

6) 되자 디벨로퍼 'https://dev.syosetu.com/' (검색일: 2024.12.1)

7) 운영체제와 응용프로그램 사이의 통신에 사용되는 언어나 메시지 형식. 다른 어플리케이션이나 웹사이트 등에서 데이터를 활용할 수 있도록 해준다.

를 별도로 운영하여 투고된 모든 작품의 메타데이터에 접근할 수 있도록 한다. API는 사용자로부터 특정 데이터를 요청받으면 JSON 형식으로 응답을 제공하며, 연구자는 이를 통해 필요한 매개변수로 데이터를 수집하고 처리할 수 있다. 본 연구에서는 Python을 활용해 API로부터 데이터를 수집하였고, JSON 모듈을 통해 수집한 데이터를 구문 분석하였다. 또한, requests라이브러리를 통해 서버에 접근하여 데이터 요청을 처리하였고, pandas라이브러리를 활용해 각 작품의 장르, 키워드, 줄거리, 첫 게재일 등 분석에 필요한 항목을 정리하였다.

한편, '가쿠요무'는 종합엔터테인먼트 기업인 '가도카와'가 2016년에 설립한 플랫폼으로 '소설가가 되자'와는 달리 API를 제공하지 않는다. 이에 따라 본 연구에서는 웹사이트에서 보여지는 데이터를 자동으로 가져오는 방식인 웹 스크랩핑을 통해 가쿠요무의 데이터를 수집하였다. 웹 스크랩핑은 원하는 정보를 특정 조건에 따라 추출하는 기술로, 수집된 데이터가 정확한지 검토하는 추가 작업이 필요하다. 특히, 스크랩핑한 데이터가 혼합되지 않도록 각 항목을 세밀하게 관리하고자 본 연구는 장르, 키워드, 줄거리, 공개일 등의 주요 항목별로 데이터를 분류하였다. 데이터 수집에는 스크래핑 프로그램인 스크레이프 스톰(ScrapeStorm)을 활용하였으며, 수집 후에는 파이썬(Python)을 통해 데이터를 체계적으로 정리하고 구조화하였다. 연구의 분석 대상은 각 플랫폼의 첫 투고 작품부터 2024년 7월 31일까지 등록된 모든 작품을 포함하며, 이를 통해 최대한 포괄적인 데이터를 수집하고자 하였다. 그 결과, '소설가가 되자'에서는 약 104만 8,633개의 데이터, '가쿠요무'에서는 약 46만 8,635개의 데이터를 확보할 수 있었다.

수집된 데이터는 텍스트 마이닝 기법을 통해 각 플랫폼의 특성을 비교 분석하는 데 사용되었다. 구체적으로는 각 플랫폼에서 인기 있는 장르의 분포와 변화, 줄거리 내 주요 단어의 빈도수, 키워드의 빈도수 등을 비교하였다. 이를 통해 일본 웹소설 시장에서 두 플랫폼이 차지하는 역할과 위치를 밝히고, 종합적으로 일본 웹소설의 전반적인 동향을 파악하는 것이 본 연구의 목표이다. 또 분석한 결과를 시각화해 보다 직관적으로 파악할 수 있도록 하였다. 각 분석 단계에서 활용한 라이브러리와 시각화 방법은 후속 단락에서 추가 설명하겠다.

3. 웹소설 플랫폼 데이터의 텍스트 마이닝 분석

1) 장르 분포 및 변화

우선 일본의 대표적 웹소설 플랫폼인 '소설가가 되자'와 '가쿠요무'에서의 연도별 작품 투고 수의 변화를 통해 웹소설 창작 흐름을 파악하고자 하였다. 분석 대상이 된 '소설가가 되자'는 2004년 설립되어 이 시점부터 작품 투고가 이루어졌으며, '가쿠요무'는 2016년에 서비스를 개시하여 이때부터 투고 데이터를 확보할 수 있었다.

두 플랫폼의 작품 투고 변화를 시각화하기 위해 각 연도의 투고 수를 기준으로 선 그래프를 작성하였으며, 누적 그래프 대신 연도별 투고 수를 나타내어 연도 간의 투고 변화를 보다 명확히 파악할 수 있도록 하였다.[그래프 1]

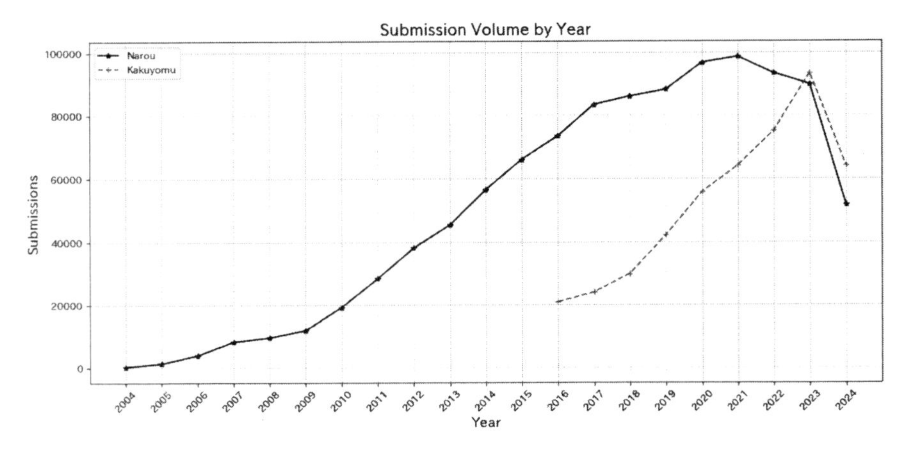

[그래프 1] '소설가가 되자'와 '가쿠요무'의 연도별 작품 투고수

이와 같은 분석을 통해 2023년부터 흥미로운 흐름이 관찰되었다. 현재 연말 시점에 도달하지 않았으므로 확정적인 결론을 내릴 수는 없지만, 2024년 7월까지의 데이터에서 '가쿠요무'의 연간 투고 수가 '소설가가 되자'를 역전한것으로 나타났다. 이는 '소설가가 되자'와 같은 선발 웹소설 플랫폼과 비교할 때, '가쿠요무'가 후발주자로서 단기간에 독자적 입지를 구축하였음을 시사한다. 다른 출판사에서도 '가쿠요무'처럼 웹소설 플랫폼을 운영한 사례가 있으나, 그 성과는 다양하다. 예를 들어 고단샤(講談社)가 2019년에 설립한 웹소설 플랫폼 '세르반테스(セルバンテス)'는 운영한지 1년 만에 문을 닫았는데, 이는 이미 확립된 선발 플랫폼이 존재하는 상황에서 신규 출판사가 웹소설 플랫폼 시장에 안착하기 어렵다는 점을 보여준다.

물론 가도카와는 종합 엔터테인먼트 기업으로서 고단샤와는 다른 사업적 배경과 전략을 가지고 있다. 고단샤가 주로 출판 사업에 중심을 둔 반면, 가도카와는 웹소설뿐만 아니라 만화, 게임, 애니메이션 등 다양한 콘텐츠를 통합적으로 전개하고 있기 때문에 이러한 다각적 사업 구조가 웹소설 플랫폼의 성장을 뒷받침할 수 있다. 특히, 가도카와는 서적 출판을 넘어서 콘텐츠 제작과 유통의 전 과정에서 폭넓은 시너지를 창출할 수 있다는 강점이 있어, 이러한 구조적 차이가 '가쿠요무'가 단기간 내에 시장에서 입지를 구축하는 데 중요한 역할을 한 것으로 보인다. 실제로 2024년 7월까지의 데이터를 살펴봤을 때, '가쿠요무'의 투고 수는 '소설가가 되자'를 상회하며 웹소설 플랫폼으로서 활성화되어 있음을 입증한다. 다만, 이러한 경향이 향후에도 지속될지는 추가적인 데이터 수집과 분석을 통해 확인할 필요가 있다.

2) 장르에 대한 분석

다음으로는 각 플랫폼에서 투고된 작품의 장르 분포를 분석하여 두 플랫폼이 지닌 특성과 사용자 선호도의 차이를 살펴보고자 하였다. '소설가가 되자'는 작품 투고 시 필수적으로 장르를 선택하도록 하고 있으며, 대장르(大ジャンル)로 분류된 다섯 가지 장르와 그 아래에 포함된 20여 개의 소장르(小ジャンル)로 구성되어 있다.[8] 구체적인 장르 분류와 정의는 해당 플랫폼의 도움 센터 페이지를 통해 확인할 수 있는데, 주목할 만한 점은 소설가가 되자의 장르 '이세계(異世界)'가 일반적으로 통용되는 '이세계물'과는 다르다는 점이다. 소설가가 되자

8) '소설가가 되자'는 연애(이세계, 현실세계), 판타지(하이판타지, 로우판타지), 문예(순문학, 휴먼드라마, 역사, 추리, 호러, 액션, 코미디), SF(VR게임, 우주, 공상과학, 패닉), 기타(동화, 시, 에세이, 리플레이, 그 외)의 다섯 가지 대장르와 그에 속하는 소장르로 구성된다.

의 분류 체계에서 '이세계' 장르는 대장르로서의 '연애(恋愛)'에 포함된 소장르를 의미하며, 이 장르는 연애가 이세계라는 배경을 중심으로 이루어지는 작품군을 지칭한다. 따라서 일반적으로 말해지는 '이세계물'을 검색하고자 할 경우, 장르보다는 키워드를 활용하여 탐색해야 하는 구조로 되어 있다. 이는 장르와 키워드 분류가 구체적이면서도 세밀하게 이루어져 있음을 보여준다.

또한 소설가가 되자의 판타지 장르에서도 전통적 의미의 판타지 하위 장르와는 다소 차이가 있다. 예를 들어, '하이판타지(ハイファンタジー)'와 '로우판타지(ローファンタジー)'는 각각 "현실 세계와는 다른 세계를 무대로 한 이야기"와 "현실에 가까운 세계에 판타지 요소를 도입한 이야기"로 정의되며, 판타지의 비현실성 정도에 따라 '하이'와 '로우'로 구분하고 있다. 이는 전통적 의미의 판타지 소설과는 다른 웹소설 플랫폼 특유의 장르 구분 체계라 할 수 있다.

한편, '가쿠요무'는 총 12개 장르로 작품을 분류[9]하고 있으며, '소설가가 되자'와 마찬가지로 플랫폼 내에서 각 장르에 대한 정의를 제공하고 있다. 다만 '소설가가 되자'에 비해 장르 구분이 상대적으로 간략하게 이루어진 것으로 보인다.

본 연구는 두 플랫폼의 전체 투고 데이터를 기반으로 하여 각 장르별 작품 수의 비율을 분석하였다. 우선, '소설가가 되자'의 경우, 전체 데이터를 바탕으로 장르별 투고 작품 수를 막대 그래프로 시각화하였으며, 이를 통해 주요 장르 분포를 파악하였다.[그래프 2]

9) '가쿠요무'는 이세계판타지, 현대판타지, SF, 러브코미디, 연애, 현대드라마, 호러, 미스테리, 역사·시대·전기, 에세이·논픽션, 창작론·평론, 시·동화·기타의 총 12개 장르로 구성되어 있다.

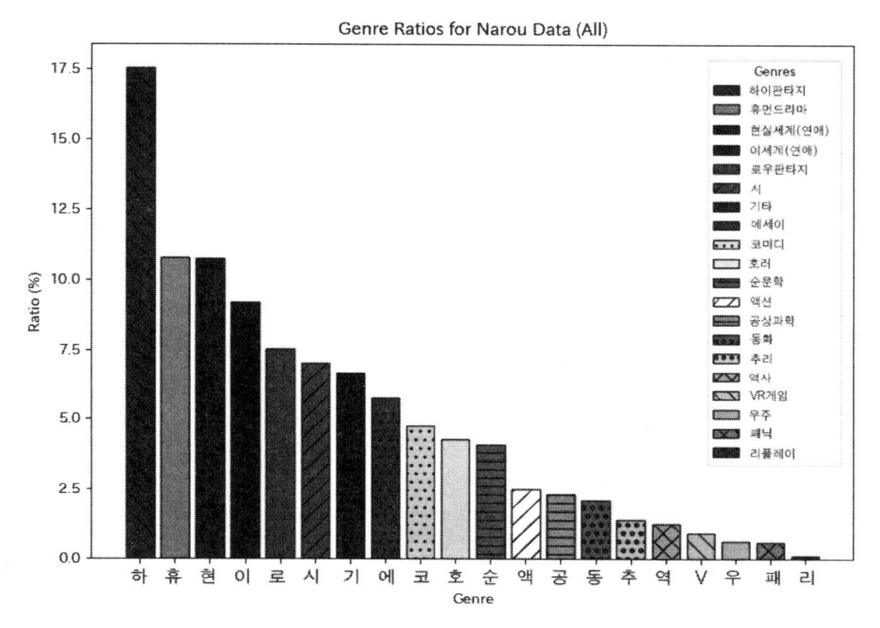

[그래프 2] '소설가가 되자' 장르 분포(전체)

그 결과, '하이 판타지'와 같이 현실 세계와는 다른 세계를 배경으로 한 이야기가 다수를 차지하는 경향이 뚜렷하게 나타났다. 독자들이 특정 장르에 대한 선호를 보이는지도 함께 분석하고자, '소설가가 되자'에서 제공하는 평가 포인트를 기준으로 상위 20%에 해당하는 인기 작품을 별도로 추출하여 장르 분포를 분석하였다.[그래프 3] 평가 포인트는 작품의 본문 아래에 있는 아이콘을 통해 독자가 직접 평가한 점수로, 포인트가 높을수록 독자들 사이에서 인기가 높은 작품으로 간주할 수 있다.

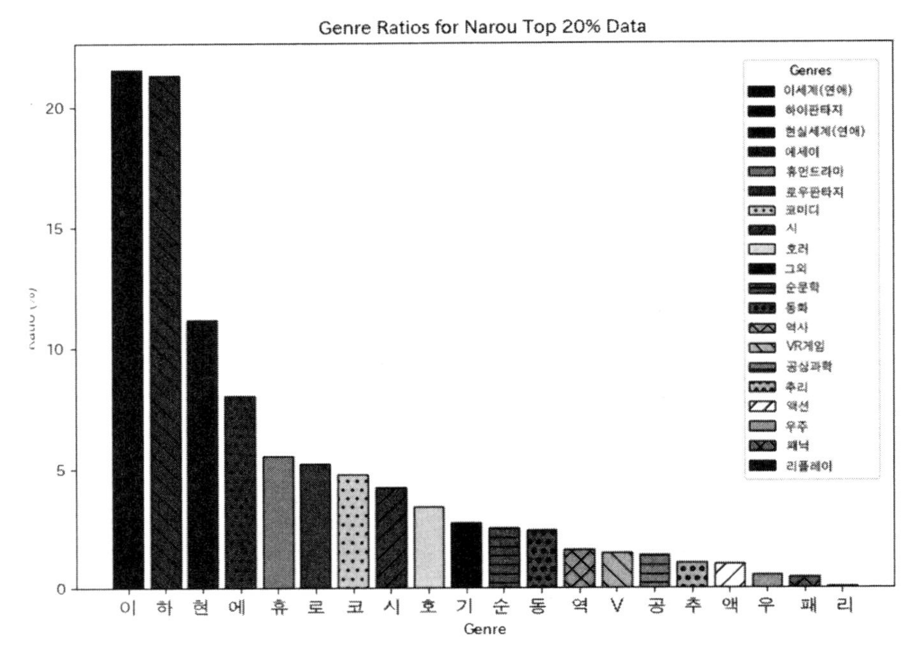

[그래프 3] '소설가가 되자' 장르 분포 (평가 포인트 상위 20%)

상위 20%에 해당하는 작품에서 나타난 장르 분포를 분석한 결과, 대장르 '연애'의 하위 장르인 '이세계' 장르가 인기 작품에서 높은 비율을 차지하는 것으로 확인되었다. 이는 해당 장르가 투고된 작품 수 대비 인기가 높은 장르임을 의미하며, 또한 독자층이 특정 장르에 대해 집중적인 선호를 보이는 양상을 보여준다. '하이판타지' 장르도 투고 수와 독자 평가 포인트 모두에서 높은 비율을 보였으며, 이는 일본 웹소설 플랫폼에서 현실과는 다른 이세계라는 배경 설정을 가진 작품들이 강한 선호를 받는다는 사실을 뒷받침한다.

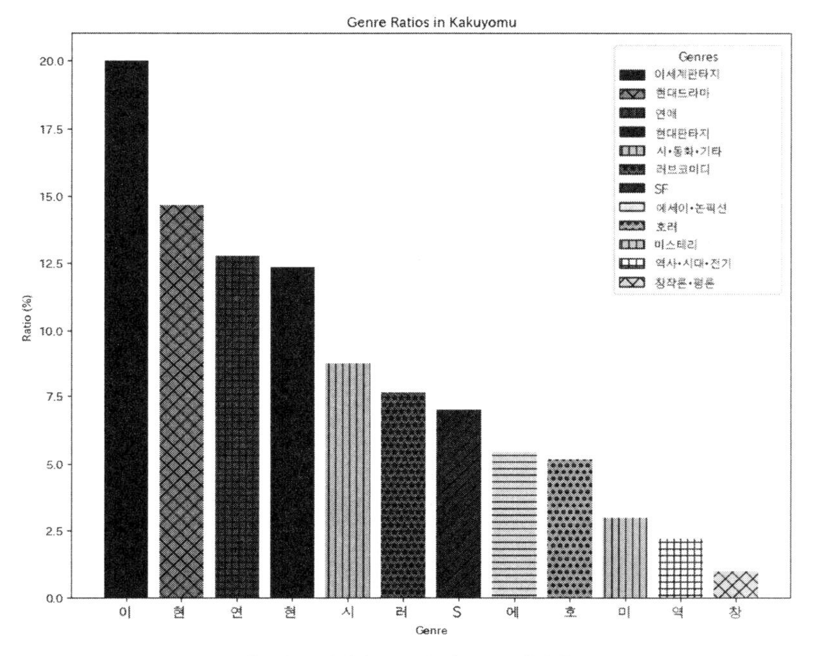

[그래프 4] '가쿠요무' 장르 분포(전체)

반면, '가쿠요무'의 장르 분포를 분석한 결과[그래프 4] '이세계 판타지'가 가장 높은 비율을 차지하는 것으로 나타났으며, 그 뒤를 이어 '현대 드라마'가 두 번째로 많이 투고된 장르로 파악되었다. '가쿠요무'의 인기 작품에서도 상위 20%의 작품을 추출하여 분석[그래프 5]하였는데, 이 플랫폼은 평가 포인트가 아닌 별점 시스템을 통해 독자의 피드백을 반영하고 있다.

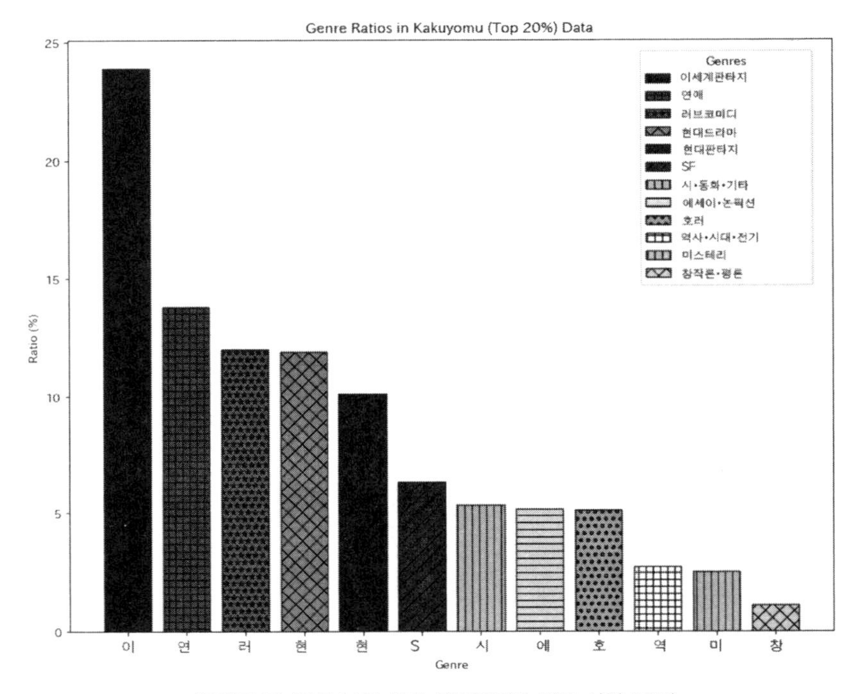

[그래프 5] '가쿠요무' 장르 분포(별평가 평균 상위 20%)

이를 기준으로 상위 20% 작품의 장르 분포를 살펴본 결과, '이세계판타지' 장르의 강세가 여전히 이어지고 있었으며, 이는 독자들에게서도 높은 호응을 얻고 있음을 시사한다. 특히 주목할 만한 부분은 두 번째로 높은 비율을 차지한 '연애' 장르로, '가쿠요무'의 장르 설명에 따르면 여성향 연애를 다룬 작품이 여기에 속한다. 이러한 연애 장르가 전체 작품 대비 상위 인기 작품에서 차지하는 비율이 높은 것으로 보아, '가쿠요무'에서는 여성향 연애장르가 독자들에게 큰 인기를 끌고 있음을 알 수 있다. 또한, 남성향 연애 이야기를 중심으로 하는 '러브 코미디' 장르도 인기 작품에서 상당한 비율을 차지하고 있어,

'가쿠요무'는 '이세계 판타지' 장르 외에도 연애 이야기를 다룬 다양한 작품이 독자층의 관심을 받고 있음을 확인할 수 있었다.

이 두 플랫폼에서 특정 장르가 서로 대응할 수 있는 장르군으로 판단되는 경우, 각 장르의 분포 비율을 비교하여 웹소설 플랫폼 간 차이를 살펴보고자 하였다. 이때 두 플랫폼의 장르 분류 기준이 동일하지 않기 때문에 완전한 일대일 대응은 불가능하다는 한계를 미리 밝힌다. 다만, 대체로 대응 가능하다고 판단되는 주요 장르군을 기준으로 비교를 진행하였으며, 대응한 장르군은 다음과 같다.[표 1]

[표 1] '소설가가 되자'와 '가쿠요무'의 장르 비교

소설가가 되자(대장르)	가쿠요무
하이판타지	이세계판타지
로우판타지	현대판타지
SF	SF
연애	러브코미디, 연애
호러	호러
미스테리	추리
역사, 시대, 전기	역사

'소설가가 되자'의 '연애' 장르에는 소장르로서 이세계를 배경으로 한 연애 이야기가 포함되어 있어, '가쿠요무'의 연애 관련 장르와 완전히 일치하지는 않지만, 독자의 취향에 따라 대체로 유사한 성격을 가진 작품으로 분류될 수 있다. pandas 라이브러리로 읽고 데이터프레임을 활용해 전체 작품수 대비 각 장르 작품의 비율을 계산한 후, Matplotlib 라이브러리를 사용해 누적 막대그래프로 구현하였다.[그래프 6]

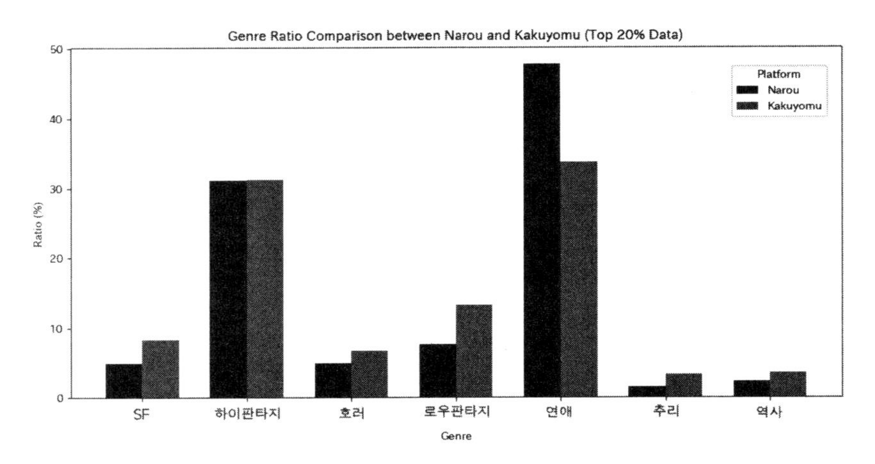

[그래프 6] '소설가가 되자', '가쿠요무'의 같은 장르 작품수 비교

특히 주목할 만한 점은 'SF', '호러', '추리', '역사' 등의 장르에서 두 플랫폼의 차이가 두드러진다는 것이다. 일본 웹소설이 한국과는 달리 활발하게 서적화되는 경향이 있으며, 서적화가 주로 이루어지는 장르와 그렇지 않은 장르가 존재한다.[10] '소설가가 되자'에서 투고된 웹소설의 경우 주로 판타지나 연애 장르가 서적화되고 있는 반면, '순문학'이나 'SF'와 같은 장르는 투고되는 작품 수가 적을 뿐 아니라 서적화 비율도 매우 낮다. 이는 이러한 장르가 독자들로부터 큰 인기를 얻기 어려운 특성이 있음을 시사하며, 실제로 투고된 작품이 비교적 적고 독자 평가 역시 다른 장르에 비해 저조한 편이다.

반면, '가쿠요무'에서는 'SF'나 '호러', '추리', '역사'와 같은 비주류 장르의 작품도 상대적으로 투고되고 있는 양상이 확인되었다. 판

10) 남유민, 「일본 웹소설의 서적화와 라이트노벨: 텍스트마이닝을 활용한 비교분석」, 『일본학』 63, 동국대학교 일본연구소, 2024.

타지와 연애 장르의 높은 서적화 비율은 두 플랫폼에서 모두 공통적으로 나타나는 경향이지만 '가쿠요무'의 경우는 서적화가 잘 이루어지지 않는 장르, 예를 들어 'SF', '호러', '추리', '역사' 장르에서도 '소설가가 되자'에 비해 작품이 투고되고 있다. 이러한 차이점은 전술한 것처럼 '가쿠요무'를 운영하는 가도카와의 특성에서 기인한 것으로 보인다. 가도카와는 종합 엔터테인먼트의 강점을 바탕으로 콘텐츠 활용을 위한 웹소설 장르의 다변화를 모색하고 있으며, 이로써 '가쿠요무'의 차별성을 강화하고 독자층을 넓히는 전략을 취하고 있는 것으로 판단된다.

'가쿠요무'의 이러한 장르 다변화 전략가 웹소설 시장에서 어떤 영향을 미칠지는 향후 추가 연구를 통해 구체적으로 검토할 필요가 있다. 특히, 가도카와가 'SF', '호러', '추리'와 같은 비주류 장르를 적극적으로 서적화하고 있다면, 이는 판타지와 연애 중심의 웹소설 트렌드에서 벗어나 새로운 장르로의 확장을 시도하는 중요한 계기가 될 가능성이 있다.

2) 줄거리

본 연구에서는 각 플랫폼에서 투고된 작품의 줄거리를 통해 주요 단어 빈도를 분석함으로써, 어떤 주제와 내용의 소설이 많은지 파악하고자 하였다. 이를 위해 각 작품의 줄거리 텍스트를 수집하고 Mecab라이브러리를 활용하여 형태소 분석을 실시하였으며, 그중에서 명사만을 추출하여 빈도수를 계산하였다. 이때 신조어와 같은 최신 어휘의 잘못된 분리와 분석 오류를 방지하기 위해 mecab-ipadic 사전을 활용하여 단어의 정확한 분석을 도모하였다. 분석 결과는 상위 20개의 주요 단어를 시각화한 파이차트로 구현하였으며, 이를 통해 독자들에게 가장 관심을 받고 있는 주제와 서사적 특징을 명확히 하고자 하였다. 그래프 구현에는 Matplotlib라이브러리를 활용하였고, 데이터의 수집과 계산에는 Pandas 라이브러리를 사용하여 각 항목별 단어 빈도수를 체계적으로 집계하였다.

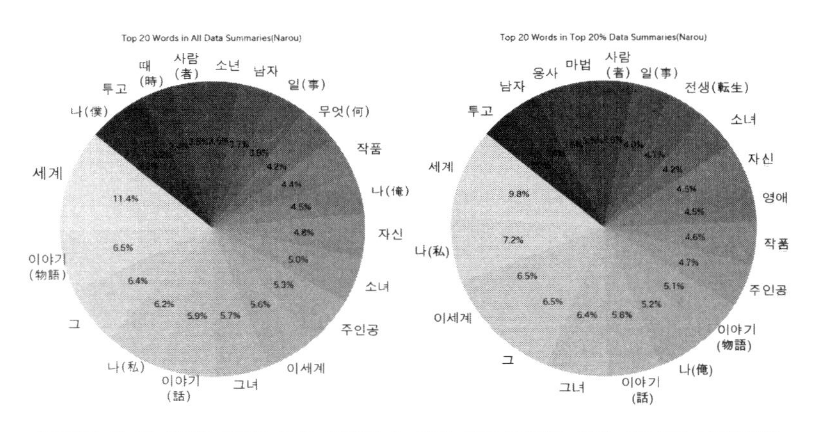

[그래프 7] '소설가가 되자' 작품 줄거리 속 단어 빈도수[왼쪽: 전체, 오른쪽: 상위20%]

먼저, 소설가가 되자의 전체 데이터를 대상으로 줄거리 내에서 자주 등장하는 주요 단어를 분석한 결과는 위와 같다.[그래프 7 왼쪽] 분석 결과, '소년(少年)'보다 '소녀(少女)'라는 단어의 빈도가 높게 나타났으나, 이러한 결과만으로는 남성향 혹은 여성향 작품 중 어느 쪽이 더 많은지는 파악하기 어려웠다. 이와 함께 독자들이 선호하는 작품의 특성을 보다 세밀히 분석하기 위해 소설가가 되자에서 상위 20%의 인기 작품을 별도로 추출하여 이들의 줄거리 데이터를 분석하였다. 이를 통해 인기 작품군과 전체 작품군의 단어 분포를 비교하고자 하였

으며, 상위 20% 작품의 주요 단어를 시각화한 파이차트 역시 생성하였다.[그래프 7 오른쪽]

상위 20%의 줄거리에서 특히 빈도가 높은 단어는 '이세계'로, 이세계 배경을 가진 작품이 독자들 사이에서 매우 인기가 높음을 확인할 수 있다. 이를 통해 소설가가 되자에서 이세계물이 주요한 인기 장르임을 입증할 수 있었으며, 이는 전반적인 줄거리 내 단어 분포에서도 뚜렷하게 드러났다.

상위 20%의 데이터에서는 '이세계'이외에도 '나(俺)'와 같은 남성 1인칭 대명사가 자주 출현했으며, 전체 데이터에서 상위 20위 안에 들지 않았던 '영애(令嬢)'라는 단어도 주요 단어로 나타났다. '영애'는 주로 신분이 높은 여성을 가리키는 표현으로, 이는 여성향 작품에서 자주 등장하는 특징적인 표현 중 하나로 볼 수 있다. 따라서, 소설가가 되자에서는 남성향 이세계물을 비롯하여 여성향 작품역시 독자들로부터 높은 인기를 얻고 있음을 확인할 수 있었다.

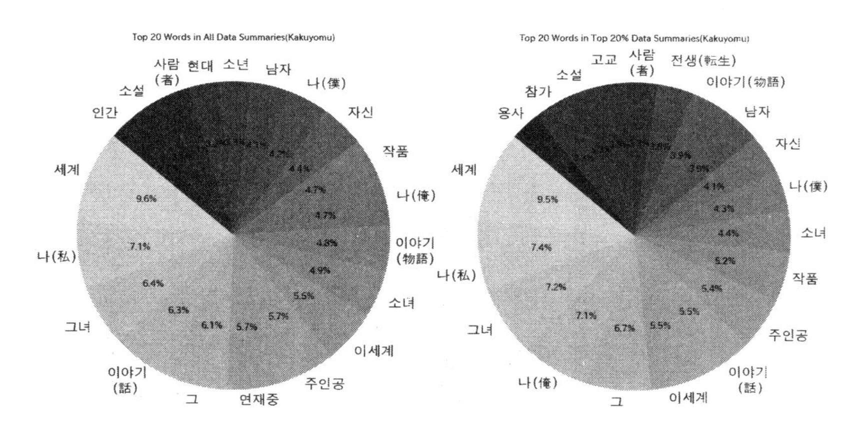

[그래프 8] '가쿠요무' 작품 줄거리 속 단어 빈도수 [왼쪽: 전체, 오른쪽: 상위20%]

반면, '가쿠요무'의 줄거리 데이터를 분석한 결과에선 몇 가지 다른 양상을 관찰할 수 있었다.[그래프 8] '가쿠요무'의 전체 데이터에서 눈에 띄는 단어 중 하나는 '연재중(連載中)'으로, 완결 여부가 줄거리에 표시되는 경우가 많다는 것을 알 수 있다.

이외에도 상위 20% 인기 작품을 기준으로 단어 빈도 분석을 실시하였으며, 소설가가 되자와 마찬가지로 '가쿠요무'에서도 인기 작품군에서 '이세계'라는 단어의 빈도수가 증가하는 경향이 나타났다. 이는 이세계 배경을 가진 작품이 두 플랫폼 모두에서 인기가 높음을 시사한다. 또 '가쿠요무'에서는 상위 20% 작품의 주요 단어에 '고등학교(高校)'라는 단어가 새로운 주요 단어로 포함되어 있어 가상의 이세계가 아닌 현실의 고등학교를 배경으로 하는 이야기도 선호되는 것으로 판단되며, 이는 '가쿠요무' 독자들이 선호하는 이야기에 차이가 있음을 나타낸다.

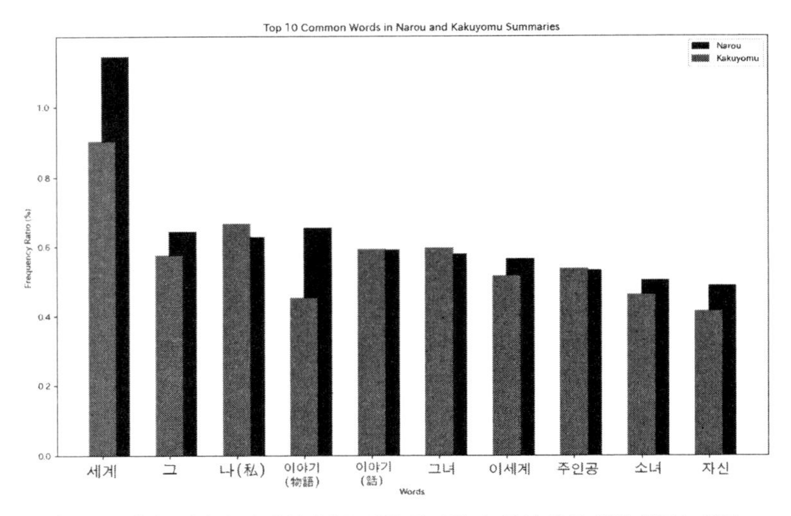

[그래프 9] '소설가가 되자'와 '가쿠요무' 줄거리 속 동시 출현 단어 빈도수 비교

'소설가가 되자'와 '가쿠요무' 양 플랫폼에서 공통적으로 출현하는 단어를 중심으로 비교해보니[그래프 9] '소설가가 되자'에서는 '세계'라는 단어를 자주 사용되고 있는 것이 눈에 띄었다. '소설가가 되자'는 현실과는 다른 세계를 배경으로 한 작품이 다수 투고되고 있음을 보여주는 결과로 볼 수 있으며, 이와 같은 배경 설정이 줄거리에서 자주 설명되는 경향이 있음을 시사한다. 이러한 특징은 특히 이세계물의 강세와 관련이 있으며 독자들로 하여금 비현실적 배경에서 펼쳐지는 독특한 이야기에 대한 선호도가 높음을 알 수 있다. 특히 '소설가가 되자'에서는 '이야기'라는 단어 또한 가쿠요무에 비해 상대적으로 자주 나타났는데, 이는 독자들이 현실과 다른 작품만의 세계을 이해하기 위해 줄거리 내에서 설명이 필요하기 때문인 것으로 보인다.

본 연구는 줄거리 내 각 단어의 빈도만 분석하였으나, 각 단어가 실제로 어떤 맥락에서 사용되었는지를 파악하기 위해 n-gram분석 등을 활용하여 단어 간의 연관성을 보다 구체적으로 분석할 필요가 있다.

3) 키워드 분석

본 연구의 키워드 분석에서는 작품 투고 시 설정된 다양한 유형의 키워드를 활용하여 각 플랫폼에서 주요하게 다루는 테마와 주제에 대한 차이를 파악하고자 하였다. 분석 대상으로 삼은 키워드는 크게 셀프레이팅(Self-Rating) 키워드, 작품 포함 요소, 추천 키워드, 수동 입력 키워드로 구분된다. 셀프레이팅 키워드는 연령 제한에 따라 작품에 자동으로 부여되는 키워드로 '소설가가 되자'에서는 만 15세 이상

추천 연령을 선택할 경우 'R15'키워드가 자동 부여되며, 이는 빈도수 상위 20개 키워드 중에서 가장 높은 빈도로 나타났다.[그래프 10 왼쪽] 또 '잔혹한 묘사 있음(残酷な描写あり)'이라는 키워드 역시 상위 빈도 키워드로 자주 등장하는데, 이는 해당 작품 내 잔혹하거나 선정적인 묘사가 포함되어 연령 제한에 영향을 미치는 경우를 의미하기 때문에 'R15' 키워드와 상관관계를 가질 것으로 판단된다.

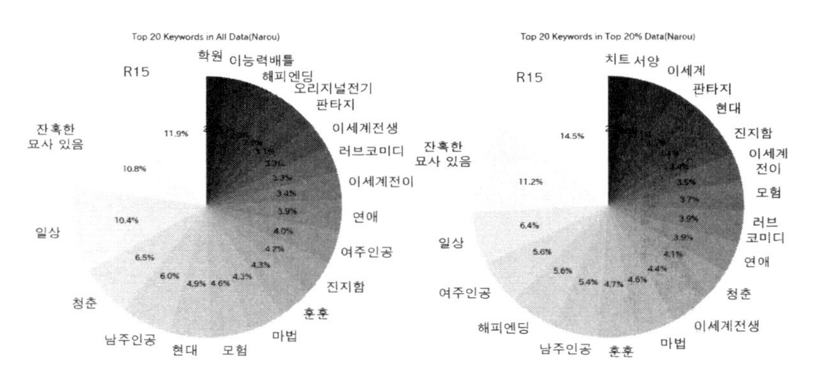

[그래프 10] '소설가가 되자' 키워드 빈도수 [왼쪽: 전체, 오른쪽: 상위20%]

'소설가가 되자'에서 상위 20%의 인기 작품을 대상으로 분석한 결과, '여주인공(女主人公)'을 포함한 작품이 상대적으로 높은 비율로 나타났다. 이는 앞서 분석한 줄거리에서 상위 20% 인기 작품에서 여성향 작품의 주요 키워드와 표현들이 자주 등장한 것과 유사한 경향을 보이며, 여성향 작품이 소설가가 되자에서 인기를 얻고 있음을 시사한다. 또한 '이세계 전이(異世界転移)'와 '이세계 전생(異世界転生)' 키워드 역시 인기 상위 20% 데이터에서 자주 나타나고 있으며, '소설가가 되자'에서는 '이세계물'이 주요 인기 장르로 자리 잡고 있다는 점을 확인할 수 있다. 이러한 키워드 분석 결과는 독자들이 '이세계물'에 높은 선호를 보이고 있음을 보여주며, '소설가가 되자' 플랫폼에서 이세계물이 주요 인기 장르로 자리 잡고 있음을 다시 한번 방증한다.

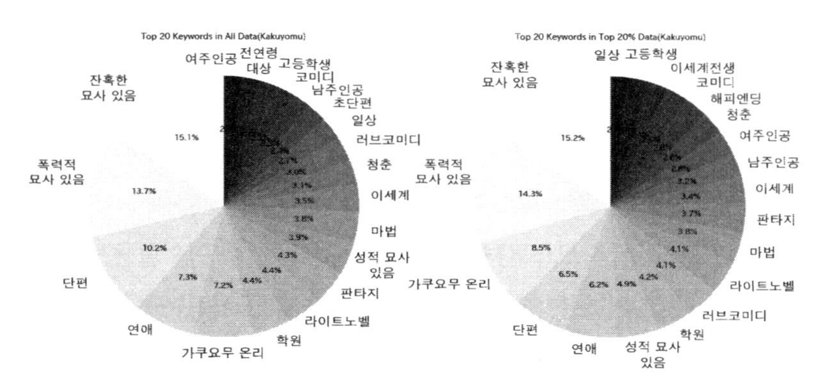

[그래프 11] '가쿠요무' 키워드 빈도수 [왼쪽: 전체, 오른쪽: 상위20%]

'가쿠요무에서도 비슷한 셀프레이팅 키워드가 사용되고 있으며, 대표적으로 '잔혹한 묘사 있음(残酷描写有り)', '폭력적 묘사 있음(暴力描写有り)', '성적 묘사 있음(性描写有り)'등이 이에 해당한다. 가쿠요무의 셀프레이팅 키워드는 만 15세 이상 관람을 권장하는 작품에 자동으로 부여되며, 이는 소설가가 되자의 'R15' 키워드와 유사한 기능을 수행한다. 가쿠요무에서 상위 빈도 키워드 중 주목할 만한 부분은 '가쿠요무 온리(カクヨムオンリー)'라는 키워드로, 이는 특정 작품이 가쿠요무에서만 독점적으로 연재되는 경우 부여되는 키워드이다. 가쿠요무는 별도의 계약 없이 무료 기반으로 작품 투고가 이루어지는 사이트로, 종종 소설가가 되자와 같은 타 플랫폼에서도 동시에 연재되는 경우가 있으나, '가쿠요무 온리'라는 키워드가 붙은 작품은 해당 플랫폼

에서만 감상할 수 있다는 의미를 가진다. 상위 20% 인기 작품에서도 이 키워드가 높은 빈도를 차지하고 있어, '가쿠요무'는 독점적으로 제공되는 콘텐츠를 통해 플랫폼 차별성을 강화하고 있음을 알 수 있다.

특히, '가쿠요무'의 상위 20% 데이터에서는 '소설가가 되자'와 달리 '이세계 전생'과 같은 키워드가 상대적으로 빈도가 낮은 편이었다. 이는 '가쿠요무'와 '소설가가 되자'가 지향하는 콘텐츠의 차이를 반영하며, '소설가가 되자'는 이세계 판타지를 중심으로 다양한 작품군을 형성하는 반면, '가쿠요무'는 독자들에게 좀 더 폭넓은 장르적 선택지를 제공하고 있음을 시사한다. 또 '가쿠요무'에서의 '연애' 키워드 빈도가 더 높게 나타났는데, 이는 '가쿠요무'에서 연애 장르가 상대적으로 많은 인기를 얻고 있음을 나타낸다.

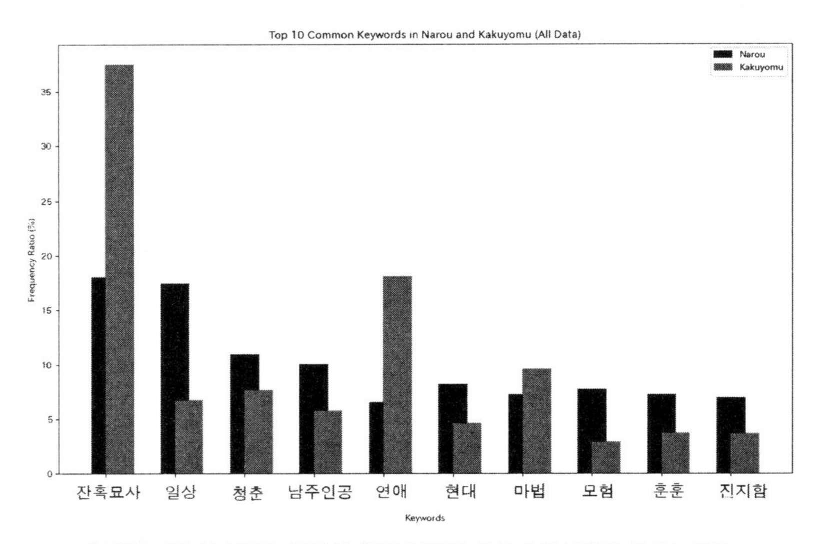

[그래프 12] '소설가가 되자'와 '가쿠요무'의 동시 출현 키워드 빈도수 비교

다음으로 두 플랫폼에서 동시에 자주 출현하는 키워드 상위 10개를 비교한 결과[그래프 12], 잔혹 묘사와 같은 셀프레이팅 키워드는 양 플랫폼에서 공통으로 상위 빈도에 포함되었으나, 비율 측면에서 '가쿠요무'에서 훨씬 높은 빈도를 보였다. 이에 대한 원인을 고찰한 결과, 이는 양 플랫폼의 연령 제한 시스템 차이에 기인하는 것으로 분석된다. 소설가가 되자는 연령 제한 기준이 엄격하여 R18 수준의 작품이 투고될 경우 운영팀으로부터 제한 조치를 받으며, 이러한 제한 기준은 플랫폼의 헬프 센터를 통해 명확히 제시되고 있다. 만약 R15를 넘어서는 R18 수준의 작품인 경우, '소설가가 되자'는 일반 플랫폼이 아닌 성인용 투고 사이트로 별도로 운영되는 녹턴(ノクターン), 미드나이트(ミッドナイト), 문라이트(ムーンライト)와 같은 사이트로의 투고를 제안하고 있다. 녹턴은 남성향 관능 소설, 미드나이트는 성인용 소설, 문라이트는 여성향 성인 소설을 위한 플랫폼으로, 이처럼 성인용과 철저하게 구분된 운영을 통해 '소설가가 되자'는 기본적으로 연령 제한에 대해 엄격한 기준을 유지하고 있다.

한편, '가쿠요무'는 'R15'을 기준으로만 제한하고 이를 초과하는 'R18' 작품도 일부 투고 가능하다. 특정 작품의 제목에 'R18'이라는 표시가 포함될 수 있으며, 운영진이 과도한 콘텐츠에 대해서 수정이나 삭제를 요청하는 경우가 있지만 전반적으로 '소설가가 되자'보다 규제가 느슨하다는 점에서 차별화된 특징이 있다. 이러한 시스템은 성인용 작품이 '가쿠요무'에 투고되고 검색될 수 있도록 허용하며, 이는 독자층의 다양한 요구에 부응하는 동시에 '소설가가 되자'와의 차별화를 강화하려는 전략으로 해석된다.

또 '가쿠요무'는 연애와 관련된 키워드의 빈도가 상대적으로 높은 편인데, 이는 '가쿠요무'에서 투고되는 작품들이 '소설가가 되자'와는 다른 창작 경향을 반영하고 있음을 보여준다. '소설가가 되자'가 이세계 판타지를 중심으로 한 작품이 주를 이루고 있는 한편, '가쿠요무'는 연애 소설뿐만 아니라 다양한 장르 작품들 또한 유의미한 비율로 투고되고 있다. 이를 통해 두 플랫폼이 서로 다른 창작과 독자층을 대상으로 고유한 장르적 기반을 구축하고 있음을 알 수 있다.

4. 나가며

본 연구는 일본의 대표적인 웹소설 플랫폼인 '소설가가 되자'와 '가쿠요무'의 웹소설 투고 경향과 특징을 비교하기 위해 두 플랫폼에서 제공하는 메타데이터를 수집하고, 이를 바탕으로 플랫폼별 차별성과 특성을 분석하고자 하였다. 이를 통해 일본 웹소설 시장에서 양대 축을 담당하는 두 플랫폼의 주요 특성과 시장 내 역할을 파악할 수 있었다.

분석 결과, '소설가가 되자'는 이세계 판타지를 중심으로 방대한 이세계물 작품군을 형성하고 있으며, 특히 여성향 소설에서도 높은 인기를 보이고 있었다. 이세계 배경을 활용한 장르가 두드러진 인기를 끌고 있으며, 연애 장르를 포함하여 다양한 독자층의 취향에 부합하는 콘텐츠가 다수 투고되고 있는 것으로 나타났다. '소설가가 되자'의 독특한 인기 장르와 설정은 일본 웹소설의 주된 독자층인 젊은 세대에게 특히 호응을 얻고 있으며, 이는 이세계 판타지가 중심이 되는 일본 웹소설 트렌드의 중심 역할을 하고 있음을 시사한다.

반면, 후발주자인 '가쿠요무'는 이러한 선발 플랫폼의 강점에 대응하기 위해 특정 장르에 독점적으로 투고되는 '가쿠요무 온리'작품을 기반으로 차별화를 시도하고 있다. 이는 '가쿠요무'가 가도카와라는 종합 엔터테인먼트 기업의 역량을 활용하여 독점 작품군을 강화함으로써 독자층의 흥미를 이끌고자 하는 전략으로 볼 수 있다. 또한 '가쿠요무'는 '소설가가 되자'에서 서적화가 활발히 이루어지지 않는 'SF', '호러', '추리', '역사'와 같은 비주류 장르에도 상당한 작품을 보유하고 있으며, 이를 통해 기존의 웹소설 독자층의 선호를 넘어 더 폭넓은 독서 경험을 제공하고 있다. 이러한 다양한 장르 작품은 가도카와의 콘텐츠 활용 전략에 기여하며, 서적화 및 다양한 미디어화 가능성도 높이고 있어, 향후 웹소설 시장에서 입지를 더욱 강화할 수 있을 것으로 보인다.

또 본 연구는 키워드 분석을 통해 두 플랫폼의 연령 제한에도 각기 다른 정책적 특성을 보인다는 점을 밝혔다. '소설가가 되자'는 'R15' 이상의 연령 제한에 엄격한 기준을 적용하고, 성인용 콘텐츠를 위한 별도의 웹소설 플랫폼을 운영함으로써 보다 철저한 관리 체계를 구축하고 있다. 반면, '가쿠요무'는 성인 작품 투고도 허용하며 비교적 유연한 연령 제한 시스템을 갖추고 있다. 이러한 차이는 두 플랫폼이 각기 다른 독자층과 콘텐츠 관리 전략을 지향하고 있으며, 독자들에게 차별화된 이용 경험을 제공하고 있음을 보여준다.

이번 연구는 두 플랫폼의 메타데이터를 바탕으로 일본 웹소설 시장의 현황과 주요 독자층의 선호도, 그리고 플랫폼 간 차별화 전략을 분석하였다. 그러나 이 연구는 두 플랫폼에 대한 데이터 수집과 메타데이터 분석에 그쳤다는 점에서 한계를 지닌다. 향후 연구에서는 다른 플랫폼에 대한 데이터 및 플랫폼별 특정 장르에 대한 서적화 현황을 추가적으로 분석하고, 작가와 독자 간의 커뮤니케이션 패턴을 데이터로 추출하여 플랫폼 내의 상호작용 특성을 구체적으로 분석할 필요가 있다. 특히 가도카와의 미디어 믹스 전략과 콘텐츠 활용의 특성이 '가쿠요무'에서 어떠한 장르 및 작품에 주로 적용되는지에 대한 연구가 더해진다면, 일본 웹소설 시장 내에서의 플랫폼별 장르 차별화와 독점적 전략을 보다 심층적으로 이해할 수 있을 것이다.

본 연구를 통해 일본의 웹소설 플랫폼 간 차별성과 주요 경향을 이해하는 데 기여하고, 일본 웹소설 시장의 다변화 가능성을 탐구하였다. 이를 기반으로 웹소설 플랫폼의 다양성과 독자 선호도의 향후 변화가 일본 웹소설 시장에 미칠 영향에 대해 지속적인 연구가 이루어지기를 기대한다.

이 글은 「テキストマイニングを活用した日本ウェブ小説研究－－「小説家になろう」と「カクヨム」を中心に」, 『跨境·日本語文学研究』 19, 高麗大学校グローバル日本研究院, 2024, pp.139~157를 본서의 취지에 맞추어 한국어로 옮기고 가필 수정한 것이다.

제8장

텍스트 마이닝으로 보는 일본 문학관의 관광적 활용 양상 분석

코로나 이전 시기 권역별 양상
: KH Coder와 LDA 토픽 모델링을 중심으로

권민혁

1. 서론

1) 연구 배경과 선행연구

본 연구는 '텍스트 마이닝(text-mining)'을 통해 코로나 이전 시기 일본 내 문학관의 관광적 활용 양상을 분석하였다. 텍스트 마이닝이란 자연어 처리기술을 적용하여 비·반정형 텍스트 데이터를 정제하는 분석 방식을 가리킨다. 불특정 다수의 비·반정형 텍스트 데이터를 분석하는 텍스트 마이닝은 국내에서도 서울특별시의 지역별 맛집 플레이스 연구, 외국인 관광객이 가지는 국내 관광지에 대한 이미지 차이, 2017년에서 2019년까지 중앙지를 중심으로 비·반정형 텍스트 데이터 키워드의 통시적인 변화 등 다양한 관점에서 도입된 연구방법론이다. 지금까지 특정 지역 또는 문학관에 초점을 맞춰 진행되어온 대다수의 문학관 관련 사례 연구는 광범위한 지역에 분포한 문학관의 개괄적인 활용 양상 분석이 어렵다는 한계를 지니고 있다. 이에 반해

본 연구는 텍스트 마이닝을 활용해 광범위한 지역에서 나타나는 문학관 관광 양상의 특징을 거시적으로 파악할 수 있으며 시간과 비용을 절약할 수 있다는 장점을 가진다.[1] 이를 통해 일본 전역을 대상으로 문학관의 관광적 활용 양상을 분석하고자 한다.

한편, 일본어 텍스트 데이터 분석 도구로 'KH Coder'와 Python을 활용한 'LDA 토픽 모델링'을 도입하였다. KH Coder는 일본어 형태소 분석에 적합한 텍스트 데이터 분석 도구로 최근 일본에서도 다양한 분야에서 이를 활용한 텍스트 마이닝 연구를 진행하고 있다. 다나카(田中)와 우치다(内田)는 KH Coder를 활용해 영어 발음에 대한 의식 조사를 진행하였고[2] 나카니시(中西)는 대학생의 결혼관에 대해 분석하였다.[3] 오노(小野) 외 3인은 KH Coder를 활용한 텍스트 마이닝으로 방문진료실습으로 얻은 의과 학생의 학습을 해석하였으며[4] 이와모리(岩森)는 자유기술에 의한 수업평가 앙케이트를 분석해 객관화하는 작업을 진행하였다.[5] 토픽 모델링을 활용한 연구로 현기순은 '지속가

1) 권민혁, 「텍스트마이닝을 통한 국내 문학관의 관광적 활용 양상 분석－코로나 이전 시기의 권역별 양상: 공기어 네트워크 분석을 중심으로」, 『민족문화연구』 98, 고려대학교 민족문화연구원, 2023, pp.734~737.

2) 田中佑委, 内田翔大「KH Coderを用いた英語の発音の意識調査に関する研究」, 『和洋女子大学英文学会誌』 58, 和洋女子大学英文学会, 2023, pp.58~76.

3) 中西啓喜, 「KH コーダーを用いたテキストマイニングの覚書: 大学生の結婚観の分析から」, 桃山学院大学総合研究所『桃山学院大学社会学論集』 55(2), 2022, pp.175~202.

4) 小野拓哉·石川元直·安井佑·佐倉宏, 「訪問診療実習を通して得た, 医学生の学びの解析: KH Coder によるテキストマイニングから」, 『東京女子医科大学雑誌』 91(3), 東京女子医科大学学会, 2021, pp.184~190.

5) 岩森三千代, 「KH Coder を活用した自由記述による授業評価アンケートの解析と客観化の試み」, 『新潟青陵大学短期大学部研究報告』 50(50), 新潟青陵大学短期大学部, 2020, pp.95~103.

능성'이라는 키워드로 검색되는 지리학 분야 저널 논문의 연구주제를 파악하는 연구를 진행하였으며[6] 남승주와 이현철은 LDA 토픽 모델링을 활용해 항공승객의 유형별 특성을 분석하였다.[7] 이처럼 본 연구에서는 일본어 형태소 분석에 유용한 KH Coder와 유형 파악에 용이한 LDA 토픽 모델링을 활용해 일본 내 문학관의 관광적 활용 양상을 파악하고자 한다.

2) 연구 대상 및 방법

본 연구에서는 코로나 발생 이전 일본을 홋카이도(北海道), 도호쿠(東北), 간토(関東), 주부(中部), 간사이(関西), 주고쿠(中国), 시코쿠(四国), 규슈(九州) 총 8개 권역으로 나누고, 문학관과 주변 관광자원 사이에서 이루어지는 관광 양상의 특징을 살펴보고자 한다. 개별 문학관을 중심으로 키워드의 특징을 살필 경우 중첩되는 문학관이 발생할 가능성이 있어 일본 열도를 권역 별로 분류하여 연구를 진행하였다. 일본의 권역 분류 방법으로는 7개, 8개, 10개 등 다양한 방법이 있지만 본 연구에서는 공익사단법인 일본관광진흥협회(公益社団法人 日本観光振興協会)의 기준에 따라 8개 권역으로 구분(8区分)하였다.[8]

데이터의 수집은 무료 웹 데이터 추출, 스크래핑, 크롤링 확장 프로

6) 현기순, 「지속가능성에 대한 지리학의 연구 동향 분석: 토픽 모델링과 키워드 네트워크 분석을 중심으로」, 『대한지리학회지』 57(1), 대한지리학회, 2022, pp.1~17.

7) 남승주·이현철, 「LDA 토픽 모델링을 활용한 항공승객 유형 별 특성 분석」, 『경영과학』 36(3), 한국경영과학회, 2019, pp.67~85.

8) https://www.nihon-kankou.or.jp/home/rikkoku/ipt/data

그램 '리스틀리(Listly)'[9]와 Python 코드를 사용하였으며 데이터의 수집범위는 일본의 대표적인 여행 사이트 'Jalan(じゃらん)'과 '4travel'의 여행 리뷰(口コミ)로 한정하였다. 'Jalan'과 '4travel'의 여행 리뷰를 연구 대상으로 설정한 이유는 두 사이트 모두 일본 내 여행 전문 사이트로 일본 내 거주자들의 여행 리뷰가 다량 수집되어 있어, 문학관이 일본 내에서 지역의 향토 관광자원과 연계되어 관광자원으로 활용되는 양상과 패턴을 실증적으로 파악할 수 있기 때문이다. '文学館(문학관)'이라는 키워드를 통해 도출된 검색 결과 중 여행 기간이 2016년 1월 1일부터 2019년 12월 31일 사이인 리뷰를 연구 대상으로 선정하였다.[10] 각각의 사이트에서 수집한 여행 리뷰 데이터는 'Jalan' 3,110개, '4travel' 385개, 총 3,495개다. 이후 일본을 8개의 권역으로 분류하여 KH Coder와 LDA 토픽 모델링을 통해 권역별 문학관의 관광적 활용 양상과 특징을 분석하였다. 데이터의 전처리는 Microsoft Office의 Excel, 네트워크 시각화는 KH Coder, 그리고 Python 코드를 사용하여 LDA 토픽 모델링을 진행하였다.

2. 데이터 전처리

1) 수집 데이터 정보

수집된 여행 리뷰 데이터 중 여행 기간이 2016년 1월 1일부터

9) 리스틀리, https://www.listly.io/ko

10) 본 연구에서는 코로나 바이러스 발생일을 2020년 1월 1일로 설정하였다. 이는 코로나 바이러스 발생일은 국가마다 크고 작은 차이가 있기 때문이다.

2019년 12월 31일 사이인 리뷰는 총 3,495개였다. 이는 다시 홋카이도 479개, 도호쿠 261개, 간토 1,258개, 주부 379개, 간사이 198개, 주고쿠 275개, 시코쿠 320개, 규슈 325개로 구분된다.

2) 데이터 전처리 및 시각화 과정

Excel을 활용한 데이터 전처리 과정은 다음과 같다. 리스틀리와 Python을 통해 수집한 리뷰 데이터를 Excel 파일로 저장하고 제목, 내용, 날짜(여행 기간), 에리아, 방문지 총 5가지 카테고리로 데이터를 정리하였다. 다음으로 2016년 1월 1일부터 2019년 12월 31일 사이에 여행이 이루어진 리뷰를 선별하였다. 이후 '에리아' 기준으로 분류하여 총 8개의 Excel 파일을 생성하였다.

	A	B	C	D	E
1	제목	내용	날짜(여행기간)	에리아	방문지
208	中島公園	札幌中心部の南、中島	2021.10.1	札幌市 (北海道)	北海道立文学館
209	市民のオアシス	札幌市内中心部の南、	2021.10.1	札幌市 (北海道)	中島公園
210	都市中のオアシス	札幌駅から駅前通りを	2021.8.1	札幌市 (北海道)	中島公園
211	「北海道立文学館」 札	階段をのぼり入館する	2021.3.1	札幌市 (北海道)	北海道立文学館
212	駅が二つ	札幌にある公園です。	2020.9.1	札幌市 (北海道)	中島公園
213	あの有名な文学館です	恋愛小説、女性の美を	2020.8.1	札幌市 (北海道)	渡辺淳一文学館
214	北海道の文学、オール	中島公園の中にある文	2020.8.1	札幌市 (北海道)	北海道立文学館
215	北海道の文学者が中心	中島公園の東側にある	2020.8.1	札幌市 (北海道)	北海道立文学館
216	広い公園！	札幌市内の大きな公園	2020.8.1	札幌市 (北海道)	中島公園
217	思い出の公園	長女が小さい頃毎日通	2015.11.1	札幌市 (北海道)	中島公園
218	春、桜に誘われ	札幌市民に親しまれて	2019.5.1	札幌市 (北海道)	中島公園
219	読書も出来る文学館	安藤忠雄氏設計のコン	2018.11.1	札幌市 (北海道)	渡辺淳一文学館
220	北海道ゆかりの作家が	中島公園にある北海道	2018.5.1	札幌市 (北海道)	北海道立文学館
221	札幌に憩いの場所	札幌市民の憩いの場で	2018.5.1	札幌市 (北海道)	中島公園
222	広い！ 市内の オアシス	すすきの駅の１つ 南側	2017.11.1	札幌市 (北海道)	中島公園
223	緑が豊か	開拓使が札幌に本府を	2017.7.1	札幌市 (北海道)	中島公園
224	すすきのからでも歩い	札幌市の中心部から少	2015.3.1	札幌市 (北海道)	中島公園
225	緑豊かな公園…	札幌中心部にある緑豊	2017.7.1	札幌市 (北海道)	中島公園
226	緑があふれる公園	すすきのからも歩いて	2017.5.1	札幌市 (北海道)	中島公園
227	土日限定の「プラチナＢ	欧風そうざいが小分け	2017.4.1	札幌市 (北海道)	ラツヤトレトゥール
228	直木賞作家	都会のオアシス中島公	2016.4.1	札幌市 (北海道)	渡辺淳一文学館
229	名前ほどお堅い場所じ	スの中島公園の中には	2016.1.1	札幌市 (北海道)	北海道立文学館
230	札幌のアイコンとなる	久しぶりに札幌まつり	2016.6.1	札幌市 (北海道)	中島公園
231	自然の面影も残る総合	豊平川の支流である鴨	2016.4.1	札幌市 (北海道)	中島公園
232	いかに慕われていたの	中島公園の豊かな緑の	2014.9.1	札幌市 (北海道)	木下成太郎像
233	久しぶり	北海道立文学館に行く	2015.8.1	札幌市 (北海道)	中島公園
234	文学館としては普通	入館料が５００円で公	2015.7.1	札幌市 (北海道)	北海道立文学館
235	文学館らしく閑静な場	コンクリートの打ちっ	2015.7.1	札幌市 (北海道)	渡辺淳一文学館
236	すすきのの南にある広	冬季閉鎖中で見られな	2015.3.1	札幌市 (北海道)	中島公園

[그림 1] Excel을 이용한 데이터 전처리 과정

생성한 8개의 Excel 파일을 KH Coder를 통해 각각의 프로젝트로 등록한 뒤 복합어 검출을 실행하여 그 결과를 강제 추출 어휘로 등록하였다. 필요한 품사의 언어를 선택하고 전처리를 실행하면 데이터 전처리 과정의 기본적인 단계가 완료된다. 본 연구에서는 문학관과 지역 관광명소 사이의 관계성을 파악하기 위해 1)명사, 2)사변명사(サ変名詞), 3)고유명사, 4)조직명, 5)인명, 6)지명, 7)태그(강제로 추출할 어휘로 등록된 어휘), 8)명사B, 9)명사C 총 9가지의 명사 관련 카테고리를 선택하였다.

3. KH Coder: 공기어 네트워크 시각화

3장에서 소개할 그림들은 각 권역별 리뷰에서 언급된 어휘들 사이의 관계를 KH Coder를 통해 공기어 네트워크로 시각화한 결과이다. 각 네트워크에 대한 세부적인 해석은 지역의 문학관 및 관광청 홈페이지, 잡지 및 뉴스 기사 등을 통해 그들 사이의 연관성에 대한 객관성을 부여하였으며 이를 기반으로 문학관의 관광적 활용 양상을 파악하였다.

1) 홋카이도(北海道)

홋카이도의 공기어 네트워크에는 총 8개의 클러스터가 있는 것을 확인할 수 있다. 1번 클러스터에는 '하코다테(函館)'를 중심으로 '영국영사관(イギリス領事館)', '건물(建物)', '분위기(雰囲気)', '견학(見学)'

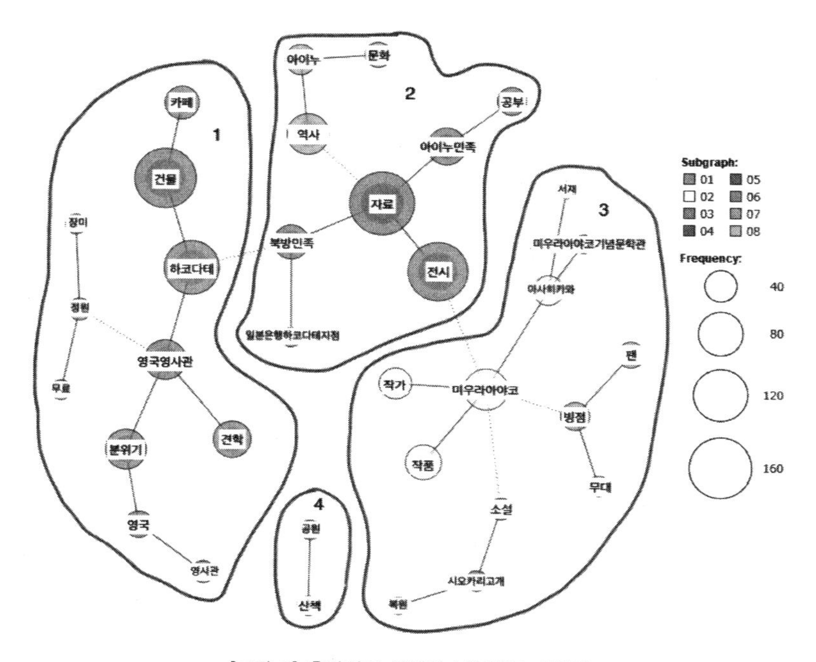

[그림 2] 홋카이도 공기어 네트워크 시각화

이 뭉쳐있고 '장미(バラ)', '정원(庭園)', '무료(無料)'가 점선으로 이어져 있는 것을 확인할 수 있다. 이는 하코다테시에 있는 구(旧) 영국영사관 건물과 그곳 장미 정원을 가리키고 있는 클러스터인 것으로 유추할 수 있다. 구 영국영사관을 견학하기 위해서는 성인 300엔, 학생 150엔을 지불해야하지만, 장미 정원은 무료로 입장할 수 있다.[11]

다음으로는 2번 클러스터를 살펴보도록 한다. '아이누(アイヌ)', '역사(歴史)', '문화(文化)'는 약 17세기부터 19세기에 걸쳐 도호쿠 지역 북부부터 홋카이도, 사할린, 천도열도(千島列島)에 걸친 범위에 선주

11) https://www.jalan.net/event/evt_308986

(先住)했던 민족 아이누족[12]의 역사와 문화를 나타내고 있다. '북방민족(北方民族)', '아이누민족(アイヌ民族)', '자료(資料)', '전시(展示)'는 '하코다테시북방민족자료관(函館市北方民族資料館)'을 가리킨다. 본 자료관은 과거 '일본은행 하코다테지점(日本銀行函館支店)'으로 사용되었던 건물을 개조하여 지금의 용도로 활용되게 되었다. 이곳을 찾는 이들은 북방민족에 관한 지식을 얻을 수 있어 '공부(勉強)'가 되었다는 반응을 보이고 있다.[13]

이어서 아래로 보이는 3번 클러스터는 '작가(作家)'인 '미우라 아야코(三浦綾子)'와 그의 '작품(作品)'인 '「빙점(氷点)」'을 언급하고 있다. 「빙점」의 무대가 된 지역은 JR아사히카와역(JR旭川駅)에서 차로 10분 거리에 있는 외국수종견본림(外国樹種見本林)이다. 해당 수목원이 위치한 '아사히카와(旭川)'에는 미우라 아야코를 기념하는 '미우라아야코기념문학관(三浦綾子記念文学館)'이 자리하고 있다. 미우라아야코기념문학관에는 그의 '서재(書斎)'를 재현해 놓거나 직필 원고 및 자료, 유품을 전시하고 있어 미우라 아야코의 '팬(ファン)'의 방문이 이어지고 있다.[14] 한편, 그의 소설 '「시오카리 고개(塩狩峠)」'의 무대인 왓사무초(和寒町)에 그가 살았던 생가를 복원하여 '시오카리고개기념관(塩狩峠記念館)'을 설립하였으며, 이곳에서도 미우라 아야코의 문학을 체험할 수 있다.[15]

12) https://www.ainu-assn.or.jp/ainupeople/history.html
13) https://www.city.hakodate.hokkaido.jp/docs/2015121000103
14) https://hokkaidolikers.com/archives/39323
15) http://www.tesio.net/~dhpress/special/1999dhspecial/siokarikinenkan/siokarikinenkan.html

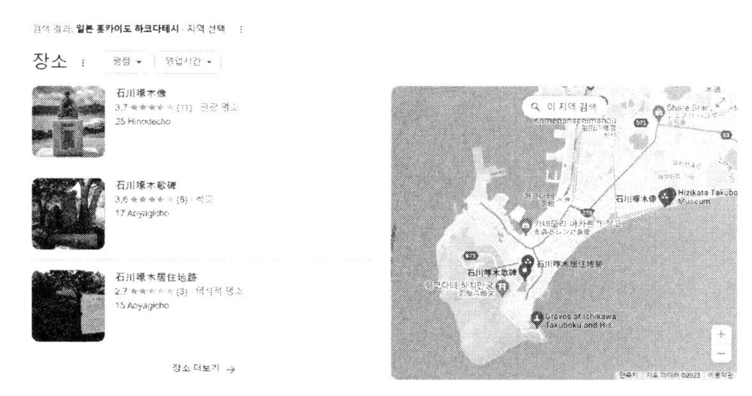

[그림 3] 하코다테와 이시카와 다쿠보쿠 관련 유적지[16)]

마지막으로 '공원(公園)'과 '산책(散策)' 두 개의 키워드로 이루어진 4번 클러스터는 원문을 분석한 결과 하코다테시의 '다쿠보쿠소공원(啄木小公園)'과 연관이 있는 것으로 유추해볼 수 있었다. '이시카와 다쿠보쿠좌상(石川啄木座像)'이 있는 '다쿠보쿠소공원' 주변에는 그의 가비(歌碑)와 그가 거주했던 터가 남아있어 주변 일대가 이시카와 다쿠보쿠의 역사적 유적지 및 문화시설로 조성되어 있음을 확인할 수 있었다.[17)]

16) https://www.google.com/search?q=函館+石川啄木&ei=KFHGZJ3JOdyA2roP3Ymv0AE&ved=0ahUKEwid_ZufsbaAAxVcgFYBHd3ECxoQ4dUDCA8&uact=5&oq=函館+石川啄木&gs_lp=Egxnd3Mtd2l6LXNlcnAiE-WHvemkqCDnn7Plt53llYTmnKgyBBAAGB4yBBAAGB4yBBAAGB4yBhAAGB4YD0iUClDpB1iGCXACeAGQAQCYAYwBoAGHAqoBAzAuMrgBA8gBAPgBAcICChAAGEcY1gQYsAPCAgUQIRigAeIDBBgAIEGIBgGQBgo&sclient=gws-wiz-serp

17) https://www.google.com/search?hl=ko&tbs=lf: 1,lf_ui: 1&tbm=lcl&q=%E5%87%BD%E9%A4%A8%E3%80%80%E7%9F%B3%E5%B7%9D%E5%95%84%E6%9C%A8&rflfq=1&num=10&rllag=41764801,140734883,1765&sa=X&ved=2ahUKEwjli8OJhuT-AhXRklYBHTAMBgQQjGp6BAgREAE&biw=1536&bih=722&dpr=1.25#

홋카이도 지역의 경우에도 '장미'와 '정원'은 빼놓을 수 없는 관광 명소로 꼽히고 있다는 사실을 확인할 수 있었다. 그러나 미우라 아야코, 이시카와 다쿠보쿠와 같은 특정 작가의 문학관 또는 작품의 무대가 되었던 공간이나 북방민족에 관한 역사, 문화를 공부할 수 있는 자료관이 중심 관광시설로 조명받고 있는 것으로 보아 문학자원이 그 자체로 관광의 직접적인 요인으로 작용하고 있다는 특징도 찾아볼 수 있었다.

2) 도호쿠(東北)

도호쿠 지역의 공기어 네트워크는 총 6개의 클러스터로 구성되어 있다. 먼저 1번 클러스터를 살펴보도록 한다. '아키타현(秋田県)' '센보쿠시(仙北市)' '가쿠노다테마치(角館町)' '출신(出身)'의 '사토 기료(佐藤義亮)'는 일본의 출판사 '신초샤(新潮社)'의 설립자이다. 가쿠노다테마치에는 그를 기리는 '신초샤기념문학관(新潮社記念文学館)'이 있으며 바로 옆 건물에 센보쿠시학습자료관(仙北市学習資料館)이 있다. 이곳은 '도서관(図書館)'으로 주변 지역 도서관과 연계되어 장서를 검색하는 서비스를 제공하고 있다.[18] 이 지역은 '책(本)'에 관심이 많은 방문객의 발걸음이 이어지고 있는 것으로 확인할 수 있었다.

아래로 이어지는 2번 클러스터는 '히로사키성(弘前城)'과 그 남쪽에 위치한 '오테몬광장(追手門広場)'과 '히로사키시립도서관(弘前市立

rlfi=hd: ;si: ;mv: [[41.79824198735286,140.8349186215507],[41.72564024043661, 140.669093731414]]

18) https://www1.city.semboku.akita.jp/top.html

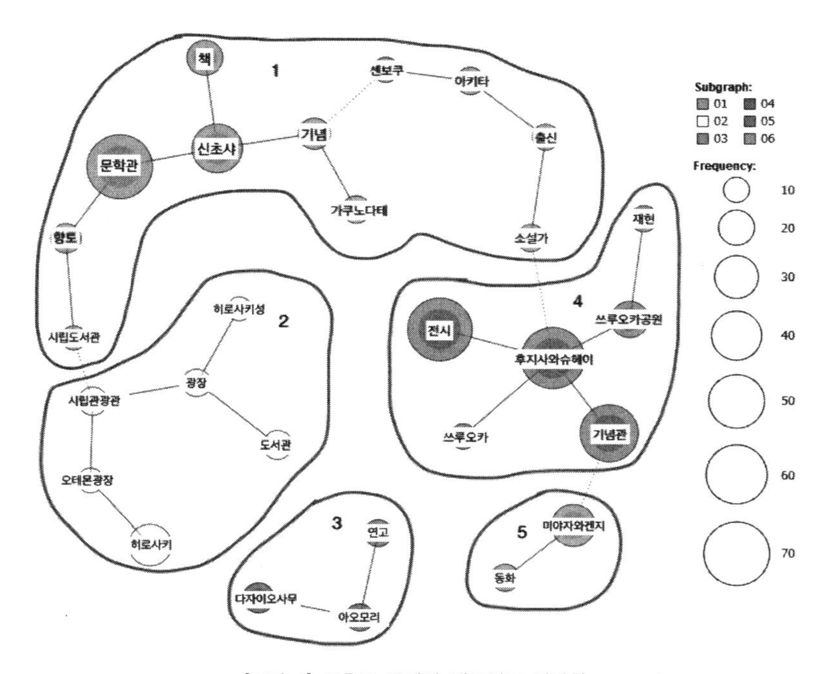

[그림 4] 도호쿠 공기어 네트워크 시각화

図書館)', '히로사키시립향토문학관(弘前市立郷土文学館)'을 가리키고 있다. 쓰가루(津軽) 출신의 향토 작가에 관한 자료를 전시하고 있어 문학에 관심이 있는 방문객이 찾고 있는 것으로 나타났다.[19]

쓰가루와 관련된 작가로 3번 클러스터의 '다자이 오사무(太宰治)'를 꼽을 수 있다. 다자이 오사무는 대표작 「쓰가루(津軽)」 등으로 유명한 '아오모리(青森)'의 대표 작가이다. 그의 생가를 활용해 세워진 그의 문학관 사양관(斜陽館)은 가나기(金木) 지역 일대에서 어린 시절을 보낸 다자이 오사무의 혼과 그의 작품 「추억(思ひ出)」, 「사양(斜

19) https://www.city.hirosaki.aomori.jp/bungakukan

陽)」의 무대가 된 문학 관광지로 손꼽을 수 있다.[20)]

마지막으로 4번 클러스터와 5번 클러스터는 키워드 '기념관(記念館)'을 공유하고 있다. 동시에 4번 클러스터는 '후지사와 슈헤이(藤沢周平)', 5번 클러스터는 '미야자와 겐지(宮沢賢治)'를 중심으로 구성되어 있는 것이 특징이다. 4번 클러스터를 살펴보면 '쓰루오카시(鶴岡市)'의 '쓰루오카공원(鶴岡公園)' 안에 위치한 '후지사와슈헤이기념관(藤沢周平記念館)'을 가리킨다. 이곳은 시대소설가 후지사와 슈헤이의 집필원고와 유품을 전시하고 있으며 그가 직접 작품을 집필했던 서재의 모습을 '재현(再現)'한 공간이 인기를 끌고 있는 것으로 확인되었다.[21)] 5번 클러스터는 1896년 이와테현(岩手県) 출신의 작가이자 동화집 「주문이 많은 요리점(注文の多い料理店)」을 집필한 '미야자와 겐지(宮沢賢治)'의 기념관 '미야자와겐지기념관(宮沢賢治記念館)'을 주제로 한다. 해당 기념관은 이와테현 하나마키시(花巻市)에 위치해 있으며 미야자와 겐지에 관한 정보와 그의 작품을 최신 기술을 통해 전시하고 있다. 주변 관광시설로는 2023년 7월 22일부터 10월 29일까지 라이트업 행사가 예정되어 있는 '미야자와겐지동화마을(宮沢賢治童話村)'[22)]과 열 네 곳에 걸쳐 분포하고 있는 문학비(文学碑)를 꼽을 수 있다.[23)]

도호쿠 지역의 공기어 네트워크는 각각의 클러스터가 특정 작가,

20) 권민혁, 「지역 관광자원으로의 문학관 조사 연구: 다자이 오사무 기념관 사양관斜陽館의 관광프로그램 소개와 아오모리현 지역관광과의 연계를 중심으로」, 『日本文化學報』 93, 한국일본문화학회, 2022, pp.175~192.

21) https://www.city.tsuruoka.lg.jp/fujisawa_shuhei_memorial_museum/profile

22) https://www.kanko-hanamaki.ne.jp/event/event_detail.php?id=422

23) https://www.city.hanamaki.iwate.jp/miyazawakenji/kinenkan/1003962.html

문학관, 또는 문학 관련 시설과 연관성이 있는 사실을 확인할 수 있었다. 한편, 도호쿠 지역은 아오모리현의 히로사키시, 야마가타현의 쓰루오카시, 이와테현의 하나마키시와 같이 클러스터의 주제가 위치하는 공간이 고르게 분포하고 있어 각 지역의 문학자원을 관광자원으로 성공적으로 활용하고 있는 모습을 발견할 수 있었다.

3) 간토(関東)

간토 지역 공기어 네트워크는 총 6개의 클러스터가 형성되어 있는 모습을 살펴볼 수 있다. 1번 클러스터는 '온천(温泉)'과 '온천거리(温泉街)'를 중심으로 그 '풍경(景色)'과 '돌계단(石段)'이 유명한 '이카호온천(伊香保温泉)'을, 2번 클러스터의 '미술관(美術館)', '언덕(丘)', '정원(庭園)', '꽃(花)'은 '레스토랑(レストラン)'과 '카페(カフェ)'로도 유명한 '반지조각정원미술관(ヴァンジ彫刻庭園美術館)', '베르나르뷔페미술관(ベルナール·ビュフェ美術館)', '이즈사진박물관(IZU PHOTO MUSEUM)', '나가이즈미초이노우에야사시문학관(長泉町井上靖文学館)' 등이 있는 '클레마티스의언덕(クレマチスの丘)'을 가리킨다.[24]

3번 클러스터의 '데가누마(手賀沼)'는 일본 지바현 도쿄 동북부에 위치한 데가누마 호수 주변에 있는 데가누마 공원(手賀沼公園)을 가리킨다. 면적 6.5 제곱킬로미터, 최대수심 3.8미터에 이르는 데가누마 호수는 가시와시(柏市)에서 주최하는 '데가누마 불꽃놀이 대회(手賀沼花火大会)'가 개최되는 장소이다. 아비코역(我孫子駅)에서 도보로

24) https://www.clematis-no-oka.co.jp

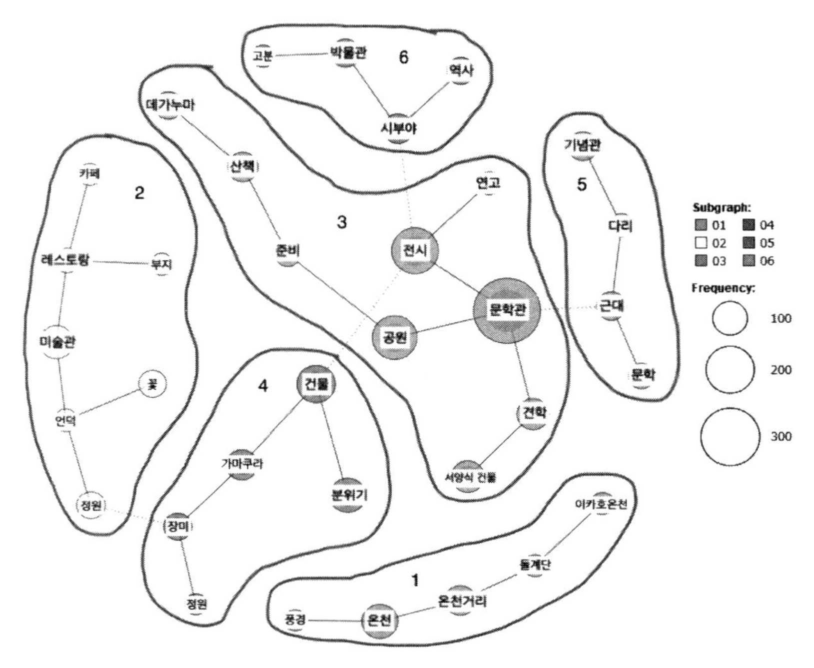

[그림 5] 간토 공기어 네트워크 시각화

10분 거리에 있는 데가누마 공원에서는 데가누마 호수 위에 터지는 불꽃을 감상할 수 있다.[25] 또한 데가누마 산책로(手賀沼遊歩道)가 정비되어있어 산책을 즐길 수 있다.[26]

3번과 4번 클러스터를 함께 살펴보면 '서양식건물(建物)'과 5월과 10월 '장미(バラ)'가 가득 피는 '정원(庭)'으로 특유의 '분위기(雰囲気)'를 자아내는 가마쿠라문학관(鎌倉文学館)을 가리키고 있다. 가마

25) https://www.city.kashiwa.lg.jp/shoko/tegafireworks.html

26) https://www.city.abiko.chiba.jp/event/shizennonaka/kouenryokuchi/park/citypark/teganumayuuhodo.html

쿠라 3대 서양식 건물(洋館)로 손꼽히며[27] 근대에서부터 현대에 이르기까지 300명이 넘는 문학가와 '연고(ゆかり)'가 있는 '가마쿠라(鎌倉)'는 풍부한 문학적 자원을 바탕으로 매년 다양한 '전시(展示)'를 선보이고 있으며 이를 '견학(見学)'하기 위해 다수의 관광객이 이곳을 방문하기도 한다.[28]

5번 클러스터의 '기념관(記念館)', '다리(橋)', '근대(近代)', '문학(文学)'은 3번 클러스터의 '문학관', '공원'과 연결해 생각할 때 가나가와현의 '항구가 보이는 공원(港の見える丘公園)'과 그 일대를 가리키는 것으로 유추할 수 있다. '항구가 보이는 공원'에는 '항구가 보이는 언덕 가비(港の見える丘 歌碑)', 장미 정원, '요코하마시 영국관(British House)'이 있으며 오사라기지로기념관(大佛次郎記念館)과 가나가와근대문학관(神奈川近代文学館)이 위치해 있다. 가나가와문학관에서 오사라기지로기념관으로 향하기 위해서는 공원을 가로질러야 하는데 이 둘을 잇고 있는 다리인 '무테키다리(霧笛橋)'는 「사랑해 악마~뱀파이어☆보이(恋して悪魔~ヴァンパイア☆ボーイ~)」 등 드라마에 자주 등장하는 촬영지로서 관광객에게 널리 알려져 있기도 하다.[29]

간토 지역은 이카호온천의 군마현, 클레마티스의언덕의 시즈오카현, 데가누마의 치바현, 가마쿠라문학관과 항구가 보이는 공원 2개의 클러스터가 속한 가나가와현으로 알 수 있듯 도쿄도 사방의 주변부를 중심으로 관광이 이루어지고 있는 것으로 보아 도쿄 거주민이 이용이

---

27) https://www.mapple.net/article/54673

28) 권민혁, 「문학 프로그램으로 보는 문학관 관광지화: 〈가마쿠라 문학관〉의 문학 프로그램 연구」, 고려대학교 석사학위논문, 2020, pp.46~58.

29) http://loca.ash.jp/show/2009/d200907_vampire.html

많을 것으로 예상할 수 있다.

4) 간사이(関西)

간사이 지역은 총 6개의 클러스터로 이루어져 있다. 1번 클러스터는 '히메지성(姫路城)' 서쪽으로 위치한 '히메지문학관(姫路文学館)'을 가리킨다. 2번과 3번 클러스터는 장편소설 「세설(細雪)」을 쓴 '다니자키 준이치로(谷崎潤一郎)'를 기념하는 '다니자키준이치로기념관(谷崎潤一郎記念館)'을 나타낸다. 효고현(兵庫県) '아시야시(芦屋市)'에 있는 다니자키준이치로기념관은 리뷰를 살펴본 결과 그와 관련된 '전시(展示)'뿐만 아니라 관내의 일본풍 '정원(庭園)'이 관광객에게 상당한 인기가 있었음을 확인할 수 있었다. 한편, 2번 클러스터의 '미술관(美術館)'은 다니자키준이치로기념관과 이웃하고 있는 '아시야시립미술박물관(芦屋市立美術博物館)'을 가리키는 것으로 나타났다. 이곳에서는 '고이데 나라시게(小出楢重)', '다나카 아쓰코(田中敦子)', '요시하라 지로(吉原治郎)' 등 주요 컬렉션을 수집·전시하고 있다.[30) 3번 클러스터의 '기념관(記念館)'에 연결되는 '사토 하루오(佐藤春夫)'는 와카야마현(和歌山県) 신구시(新宮市)의 '사토하루오기념관(佐藤春夫記念館)'을 가리키며 같은 간사이 지역의 기념관으로서 클러스터에 나타난 것으로 추측할 수 있다.

4번 클러스터는 1900년 3월 19일 미에현(三重県) 도바시(鳥羽市)에서 태어난 '에도가와 란포(江戸川乱歩)'의 애장품과 친필원고 등을 전

30) https://ashiya-museum.jp/collection

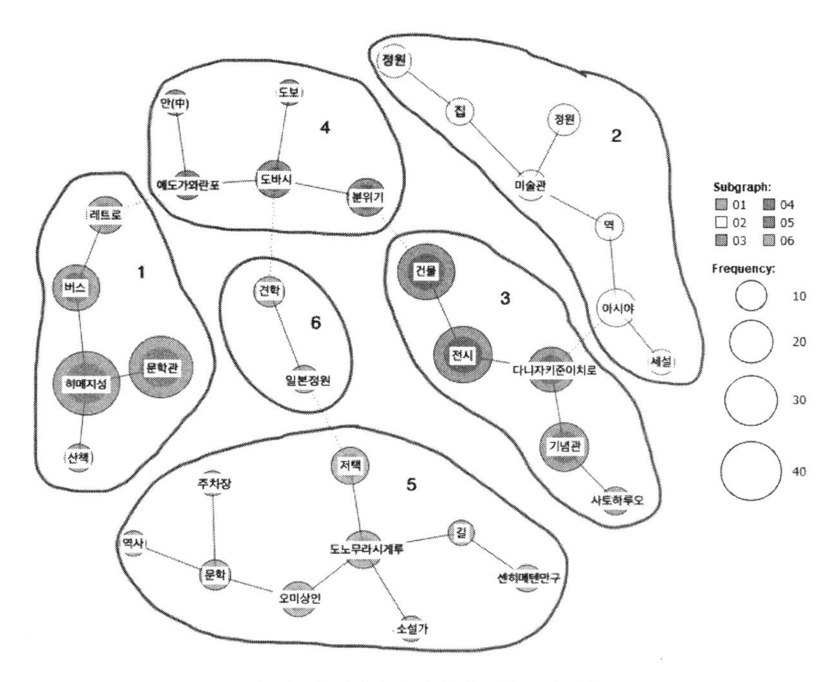

[그림 6] 간사이 공기어 네트워크 시각화

시한 '에도가와란포관(江戸川乱歩館)'을 상징한다. 탐정소설의 대가 에도가와 란포의 문학관으로 '수수께기 게임「에도가와 란포의 암호 일기」(謎解きゲーム「江戸川乱歩の暗号日記」)'와 같은 방문객 참여형 행사를 진행하기도 한다.[31)]

5번 클러스터의 키워드는 두 군데의 장소를 가리킨다. 먼저 키워드 '오미상인(近江商人)', '소설가(小説家)', '문학(文学)', '도노무라 시게루(外村繁)', '저택(屋敷)'은 시가현(滋賀県) 히가시오미시(東近江市)

31) https://rampomuseum.com/2023/04/21/リニューアルオープン記念%E3%80%80謎解きゲーム「乱歩/

에 있는 '고카쇼 오미상인저택 도노무라시게루문학관(五個荘近江商人屋敷外村繁文学館)'을 가리킨다. 국가 중요 전통 건축물 보존지구로 선정된 '고카쇼곤도 시내(五個荘金堂の町並み)'에 있는 상인 저택으로 1902년 시가현에서 태어난 소설가 도노무라 시게루를 기념하는 문학관이 있는 장소이다.[32] 다음은 효고현(兵庫県) 히메지시(姫路市)에 있는 '센히메텐만구(千姫天満宮)'를 가리킨다.

간사이 지역의 경우 성과 문학관, 전통저택과 문학관이라는 '건물'과 '문학관'의 연계를 살펴볼 수 있었다. 한편, 다니자키 준이치로, 에도가와 란포, 사토 하루오, 도노무라 시게루 등 다양한 작가가 골고루 주목받고 있다는 사실을 확인할 수 있었다.

5) 주고쿠(中国)

주고쿠 지역의 공기어 네트워크는 7개의 클러스터로 구성되어 있다. 주고쿠 지역 클러스터의 가장 큰 특징으로는 키워드 '고이즈미 야쿠모(小泉八雲)'로 대표되는 1번 클러스터의 노드 크기가 다른 클러스터에 비해 압도적으로 크다는 점이다. 3번 클러스터의 '괴담(怪談)', 4번 클러스터의 '괴담이야기(怪談話)'는 5번 클러스터의 '「귀 없는 호이치(耳なし芳一)」', '「설녀(雪女)」' 등의 괴담소설로 유명한 고이즈미 야쿠모와 밀접한 관계를 가지고 있음을 확인할 수 있다. 한편, 6번 클러스터의 '직필원고(直筆原稿)', '수장품(収蔵品)', '애용(愛用)', '책상(机)', '판본(版本)' 등은 문학관의 전시물과 관련된 클러스터로 고

32) https://www.biwako-visitors.jp/spot/detail/1008

이즈미야쿠모기념관의 전시 내용과의 연관성을 유추해볼 수 있다.

2번 클러스터는 키워드 '후쿠야마문학관(ふくやま文学館)', '히로시마현립역사박물관(広島県立歴史博物館)', '이부세 마스지(井伏鱒二)'를 가리키는데, 이는 후쿠야마성을 중심으로 후쿠야마공원이 조성되어 있으며 녹지 내에 히로시마현립역사박물관과 그 위로 자리한 후쿠야마미술관, 그리고 부지 바로 북쪽 바깥에 위치한 후쿠야마문학관을 가리킨다고 볼 수 있다. 리뷰에 따르면 관광객은 후쿠야마문학관에 이부세 마스지 관련 자료를 보러 간다는 사실을 확인할 수 있었다.

주고쿠 지역은 간사이 지역과 비교했을 때 고이즈미 야쿠모라는 한 명의 문학가에 키워드 빈도가 몰려있음을 확인할 수 있었으며 그의

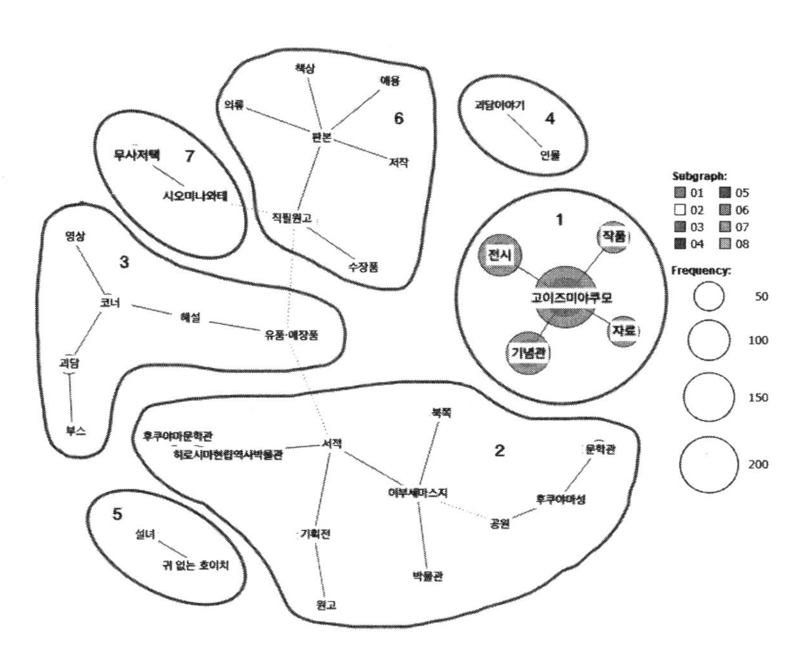

[그림 7] 주고쿠 공기어 네트워크 시각화

작품명이 노출된 것으로 보아 시마네현(島根県) 마쓰에시(松江市)에 위치한 고이즈미야쿠모기념관(小泉八雲記念館)을 찾는 다수의 방문객은 그의 작품에 흥미를 가진 팬일 것으로 추측할 수 있다.

6) 주부(中部)

주부 지역은 5개의 클러스터로 이루어져 있으며 크게 1번 클러스터가 대표하는 이시카와현(石川県)의 '이시카와근대문학관(石川近代文学館)'과 나머지 4개의 클러스터가 대표하는 아이치현(愛知県)의 '도쿠가와원(徳川園)'으로 나눌 수 있다.

이시카와근대문학관은 이시카와현과 연고가 있는 이즈미 교카(泉鏡花), 도쿠다 슈세이(得田秋聲), 무로 사이세이(室生犀星)부터 현대에 이르는 문학가의 저서, 유품, 수장품을 종합하여 전시하고 있으며 낭독회 등의 행사를 진행하고 있다.[33] 한편, 해당 클러스터에는 '건물(建物)'이라는 키워드가 나타나는데 이는 빨간벽돌로 이루어진 이시카와근대문학관의 외관에 영향을 받았을 것으로 생각해볼 수 있다.

다음은 2번 클러스터의 '산책(散歩)', '폭포(瀧)', '연못(池)', 3번 클러스터의 '경치(景色)', '결혼식(結婚式)', 4번 클러스터의 '사계(四季)', '벚꽃(桜)', '단풍(紅葉)', '도쿠가와미술관(徳川美術館)', 그리고 5번 클러스터의 '일본정원(日本庭園)', '분위기(雰囲気)', '레스토랑(レストラン)'으로 대표되고 있는 아이치현의 도쿠가와원이다. 도쿠가와원은 잉어가 폭포를 거슬러 올라가 용이 되었다는 등용문 전설에 기반을

33) https://www.museum.or.jp/museum/3239

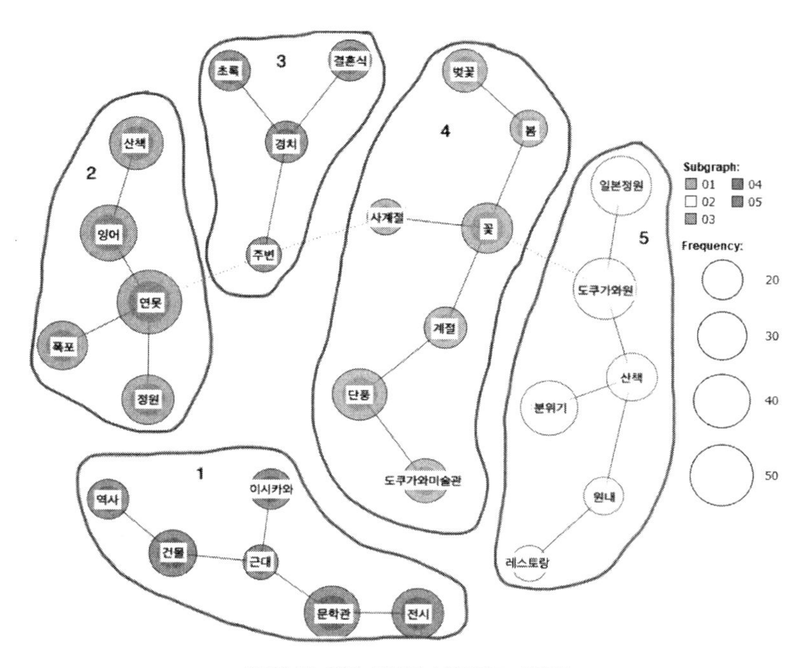

[그림 8] 주부 공기어 네트워크 시각화

두고 만들어진 '류몬폭포(龍門の瀧)', 높이 6m의 삼단 폭포인 '오조네 폭포(大曽根の瀧)'라는 2개의 폭포를 비롯하여 연못 '류센호(龍仙湖)'와 류센호를 바라보고 있는 2층 건물 '간센로(観仙楼)'를 포함해 종합 12개의 시설을 둘러보며 '산책(散歩)'할 수 있는 정원이다.[34] 아름다운 정원에서는 연중 계절에 따라 다양한 행사가 진행된다. 코로나 발생 이전 2019년을 기준으로 봄에는 '꽃을 노래하다 도쿠가와원 모란제(春を謡う 徳川園牡丹祭)', 여름에는 '달을 건지다 도쿠가와원 관월회(月を掬う 徳川園観月会)', 가을에는 '비단을 걸치다 도쿠가와원 단풍제

34) https://www.tokugawaen.aichi.jp/walking/index.html

(錦を纏う 徳川園紅葉祭)', 겨울에는 '추위를 즐기다 도쿠가와원의 동모란(寒を遊ぶ 徳川園の冬牡丹)' 등 다양한 계절 행사를 진행하였으며 2005년부터 현재까지 다양한 테마를 가진 행사를 진행해오고 있다.[35] 그 밖에도 '가든레스토랑 도쿠가와엔(Garden Restaurant Tokugawaen)'에서는 결혼식 서비스를 제공하고 있으며[36] 도쿠가와원 남쪽 내부에는 '도쿠가와미술관(徳川美術館)'이 있어 다양한 볼거리를 제공한다.[37] 이곳 도쿠가와원에 위치한 '나고야시호사문고(名古屋市蓬左文庫)'는 위의 볼거리와 더불어 관광객의 발길이 닿고 있을 것으로 생각할 수 있다.

주부 지역의 공기어 네트워크 해석 결과에 따르면 정원, 연중 다양한 계절 행사를 즐길 수 있는 관광지에 문학관이 위치한 경우 다수의 관광객을 유치할 수 있을 것으로 추측된다.

7) 시코쿠(四国)

시코쿠 지역의 공기어 네트워크 결과는 압도적이다. 총 7개의 클러스터가 가리키는 곳이 가가와현(香川県) 쇼됴군(小豆郡)에 위치한 '쇼도섬(小豆島)'의 '스물네 개의 눈동자 영화마을(二十四の瞳映画村, 이하 영화마을)' 단 한 군데이기 때문이다. 이곳은 1952년 쓰보이 사카에(壷

35) https://www.tokugawaen.aichi.jp/event/2019.html
36) https://www.heritage.jp/tokugawaen/?gad=1&gclid=Cj0KCQjw8NilBhDOARIsAHzpbLDWHxjLdHkEkAJnPmfWXoRt6R2h8ePWiws301KrbtMsjtLKglW1928aAlA6EALw_wcB
37) https://www.tokugawa-art-museum.jp

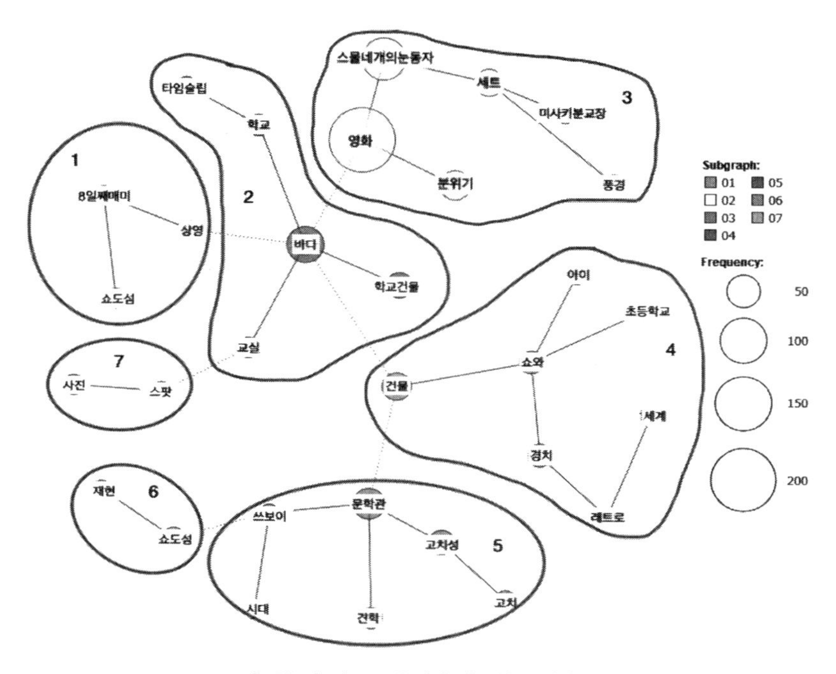

[그림 9] 시코쿠 공기어 네트워크 시각화

井栄)가 발표한 소설「스물네 개의 눈동자」를 원작으로 한 기노시타 게이스케(木下惠介) 감독의 영화「스물네 개의 눈동자」의 무대가 된 장소이다.[38] '쇼와(昭和)'시대의 '레트로(レトロ)'한 분위기가 남아있는 '교실(教室)'과 '초등학교(小学校)'의 '풍경(風景)'은 '미사키 분교장(岬の分教場)'만의 매력으로 관광객에게 '타임슬립(タイムスリップ)'을 한 기분이 들게 하여 '사진(写真)'을 찍는 '스팟(スポット)'으로도 인기가 있다. 또한, 그곳에서 바라볼 수 있는 '세토 내해(瀬戸内海)'의 '경치(景色)'도 인기가 있다.

38) https://www.my-kagawa.jp/point/237

1번 클러스터를 보면 '8일째 매미(八日目の蝉)'라는 키워드가 있는데 이것은 2010년 3월 30일부터 같은해 5월 4일까지 NHK에서 방영한 6부작 드라마 「8일째 매미」를 가리키는 것으로 이곳 영화마을에서 촬영해 개최된 특별전을 나타내고 있는 것을 알 수 있다.[39]

마지막으로 5번 클러스터는 영화의 원작 소설 「스물네 개의 눈동자」의 작가 쓰보이 사카에를 기념하는 문학관인 '쓰보이사카에문학관(壺井栄文学館)'을 가리킨다. 쓰보이사카에문학관은 영화마을 안에 있으며 주로 「스물네 개의 눈동자」의 원고와 그의 애용품, 다양한 초판본 등을 전시하고 있다.[40]

시코쿠 지역의 공기어 네트워크는 한 군데의 관광지를 가리키고 있다는 점이 가장 큰 특징이다. 소설을 원작으로 하는 드라마와 영화가 인기를 얻어 조성된 영화마을은 하나의 권역에서 유일하게 언급될 만큼의 영향력을 가진다. 소설이라는 1차 콘텐츠가 영화, 드라마라는

[그림 10] '스물네 개의 눈동자 영화마을'의 전경과 교실 내부 모습[41]

39) https://www.24hitomi.or.jp/youkame

40) https://www.24hitomi.or.jp/tuboisakae

41) 왼쪽 사진 https://shodoshima-magazine.com/spot/24hitomi-eigamura
오른쪽 사진 https://shodoshima.com/tourism/24eigamura

2, 3차 콘텐츠로 활용되는 OSMU(One Source Multi Use)의 모습이 두드러지며 문학이 관광자원으로 활용되기 가장 좋은 방법 중 하나라고 볼 수 있을 것이다.

8) 규슈(九州)

규슈 지역은 총 6개의 클러스터로 이루어져 있다. 먼저 1번 클러스터의 키워드 '가고시마(鹿児島)'와 '근대(近代)'는 6번 클러스터의 '문학관(文学館)'과 점선으로 이어져있음을 미루어보아 '가고시마근대문학관(鹿児島近代文学館)'을 지칭하는 것으로 추측할 수 있다. 가고시마근대문학관은 가고시마에 연고가 있는 작가를 기념하고 있으며, 문학 아틀리에와 도서관을 운영하여 방문객에게 가고시마 문학을 발신하고 있다.[42] 한편, 키워드 '어른(大人)', '아이(子供)', '그림책(絵本)'은 '가고시마메르헨관(かごしまメルヘン館)'과 관련이 있다. 가고시마메르헨관은 '그림책'과 관련된 작은 놀이기구와 트릭아트로 공간을 구성하여 '어른'과 '아이' 할 것 없이 방문객에게 그림책을 체험할 수 있는 기회를 제공하고 있다.[43]

다음으로 2번 클러스터는 '도쿄역(東京駅)'과 일본은행본점을 설계한 메이지 시대를 대표하는 건축가 '다쓰노 긴고(辰野金吾)'가 지은 '빨간벽돌문화관(赤煉瓦文化館)'을 상징한다. 본 건물은 1909년 2월 일본생명보험주식회사 규슈지점(日本生命保険株式会社九州支店)을 목

42) https://www.k-kb.or.jp/kinmeru/about-literature
43) https://www.k-kb.or.jp/kinmeru/about-marchen

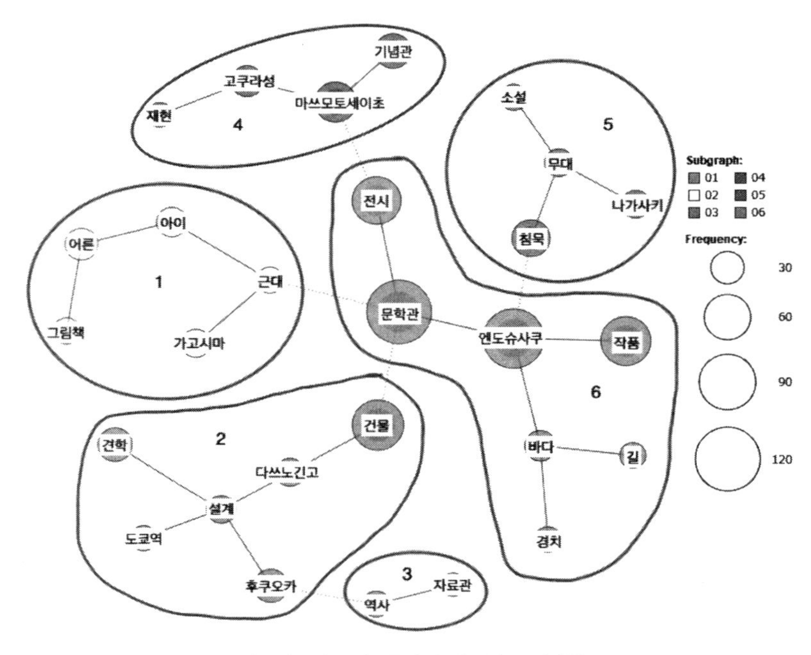

[그림 11] 규슈 공기어 네트워크 시각화

적으로 최초 설립되었다. 일본생명보험주식회사가 이전한 후 1990년까지 '후쿠오카시 역사자료관(福岡市歴史資料館)'으로 사용되었다가 1994년 2월부터 '빨간벽돌문화관'으로 활용되었다.[44] 2번 클러스터와 점선으로 이어진 3번 클러스터의 '역사(歴史)'와 '자료관(資料館)'은 과거 후쿠오카시 역사자료관과 관련이 있는 것으로 추측할 수 있다.

4번 클러스터는 '마쓰모토 세이초(松本清張)', '기념관(記念館)', '고쿠라성(小倉城)', '재현(再現)'으로 이루어져 있다. 이는 후쿠오카현 기타큐슈시(北九州市)의 '마쓰모토세이초기념관(松本清張記念館)'

44) http://yutaka901.fc2web.com/page05ex20.html

을 가리킨다. 마쓰모토세이초기념관은 1909년 기타큐슈시에서 태어난 마쓰모토 세이초를 기념하는 문학관으로 그의 문학 세계와 작품, 유물을 전시한 공간이다. 이곳 전시실 안에는 2층으로 된 건물이 있는데, 그곳에는 마쓰모토 세이초의 생가의 모습이 '재현'되어 있다. 그가 집필하던 서재와 서고, 그리고 응접실을 창문 너머로 바라볼 수 있는데, 이는 실제와 매우 흡사하여 독특한 분위기를 자아낸다.[45] 문학관 바로 옆으로 '고쿠라성'이 있으며 고쿠라성과 고쿠라성 정원, 그리고 마쓰모토세이초기념관 세 곳 모두 입장할 수 있는 '3시설 공통권(3施設共通券)'도 이용이 가능하다.[46]

마지막으로 5번과 6번 클러스터는 함께 묶어 살펴볼 필요가 있다. 5번 클러스터는 엔도 슈사쿠의 '소설(小說)' '「침묵(沈黙)」'의 무대인 '나가사키(長崎)'시 소토메(外海) 지역을 가리킨다.[47] 그리고 6번 클러스터는 나가사키현(長崎県) 나가사키시(長崎市)에 세워진 '엔도슈사쿠문학관(遠藤周作文学館)'을 가리킨다. 이곳 문학관은 엔도 슈사쿠의 '작품(作品)'에 관한 자료를 '전시(展示)'한 전시실과 '바다(海)'가 내보이는 테라스의 '경치(景色)'로 유명하다.[48]

규슈 지역 공기어 네트워크를 분석한 결과 문학관에서 소장하고 있는 자료를 단순히 진열해 전시하는 형태에서 벗어나 체험공간을 조성하거나, 바다와 같은 지형적 이점 또는 건물의 외관을 활용해 볼거리를 제공하는 것이 문학관의 관광적 활용도를 높일 수 있는 방법이라는

45) https://www.tabirai.net/sightseeing/column/0006105.aspx
46) https://www.seicho-mm.jp/guide
47) http://www.city.nagasaki.lg.jp/endou
48) http://www.city.nagasaki.lg.jp/endou/facility

사실을 확인할 수 있었다.

4. LDA 토픽 모델링

본 연구에서는 토픽 별로 함께 등장하는 키워드를 하나의 클러스터로 그룹화하고, 자주 그룹화되는 키워드들 사이의 연관성을 살펴보기 위해 LDA 토픽 모델링을 활용해보고자 한다. 적절한 클러스터 개수를 설정하기 위해 2개부터 9개까지 시도를 해보았으며 그중 3개의 클러스터가 가장 적절하여 이를 채택하였다.

1번 클러스터를 이루는 중심 키워드는 '정원(庭園)', '서양식 건물(洋館)', '건물(建物)', '장미(バラ)', '산책(散策)', '가마쿠라문학관(鎌

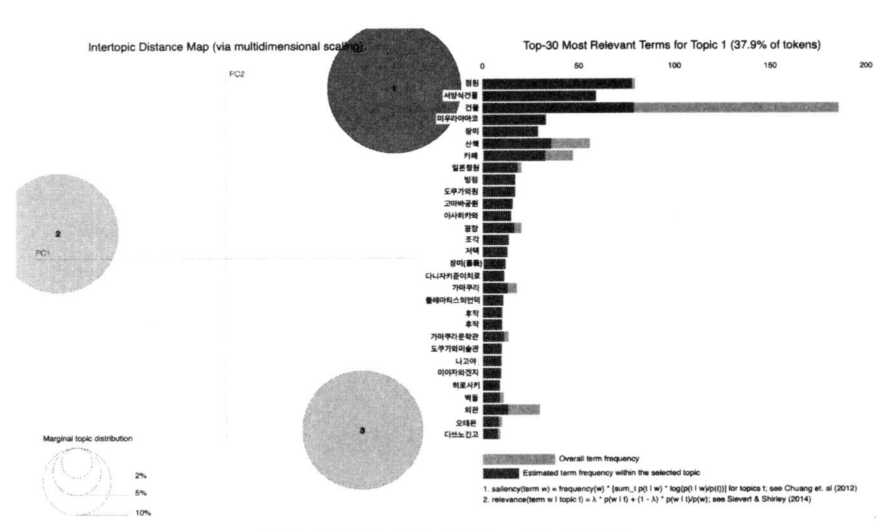

[그림 12] LDA 토픽 모델링 - 1번 클러스터

倉文学館)'으로 서양식 건물과 장미 정원을 감상하고 산책하는 가마쿠라문학관을 가리킨다고 말할 수 있다.

2번 클러스터를 이루는 중심 키워드는 '고이즈미 야쿠모(小泉八雲)', '엔도 슈사쿠(遠藤周作)', '건물(建物)', '하코다테시 구 영국영사관(函館市旧イギリス領事館)', '일본은행(日本銀行)'이다. 일본 전통식 건물의 매력이 있는 '고이즈미야쿠모기념관(小泉八雲記念館)', 바다를 내려다 볼 수 있는 아름다운 건물의 '엔도슈사쿠문학관', 그리고 빨간 벽돌로 된 건물로 인기가 있는 '하코다테시 구 영국영사관'과 '일본은행'을 가리키는 2번 클러스터는 개성있는 건물이 일본 관광객의 흥미를 유발한다는 사실로 해석해볼 수 있다.

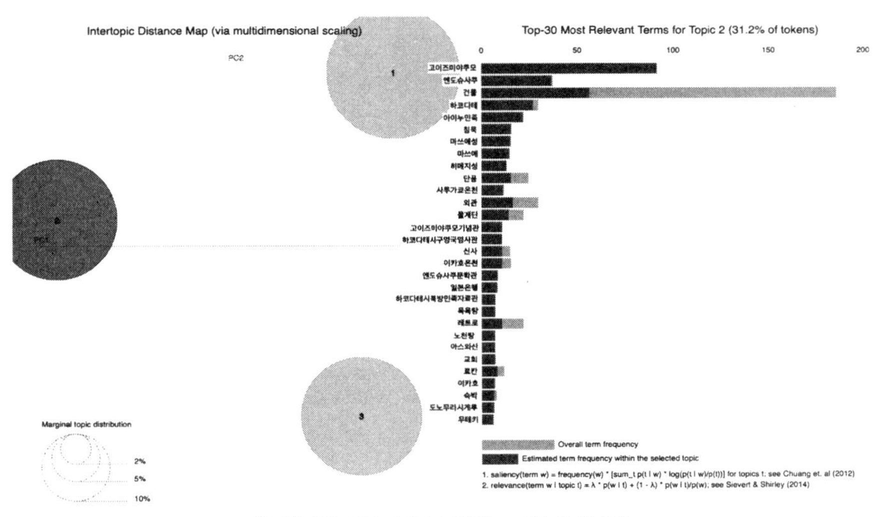

[그림 13] LDA 토픽 모델링 - 2번 클러스터

3번 클러스터를 이루는 중심 키워드는 '영화(映画)', '산책(散歩)', '스물네 개의 눈동자(二十四の瞳)', '쇼도섬(小豆島)', '분교장(分教場)'

이다. 이것은 가가와현에 있는 '스물네 개의 눈동자 영화마을'을 가리키는 것으로 대부분의 클러스터가 영화마을과 관계되었던 시코쿠 지역의 공기어 네트워크 결과를 떠올릴 수 있는 결과이다.

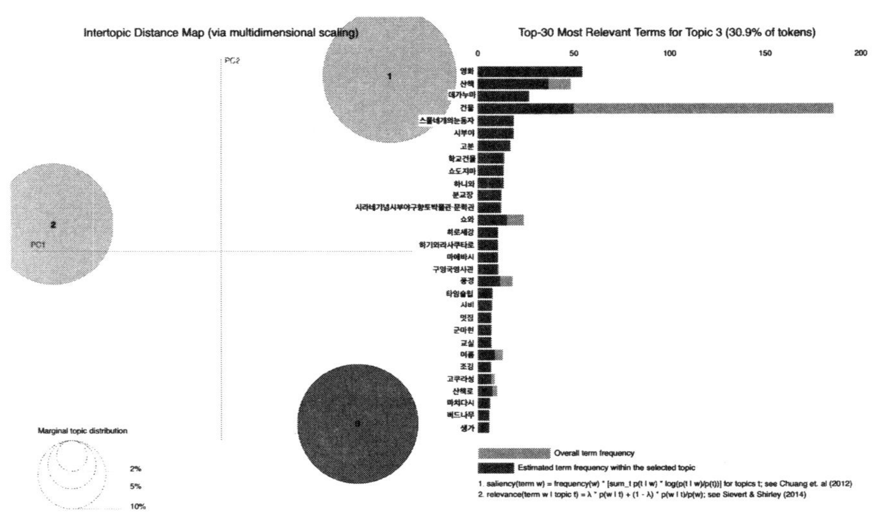

[그림 14] LDA 토픽 모델링 - 3번 클러스터

5. 나가며

본 연구는 지금까지 대다수의 문학관 연구가 특정 지역 또는 문학관의 사례를 질적·서지적 연구방법으로 접근해 광범위한 지역에서 나타나는 특징을 거시적으로 파악하기 어려웠던 점을 극복하고자 하였다. 이에 수작업으로 처리하기 어려운 방대한 양의 비·반정형 텍스트 데이터를 분석하는 양적 연구방법인 텍스트 마이닝 기법을 도입하였다. 이를 위해 코로나 발생 이전 4년 동안 일본 내에서 이루어진 문학관과 지역관광에 관한 리뷰(비정형 텍스트)를 일본 여행 전문 사이트 'Jalan'과 '4travel'에서 수집하였다. 이후 공익사단법인 일본관광진흥협회의 기준에 따라 일본의 영토를 홋카이도, 도호쿠, 간토, 주부, 간사이, 주고쿠, 시코쿠, 규슈 총 8개의 권역으로 나누고 KH Coder와 LDA 토픽 모델링을 통해 텍스트 데이터를 시각화하였다. 이를 바탕으로 일본 전역에서 나타나는 문학관의 관광적 활용 양상을 포괄적으로 파악할 수 있었으며 분석 결과를 정리하면 다음과 같다.

첫 번째, 건축물의 양식은 관광객이 주목하는 요소이다. 시마네현 마쓰에시 고이즈미야쿠모기념관의 일본 전통 양식, 가나가와현 가마쿠라시 가마쿠라문학관의 서양식(洋風) 건물, 이시카와현 가나자와시 이시카와근대문학관의 빨간 벽돌 건물양식과 같이 독특하고 개성있는 건물 외관 그 자체에 흥미를 가지는 패턴을 보인다. 국내에서 문학관을 건립할 때에도 현대식 건축 양식 뿐만아니라 보다 지역적 특색에 어울리는 디자인을 고려해볼만 할 것이다.

두 번째, 관광객들은 정원을 꾸며놓은 공간을 산책하거나 장미, 벚꽃과 같은 꽃, 또는 연못, 폭포와 같은 자연물을 감상하는 것을 즐긴다. 가마쿠라문학관의 경우 서양식 건축물과 장미 정원 두 가지 요소를 모두 채택하고 있으며 도쿠가와원은 봄, 여름, 가을. 겨울 사계절 내내 즐길 수 있는 꽃과 연못이 가득한 정원을 가지고 있다. 이것은 예산이나 부지라는 한계에 의해 좌절될 수 있으나 지속적인 방문객을 유치할 수 있는 효과적인 방법 중 하나라고 생각된다.

세 번째, 문학관과 조화를 이루는 자연 경관은 관광객에게 인상적인 경험을 제공한다. 가가와현 쇼도군의 '스물네 개의 눈동자 영화마을'과 나가사키현 나가사키시의 엔도슈사쿠문학관은 건물 내부에서 바다의 경치를 즐길 수 있도록 설계되었다. 시코쿠와 규슈 지역의 네트워크를 살펴보면 해당 시설과 바다가 함께 등장하고 있는 것으로 보아 이곳을 찾는 방문객에게 바다가 실제로 인상적인 장소로 소비되고 있다고 볼 수 있다. 따라서 문학관의 입지를 정할 때 해안가 또는 절벽 위와 같이 자연경관을 감상할 수 있는 부지를 선택하는 것을 생각해볼 수 있겠다.

네 번째, 소설 원작의 영화, 드라마 촬영지에 문학관을 설립하는 것은 방문 동기를 유발할 수 있다. '스물네 개의 눈동자 영화마을'이 만들어질 수 있었던 것은 영화 '스물네 개의 눈동자' 덕분이었다. 그리고 그 영화가 만들어질 수 있었던 것은 바로 원작 소설 '스물네 개의 눈동자'가 있었기 때문이다. 즉, 지역을 무대로 펼쳐지는 소설이 있다면 이를 2차 창작물로 개발하여 홍보·발신하고 그곳에 영화마을과 같은 테마파크를 정비해 관광객의 발길을 유도해볼 수 있을 것이다. 하지만 이를 위해서는 꾸준한 관리와 지속적인 콘텐츠의 발신, 그리고 특색 있는 프로그램 개발과 같은 사후관리가 반드시 뒤따라야 한다.

다섯 번째, 작가의 출생지 또는 작품의 배경지에 문학관을 설립하는 것은 문학 팬의 방문을 유도할 수 있다. 미우라 아야코의 소설 「빙점」의 배경이 된 아사히카와에는 외국수종견본림과 그의 서재를 재현하고 그의 유품을 전시해 작가의 아우라를 느낄 수 있는 미우라아야코기념문학관이, 소설 「시오카리 고개」의 무대인 왓사무초에는 그의 생가를 복원하여 만든 시오카리고개기념관이 그 자체로 관광시설의 역할을 수행하고 있다. 그 밖에도 다자이 오사무의 출생지이자 작품「추억」,「사양」의 무대가 된 아오모리현 가나기초 일대를 본문에서 살펴보았으며 작가의 출생지 또는 작품의 배경이 된 지역을 찾아 작가와 작품의 아우라를 느끼는 관광 형태는 관광객이 선호하는 것 중 하나이기 때문이다.

본 연구에서는 KH Coder와 LDA 토픽 모델링을 통해 공기어 네트워크와 클러스터링 시각화 자료를 만들고 이를 토대로 코로나 발생 이전 시기 일본 내 문학관의 관광적 활용 양상을 분석하였다. 일본을 8권역으로 나누어 권역별 분석을 진행할 수 있었으며, 공기어 네트워크와 LDA 토픽 모델링을 통해 일본 내 문학관의 관광적 활용 양상을 분석하여 다섯 가지 결론을 도출해낼 수 있었다. 본 연구는 일본 내에서 문학관이 관광적으로 활용되는 양상을 여행 리뷰라는 빅 데이터 분석을 통해 파악하였음에 의의를 둔다. 향후 연구에서는 이를 기반으로 보다 다채로운 시각에서 문학관 연구를 진행할 수 있을 것으로 기대된다.

이 글은「텍스트마이닝으로 보는 일본 문학관의 관광적 활용 양상 분석 '코로나 이전 시기 권역별 양상: KH Coder와 LDA 토픽 모델링을 중심으로」,『일본연구』40, 고려대학교 글로벌일본연구원, 2023, pp.67-102.를 본서의 취지에 맞추어 가필 수정한 것임을 밝힌다.

집필진 소개

원고 수록 순

【제1장】 **정병호**

고려대학교 일어일문학과 교수

「テキストマイニングを活用した韓国人の日本文化コンテンツの認識」(『跨境 / 日本語文学研究』 17, 東アジアと同時代日本語文学フォーラム·高麗大グローバル日本研究院, 2023), 『동아시아 재난서사』(편저, 보고사, 2020)

【제2장】 **하성호**

고려대학교 중일어문학과 박사수료

「전후 일본 아동 대중문화 속의 미래 예상도와 전쟁 일러스트」(『日本思想』 47, 2024)
「일본 아동용 대중문화의 사실주의적 기계 묘사 : 거대 로봇 애니메이션의 일러스트를 중심으로」(『일본연구』 41, 2024)

【제3장】 **김지우**

고려대학교 중일어문학과 석사과정

「텍스트 마이닝을 통하 신카이 마코토 애니메이션의 국내 관람객 감상 경험 분석: 〈너의 이름은.〉, 〈날씨의 아이〉, 〈스즈메의 문단속〉을 중심으로」 (공저, 『일본연구』 41, 2024)

【제3장】 **김강은**

고려대학교 일어일문학과 학부생

「텍스트 마이닝을 통하 신카이 마코토 애니메이션의 국내 관람객 감상 경험 분석: 〈너의 이름은.〉, 〈날씨의 아이〉, 〈스즈메의 문단속〉을 중심으로」 (공저, 『일본연구』 41, 2024)

【제3장, 제8장】 **권민혁**

고려대학교 중일어문학과 박사과정

「일본의 문학관과 관광자원화 연구 : 기노사키문예관과 일본 기노사키 지역의 관광프로그램 연계 사례를 중심으로」 (『차세대융합기술학회논문지』 8(2), 2024), 「텍스트마이닝을 통한 국내 문학관의 관광적 활용 양상 분석—코로나 이전 시기의 권역별 양상:

공기어 네트워크 분석을 중심으로―」(『민족문화연구』 98, 2023)

【제3장】 **박윤미**
고려대학교 일어일문학과 학부생
「텍스트 마이닝을 통하 신카이 마코토 애니메이션의 국내 관람객 감상 경험 분석: 〈너의 이름은.〉, 〈날씨의 아이〉, 〈스즈메의 문단속〉을 중심으로」(공저, 『일본연구』 41, 2024)

【제3장】 **신민경**
고려대학교 일어일문학과 학부생
「텍스트 마이닝을 통하 신카이 마코토 애니메이션의 국내 관람객 감상 경험 분석: 〈너의 이름은.〉, 〈날씨의 아이〉, 〈스즈메의 문단속〉을 중심으로」(공저, 『일본연구』 41, 2024)

【제3장】 **이상혁**
충남대학교 인문과학연구소 연구교수
「'이토 게이카쿠 이후'와 데이터베이스로서의 SF문학 -토비 히로타카 『자생의 꿈』-」(『일본학보』 141, 2024), 「편지의 도착(불)가능성과 일본의 90년대 -이와이 슌지의 《러브레터》를 중심으로-」(『일본문화연구』 92, 2024)

【제4장】 **김효순**
고려대학교 글로벌일본연구원 교수
「근대일본의 위생정책과 문화매체로의 각색-구메 마사오(久米正雄)의 「돌아오는 봄(回る春)」과 이와오 노부아키(岩尾信明)의 『적나라한 세상(世の赤裸)』을 중심으로-」(『일본언어문화』 67, 한국일본언어문화학회, 2024), 『콘텐츠 산업론—문화창조의 경제, 법, 매니지컨트—』(역서, 보고사, 2023)

【제5장】 **엄인경**
고려대학교 일어일문학과 교수
『한반도와 일본어 시가 문학』(고려대학교출판문화원, 2018), 『콘텐츠 투어리즘 연구』(오카모토 다케시 저, 보고사, 2024), 「동아시아 콘텐츠 투어리즘 연구의 현황: 대중문화 '성지순례'를 중심으로(东亚的内容旅游研究现状 : 以 大众文化"圣地巡礼"为中心)」(『日本学研究』 37, 社会科学文献出版社, 2024)

【제6장】 **이연우**

고려대학교 일어일문학과 학부생

「텍스트 데이터 분석을 통해 본 한국인의 콘텐츠 투어리즘 소비: 〈슬램덩크〉 사례를 중심으로」(공저, 『일본연구』 41, 2024년), 「文豪ブームに伴う文学館の変容に関する考察ー文豪物データベース・デジタル地図の構築を通してー」(공저, 『跨境　日本語文学研究』 19, 2024)

【제6장】 **허은지**

고려대학교 일어일문학과 학부생

「텍스트 데이터 분석을 통해 본 한국인의 콘텐츠 투어리즘 소비: 〈슬램덩크〉 사례를 중심으로」(공저, 『일본연구』 41, 2024년), 「文豪ブームに伴う文学館の変容に関する考察ー文豪物データベース・デジタル地図の構築を通してー」(공저, 『跨境　日本語文学研究』 19, 2024)

【제6장】 **유하영**

고려대학교 일어일문학과 학부생

「텍스트 데이터 분석을 통해 본 한국인의 콘텐츠 투어리즘 소비: 〈슬램덩크〉 사례를 중심으로」(공저, 『일본연구』 41, 2024년)

【제6장】 **류정훈**

전주대학교 일본언어문화학과 조교수

「近代日本における明成王后関連怪談の成立と変容」(「일본언어문화」 63, 2023), 「累伝説と日本映画 : 映画怪談(2007年)を中心に」(「일본연구」 36, 2021)

【제7장】 **남유민**

고려대학교 학부대학 강사

「텍스트 마이닝을 활용한 일본 웹소설 일고찰: 팬데믹과 그 전후 비교를 중심으로」(『일본연구』 40, 글로벌일본연구원, 2023), 「일본 웹소설의 서적화와 라이트노벨 - 텍스트 마이닝을 활용한 비교 분석」(『일본학』 63, 동국대학교 일본연구소, 2024)

고려대 글로벌일본연구원 디지털과일본문화총서 01

디지털 인문학과 일본문화

디지털, 데이터, 문화콘텐츠

2025년 2월 25일 초판 1쇄 펴냄

편저자 정병호
발행인 김흥국
발행처 보고사

책임편집 이소희
표지디자인 김규범

등록 1990년 12월 13일 제6-0429호
주소 경기도 파주시 회동길 337-15 보고사
전화 031-955-9797 **팩스** 02-922-6990
메일 bogosabooks@naver.com
http://www.bogosabooks.co.kr

ISBN 979-11-6587-795-8 94300
979-11-6587-794-1 (세트)

정가 24,000원